U0103654

国家社会科学基金一般规划项目《宋代"四书"经筵讲义研究》
（16BZX056）最终成果

宋代『四书』经筵讲义研究

王琦◎著

新 星 出 版 社　NEW STAR PRESS

图书在版编目（CIP）数据

宋代"四书"经筵讲义研究／王琦著 . —— 北京：新星出版社，2023.4
ISBN 978-7-5133-5139-3

Ⅰ. ①宋… Ⅱ. ①王… Ⅲ. ① 儒家 ②四书－研究 Ⅳ. ① B222.1

中国国家版本馆 CIP 数据核字（2023）第 037824 号

宋代"四书"经筵讲义研究

王琦　著

策划统筹：彭明哲　简以宁
责任编辑：高晓岩
责任印制：李珊珊
装帧设计：几木艺创

出版发行：新星出版社
出 版 人：马汝军
社　　址：北京市西城区车公庄大街丙3号楼　　100044
网　　址：www.newstarpress.com
电　　话：010-88310888
传　　真：010-65270449
法律顾问：北京市岳成律师事务所

读者服务：010-88310811　　service@newstarpress.com
邮购地址：北京市西城区车公庄大街丙3号楼　　100044

印　　刷：北京美图印务有限公司
开　　本：710mm×1000mm　　1/16
印　　张：18.5
字　　数：250千字
版　　次：2023年4月第一版　2023年4月第一次印刷
书　　号：ISBN 978-7-5133-5139-3
定　　价：80.00元

本书获得岳麓书院国学研究与传播中心课题出版资助

岳麓书院国学文库总序

朱汉民

"岳麓书院国学文库"即将陆续出版。借为这个文库作"总序"的机会，我想讨论一下这样几个问题：现代世界已经发生了惊人的变化，传统国学还有什么意义呢？"国学"是一门独立的学科吗？国学与岳麓书院有什么密切的联系？

（一）国学的意义

我认为，对现代中国和世界而言，国学至少有四个层面的重要意义。

第一，国学能够为现代人的个体精神需求提供思想营养。中国正面临社会的急剧变革，每个人的命运正在发生很大的变化，每个人的行动也有更多的选择自由，但是，能够给我们驾驭命运的精神方向、做出行动选择的人生智慧却严重不足。现代中国人往往会感到是非的迷茫、得失的困扰，同时引发对生命意义的追问。社会底层民众是这样，那些成功人士也是如此。儒家、道家、佛家的经典，诸子百家的思想，对人生意义的选择，包括是非的迷惘、毁誉的困扰、得失的彷徨，以及对人生终极价值的选择，都能够提供很多很好的思想营养。今天很多人思考的问题，其实古代先贤都思考过，而且有非常好的解决办法。我们回头去看经典，原来我们的老祖宗已经有很好的思考了。

第二，国学能够满足当代社会建立和谐社会的需求，并提供重要的文化资源。在中国的现代化转型过程中，我们正面临着种种社会问题和思想危机。我们常常感到人与人之间越来越缺乏信任，我们不相信超市里买来的食品是否安全，我们怀疑来自陌生人的帮助是否藏着恶意，我们甚至还在讨论见到老人摔倒该不该扶起，还有许多人损人利己的做法，已经到了完全不能容忍的地步。

诚信危机、道德危机成为我们建立和谐社会的大敌。大家都在想，怎么来制止相关恶劣事件的发生，怎么来建立一个有诚信、有道德的和谐社会。中国传统国学，对于如何建立有诚信、有道德的和谐社会，有着一系列重要的思想，中国传统的仁爱思想、忠恕之道，仍然可以成为建构现代和谐社会的价值理念，"己所不欲，勿施于人"，仍然是我们建立有诚信、有道德的和谐社会的金科玉律。

第三，国学能够为当代中华文明的崛起提供重要的支撑力量。当前的"国学热"其实和中华文明的崛起有着密切关系。中国崛起与中华文明崛起不是一个概念。中国崛起是指一个独立的中国在政治上、经济上的强大，而中华文明崛起则是强调一种延续了五千年的文明体系在经历了近代化、全球化的"浴火"之后，重新成为一个有着强大生命力的文明体系。在世界文明史上，中华文明是唯一历经五千年而没有中断的原生形态的古文明，并且一直保持其强大的生命力，位居世界文明的前列。但是，中国近代史是一部中国被瓜分、侵略的历史，在这个历史过程中，中国人开始失去文明的自信。其实，近代中国学习、吸收西方先进文明是非常正确的，但是我们必须坚持中华文明的主体性，采取对自我文化的虚无态度是非常不应该的。我们必须有一种文明的自我意识，我们要认识到，现代化中国的崛起，离不开中华民族文化精神的崛起。我们活下来并且能够昂首挺胸的不仅仅是我们的身体，首先应该是我们高贵的精神和灵魂！那么，我们高贵的精神和我们的灵魂是如何形成的呢？其实，就是国学熔铸了我们的精神和灵魂。正是从这个意义上说，国学能够为当代中华文明的崛起提供重要的支撑力量。

第四，国学能够为21世纪新的人类文明建构做出重要的贡献。我一直认为，中国国学里面所包含的许多价值观念，比方说仁爱、中和、大同，不仅仅对中华民族具有重要的意义，同时，它们一定能够成为具有全球性的、普遍意义的价值观念，能够弥补某种单一文明主导的价值观念的缺失。西方文明一直在坚持他们倡导的许多核心价值。其实，中华文明近代化的过程，就是一个接受这种西方价值的过程。但是，许多中国人在此过程中，却忽略或者忘记了中华文明中的价值理念。特别是在整个20世纪的文明史上，以西方为主导的现代文明已经暴露出越来越多的弊端。21 世纪建构的人类文明，一定是一种多元一体的文明，而延续五千年没有中断的中华文明，一定会对 21 世纪的人类文明建构做出自己的贡献。

（二）国学是一门独立的学科

尽管国学如此重要，但对国学是否可以成为一门独立学科，学界内部还存在着不少疑虑与分歧。人们首先会问，国学的确切定义是什么？其实，"国学"有非常明确的内涵和外延。首先，"国学"的"国"应该是指中国，这个很明确。其次，这个"学"就是指传统学术，即中国传统的知识体系与价值体系，这种知识体系与价值体系总是要通过文字、典籍的形式固定和保存下来。中国古代文献典籍有经、史、子、集，所以今天人们所说的国学往往也分为经、史、子、集。

人们又会进一步追问：国学的知识架构和学理依据是什么？当然，国学之所以可以成为一门独立学科，必须要有两个重要条件：其一是国学学科体系的内在条件，即国学体系的知识架构和学理依据；其二是国学的外在条件，即国学能否具有现代学术视野而得到普遍承认并开展广泛的或全球化的学术交流。

国学这门学科，之所以在学界还有不少疑虑与分歧，与它在当代中国学术体制内的处境有关。现在大学院系的分科，基本上是近代引进西学而建立起来，分为理学、工学、文学、历史、哲学、艺术、宗教、政治学、教育学等等。尽管近些年各个大学纷纷创建了国学院，但是国学在当代中国的学术体制内并无合法性的身份。这样，我们延续几千年的中国传统国学，在这种学科体制下只能变成其他学科的材料。比如国学中最重要的经学，在现代大学的学科中就没有合法的独立地位，我们不能独立地研究、学习经学，只能够将其分别切割到文学、历史学、哲学、政治学、法学、宗教学、教育学等不同学科。这样，国学中的经、史、子、集的不同门类知识，全部被分解到了文学、历史、哲学、艺术、宗教、政治学、教育学等不同学科视野里面，变成其他不同学科的材料。

近代引进的文学、历史、哲学、艺术、宗教、政治学、教育学等不同学科，对于拓展我们对中国传统学术的研究视野，确实有它的长处，但也有其短处。中国传统学术是一个有着密切联系的有机整体，其知识体系和价值体系有着内在联系。当我们用各门现代学科把传统国学分割之后，就有可能失去原来知识体系的联系和特点。每一种知识体系或学科框架，实际上是我们人类把握世界的一种具有主观性因素的图式。不同文明有不同的把握世界的图式，西方知识学有它自己的长处，中国传统知识体系也有自己的长处，譬如中国的知识传统具有整体性、实践性、辩证性的特点，以此成就了中华文明的世界性贡献。正因为如此，研究中国传统学术，应该保持对其原文化生态的、有机整体的学问特点的思考。国学作为这样一种原文化生态的、有机整体的学问特点，有它存在的必要性和合理性。

其实，在讲到中国"国学"合法性的时候，我们还可以暂且借用西方大学的"古典学"的概念。在西方世界许多大学都设立了古典学系。这个古典学研究什么呢？它最初是以古希腊、罗马的文献为依据，研究那个时期的历史、哲学、文学等等。古典学的特点是注重将古希腊、罗马文明作为一个整体来研究，而不是分别研究古希腊、罗马时期的历史、哲学、文学。在西方，古典学一直是一门单独的学科。我们认为，"国学"其实也可以说是"中国古典学"。如果我们用"中国古典学"来说明中国"国学"，可以提供"国学"作为一门独立学科的上述两个条件。一方面，在几千年的漫长历史中中国形成了自己特有的具有典范意义的文明体系。建立"中国古典学"，也就是以中国古人留下的历史文献为依据，将中华文明作为一个整体来研究。由于"中国古典学"是以中国传统学术体系为学科基础，这是一门从学术范式到知识架构、学理依据均不同于现有的文学、历史、哲学学科的独立学科，这是"中国古典学"得以确立的内在条件。另一方面，由于"国学"概念仅仅能够为中国人自己使用，西方人则只能使用汉学，以"中国古典学"来定义原来的国学，"国学"具有了知识共享、学术交流的现代学科的要求，并能兼容国学、汉学，为中外学者所通用，这是国学能够具有现代学术视野并能开展国际学术交流的外在条件。

（三）国学与岳麓书院

书院是一种由古代儒家士大夫创办并主持的学术教育机构，它形成了一套独具特色的组织制度、基本规制、讲学形式，对中国传统学术文化的发展做出了不可磨灭的历史贡献。书院继承、发扬了中国优秀的教育传统，表现出儒家士大夫那种追求独立的学术思考、人格自由的精神。书院将中国传统教育和传统学术发展到一个高级阶段，从而促进了中国文化的蓬勃发展，宋元明清学术文化思潮迭起，无不与书院这种独特学术教育机构有着密不可分的内在联系。

岳麓书院是中国书院的杰出代表，在中国教育史、中国学术史上具有十分重要的地位，因其有着悠久的办学历史和卓著的学术成就，受到古今人们的普遍敬仰。继先秦诸子等学术思潮之后，两宋时期兴起了理学思潮。理学以复兴先秦儒学为旗帜，要求重新解释儒家经典，力图使儒家文化在新的历史时期得以振兴；同时，它又吸收、综合了佛、道两家的学说，将儒学发展为一种具有高深哲理的思想体系。岳麓书院创建于宋代，很快成为新兴理学思潮的大本营，学术界一大批有影响的著名理学家纷纷讲学于此。南宋乾道年间，被称为"东南三贤"之一的张栻主持岳麓书院讲席，在此聚集了一大批理学之士，并且形成了当时学界很有影响的湖湘学派。同时，后来被称"致广大，尽精微，综罗百代"的著名理学家朱熹两次在岳麓书院讲学传道，更是形成了学术鼎盛的历史局面。岳麓书院成为宋代学术文化史最著名的四大理学基地之一。以后，许多著名理学家纷纷来此讲学。南宋后期，著名理学家真德秀、魏了翁讲学岳麓书院；明代中叶以后，理学思潮中的心学一派王阳明及其弟子王乔龄、张元忭、季本、邹元标等亦纷纷来岳麓书院讲学，使岳麓书院因新兴的心学思潮再度发挥极其重要的学术大本营的作用。明清以来，中国学术文化又发生重大变革，先后出现清代理学、乾嘉汉学、今文经学等不同的学术思潮，而岳麓书院一直是不同时期内学术思潮的重镇，从而推动着中国传统学术的创新发展，继续在中国学术领域发挥重要的作用。可见，岳麓书院在一千多年的办学过程中，一直是中国传统国学的重镇。宋以后的各种学术思潮、学术流派均以它为学术基地，如宋代理学派、事功学派，明代心学派、东林学派，清代乾嘉学派、今文学派等等，许多学术大师如朱熹、张栻、陈傅良、王阳明、王文清、王先谦、皮锡瑞等在这里传道授业，培养了一代代国学领域的著名学者。

光绪二十七年（1901），清政府下诏全国各地改书院为学堂，岳麓书院也于 1903 年改为湖南高等学堂，后来又改为湖南高等师范学堂、湖南大学。但岳麓书院遗址在战乱年代，一度受到严重损害。从 20 世纪 80 年代开始，湖南大学全面修复岳麓书院，经过二十年的努力，岳麓书院古建全面修复，基本上恢复了历史上办学最盛时期的建筑规制。与此同时，我们启动了岳麓书院国学研究、教育的复兴工程。近二十多年来，岳麓书院培养、引进了一批国学研究的学者，逐步获得学士、硕士、博士学位点及博士后流动站。岳麓书院学术、教育功能的恢复，是建立在现代高等教育体制及学科建设基础之上的。今天的岳麓书院已经成为国学复兴的重镇。岳麓书院的明伦堂仍是讲授国学的讲堂；朱熹、张栻"会讲"的讲堂仍在举办国学论坛，斋舍也仍然是学者从事国学研究的场所。古代学术传统内核的经学、理学、诸子学、史学及其相关的知识学问，均成为岳麓书院的主要学习内容和重要研究方向。国学是在中国传统文化生态中逐渐形成的一种学术文化类型，作为一种具有民族主体性的学术文化，国学确实不同于西学，因为它有不同于西学的文化土壤与生态环境。从这个意义上说，国学与书院有着共生的独特文化背景。

我们有一种传承中华学脉的强烈愿望，希望推动岳麓书院学术的现代复兴。岳麓书院的现代复兴，是在中华民族伟大复兴的背景下发生的一个重要文化教育现象。我们相信，在中华民族伟大复兴之际，我们完全可以做好书院文化传统的转换、创新工作。所以，我们编辑、出版"岳麓书院国学文库"，也是与传统国学的当代复兴有着密切关联的。我们希望有更多的书院、学者加入到这个行列来，盼望国学界的研究者能够不断赐稿，共同推动当代国学的繁荣！

甲午年于岳麓书院文昌阁

目　　录
Contents

第一部分　宋代经筵制度与经筵讲义

第三部分　《大学》《中庸》经筵讲义

第四部分 《论语》《孟子》经筵讲义

第五部分 经筵讲义与学术、政治

序一

　　经筵讲义作为宋代兴起的一种新经学体例，是儒家士大夫诠释经旨义理并对帝王进行教育的讲稿与教材，寄寓了他们成就君德圣治、建构帝王之学、重建社会政治秩序的理想。它既是经筵制度定型与宋代学术转型的产物，又是理学思想向最高层传播的重要载体。宋代主要学派的代表人物王安石、司马光、苏轼、程颐、杨时、胡安国、张栻、朱熹、真德秀等均曾入侍经筵为帝王师，尤其是程朱一系学者为帝王进讲《论语》《孟子》《大学》《中庸》经筵讲义，极大地促进了"四书"新经典体系的形成与理学思潮的兴盛。宋代理学的繁荣与经筵讲义的发展密不可分，然而目前学界罕有研究。

　　王琦教授专注研究宋代经筵讲义有年，锲而不舍，孜孜以求，成为此方面的专家。本书以宋代"四书"经筵讲义为研究对象，通过对《大学》《论语》《孟子》《中庸》经筵进讲情况的全面梳理，探寻士大夫如何以经筵为平台，通过经典的创造性诠释，用儒家的思想观念与价值理念影响帝王及政治，以道统规范治统，成就君德圣治，重建社会秩序，寄寓道济天下的王道理想，并在学术、思想与政治的互动中，促进以"四书"为核心的理学新经典体系的形成与发展，呈现"四书"经筵讲义与帝学、理学之间的内在联系与演变轨迹，探讨儒学官学化、社会化的途径，为当代儒学复兴与传统文化的现代转化提供了借鉴。

　　本书是迄今学界第一部有关"宋代四书经筵讲义研究"的著作。作者将经筵讲义放在当时的历史文化背景与学术思潮中来进行研究，探索其兴起、发展与演变的内在逻辑，对经筵讲义与理学、帝学之间的关系作了深入探讨。

其主要贡献与创新在于：

1. 新材料的发掘。目前，学界对经筵讲义少有关注，很多经筵讲义的原始文献未能被及时整理出来，可资借鉴的文献资料与论文十分有限。作者通过对文渊阁《四库全书》《续修四库全书》《全宋文》等文献资料的搜索、查找，对"经筵讲义"文献进行了全面的搜集与整理，不仅为研究宋代经筵讲义的发展演变及其文本解读、义理诠释奠定了扎实的文献基础，而且为宋代理学与帝王之学研究提供了新资料。

2. 新视野的开拓。作者敏锐观察到：在宋代理学发展的同时，儒家新帝学的兴起成为宋代儒学发展的另一个新动向，而经筵讲义作为顺应帝王之学、成就君德圣治需要而产生的一种崇尚义理解经的新经学体例，在促进宋代学术从章句之学向义理之学转型，以道学建构帝学，加速理学官学化、社会化中发挥了重要作用。为此，作者将经筵讲义放入时代的大背景中，从政治史、思想史、社会史、文化史等多重视野中，全面探析了宋代经筵讲义与儒家新帝学兴起、发展的逻辑脉络，揭示了经筵讲义与帝学、理学的内在联系，指出经筵讲义具有以义理解经、启沃君心、联系时政、语含劝诫、语言通俗、经世致用等特征，是帝学建构与理学发展的关键环节，寄寓了士大夫们建构学术思想体系、成就君德圣治、塑造理想帝王、以道统规范治统的理想追求，体现了学术与政治之间的互动，拓展了宋代儒学研究的新视野。

3. 内涵的创造诠释。（1）首次全面梳理了《大学》《中庸》《论语》《孟子》经筵讲义在经筵的进讲情况，呈现了宋代《大学》诠释的转向、《中庸》经筵进讲与帝王修己治人、《孟子》经筵进讲与孟子升格运动、《论语》经筵讲义与君德圣治成就之间的联系，拓展了"四书"学与理学研究的内容。作者指出，随着"四书"在经筵的进讲，《大学》《论语》《孟子》《中庸》等思想价值不断向最高层传播与渗透，不仅推动了宋代学术转型与帝学发展，而且促进了"四书"新经典体系的形成，使其逐渐超越《五经》，获得了官方的认同与支持，推动了理学的官学化与社会化。（2）系统地对朱熹的帝学思想进行了深入的研究。以《大学》经筵讲义为核心，通过对朱熹帝学思想形成过程的全面梳理，及其以道学建构帝学的理论分析与文本诠释，呈现了朱熹在宋代帝学理论建构中的重要作用，以及对真德秀的影响，丰富与拓展了朱熹思想研究。

4.方法的综合运用。采用了义理与考据、中国古代经典诠释与西方诠释学相结合的方法，坚持逻辑与历史相统一，注重对"四书"经筵讲义的文献梳理，探寻了《大学》《中庸》《论语》《孟子》等经典向帝王的传播过程，同时又注重对文本的义理诠释与解读，并通过对朱熹、真德秀、程俱、陈傅良、徐元杰等经筵讲义的个案研究，呈现了宋代士大夫如何通过经筵讲学中的经义诠释与君臣互动，引导帝王以"学"成"德"出"治"，为君臣在思想意识与价值理念上达成共识、拓展参政议政的渠道提供了契机，从而使得研究成果既有厚重的历史感，又有理论深度，打通了理论与实际、历史与现实。

宋代政治与文化、学者与政治的关系，是学界及民间都关心的课题。中国古代政教、政学的关系，其间道统、学统、政统之间的关系，十分复杂，存在着张力。这些问题都不能空泛地议论，而应像作者这样，深入爬梳史料，找到证据。同时，作者又不沉溺于纷繁复杂的材料之中，而是提纲挈领，抓住本质。流俗以为，儒家是匍匐在王权之下的奴才，诚不知自孟子到宋儒，儒家的批判性与建设性最强。这些都不仅是理念，而且形成为制度，不仅是理想，而且是现实。今天，廷争面折或许已成为绝响，而在宋代却是常态。我们对古代、对儒家的偏见太深，乃至已不能正常理解彼时的生活世界与政治文化。或许，本书会给我们以方法论的启示，让我们去掉现代人盲目的优越感，实事求是地面对昨天。如此才可以理性地面对今天与明天。

刘禹锡诗云："晴空一鹤排云上，便引诗情到碧霄。"秋日捧读王琦教授这一扎实厚重而又充满创意的科研硕果，正有这样的好心情。

是为序。

郭齐勇

壬寅 2022 年深秋

（本文作者郭齐勇系武汉大学哲学学院教授、贵阳孔学堂学术委员会主席）

序二

王琦博士毕业于湖南大学岳麓书院，现任长沙理工大学设计艺术学院教授，她还兼任一个重要职务，即湖南汨罗屈子书院的执行院长。该院院长是著名的国学教育家、曾长期担任岳麓书院院长的朱汉民教授。师生俩同心协力，知行合一，将屈子书院办得风生水起，成为闻名国内的新型书院。我就是在汉民教授推荐下应邀到该书院做讲座时认识王琦教授的。因为与汉民是多年老友，又都是中国思想史学科的同仁，所以虽是初见王琦教授，但并不觉得陌生，可以畅所欲言。王琦教授还将与我同游屈子书院的谈话整理成《吴光访谈录》刊诸《衡水学院学报》，我觉得我的访谈录之所以比较成功，首先在于王琦有明确的"问题意识"，使我在回答其问题时不知不觉地提升了自己的道德人文境界与学术水平。由此我也更具体地了解了她的为人与为学，知她好学深思、博闻多才，对中国思想史有着广泛而深入的了解，尤其是对周、秦、汉、唐、宋、明、清时代统治思想的兴替及国家治理体系、政策方略的变更，有着深刻与独特的研究。

柳诒徵先生说："盖宋之政治，士大夫之政治也。政治之纯出于士大夫之手者，惟宋为然。"[1]宋政即士政，一语揭示了宋代政治的本质。这是从汉唐时期的尊经发展到了宋初的尊士，不能不说是历史的进步。宋初所确立的以

1　柳诒徵：《中国文化史》，上海：东方出版中心，1988 年，第 516 页。

儒立国、崇文抑武的文治政策，极大地提升了士大夫的政治主体意识与文化主体意识。他们不仅以"以天下为己任"的高度责任感全面参与国家事务与社会治理，而且以"经术正所以经世务"[1]的热情进行学术创新与思想重构，促进了理学思潮的兴盛与儒学的新发展，使得"华夏民族之文化，历数千载之演进，而造极于赵宋之世"[2]，其政治与学术风貌为之一新，形成了君臣共治天下的政治格局与"革新政令""创通经义"的宋学精神[3]。

然而"革新政令"与"创通经义"如何贯通？君臣共治天下的局面又是如何促成的？其间虽然与士大夫们积极参政议政，著书立说，创办书院，授徒讲学，自下而上地呼吁、推动与努力，从而形成一种政治氛围关系密切，但由于在君主集权社会，皇帝所拥有的却是最后的权源，任何带有根本性质的变法或改制都必须从这个权力的源头处发动才有可能成功，所以皇帝个人的意志仍然是决定性的力量。一代学术与政治风貌的形成都离不开最高层的提倡与支持。[4]

王琦教授通过对史料的仔细梳理与研读，独具慧眼地发现了宋代为实现治道重构而建立的"尚文"的祖宗家法，除了"规模一以经术，事业付之书生"[5]，令武臣读书，重用士大夫外，其实还包括了对上之为人君者"无不典学"身为典范的要求。为此，宋太宗任命了宋代第一位侍读吕文仲，以备日阅经史顾问之用，欲一年读遍《太平御览》；真宗则设置了翰林侍读、侍讲学士以"召对询访"，其读书十分勤奋，甚至在"暑月或衣单绤，汗流浃体而详览不辍"[6]；仁宗在位四十二年，听经筵官们"迩英讲学，游心圣道，终身未尝少倦"[7]。正是在太宗、真宗、仁宗诸帝持续不断地努力下，以君德圣治成就为

1　脱脱等：《王安石传》，《宋史》卷327，北京：中华书局，1985年，第10544页。

2　陈寅恪：《金明馆丛稿二编》，上海：上海古籍出版社，1980年，第245页。

3　钱穆：《中国近代三百年学术史》，北京：商务印书馆，1997年，第7页。

4　余英时：《朱熹的历史世界》，北京：生活·读书·新知三联书店，2011年，第231页。

5　陈傅良：《乾道壬辰进士赐第谢太上皇帝表》，《止斋集》卷30，《景印文渊阁四库全书》第1150册，北京：商务印书馆，1986年，第740页。

6　范祖禹撰、陈晔校释：《帝学校释》，上海：华东师范大学出版社，2015年，第74—85页。

7　同上，第131页。

目的的经筵讲学制度逐渐得以成型与完善，不仅为帝王学习经史提供了专门的师资队伍、组织、制度保障，而且为士大夫通过经筵讲学，以儒家经旨义理影响帝王及政治提供了平台，"帝学"应运而生，成为宋代儒学的新动向。[1]

由于人君之学"非若博士诸生治章句、解训诂"，而是以尧舜等圣王为法，"以求治天下国家之要道"[2]，通过经典学习与义理探求，掌握蕴含在其中的修齐治平之道。这就必然要求经筵官在讲学时突破传统章句训诂之学的束缚而转向经典"义理"诠释，一种崇尚义理为特征的新经学体例——"经筵讲义"随之兴起，并在南宋时蔚为大观。这时不仅出现了"五经"经筵讲义，而且产生了《论语》《孟子》《大学》《中庸》"四书"经筵讲义。[3]"四书"在儒家经典体系的确立成为宋代思想史学风转变的一大特点。王琦教授敏锐地捕捉到这种新经学学风、体例的产生与"四书"在儒家经典中作用日益凸显的新动向，论证了其与理学发展密切相关的逻辑与史实。而理学代表人物程颐、杨时、朱熹、真德秀等入侍经筵进讲"四书"的深刻义理，无疑大大地促进了以"四书五经"为核心的儒家新经典体系的形成与理学思潮的兴盛。

为客观准确地还原研究对象的思想原貌，揭示经筵讲义、帝学、理学之间思想演变的逻辑联系，把握思想观念与社会思潮、学术与政治之间的互动，王琦教授从政治史、思想史、社会史、文化史等多重视野中，系统地对帝学及其新经典体系形成、经筵讲义兴起与宋代学术转型之间的关系进行了深入挖掘，指出经筵讲义作为承载着士大夫的学术理念与价值追求的帝学教材与经筵讲稿，寄寓了其重构社会秩序、致君尧舜、道济天下的政治理想，是理学思想发展与帝王之学形成的关键环节。[4]同时，全书通过对朱熹、真德秀等个案研究与经筵讲义文本分析，揭示了宋儒运用理学思想建构帝学理论的实

1　王琦：《朱熹帝学思想研究》，湖南大学岳麓书院博士论文，2017 年，第 17—19 页。
2　范祖禹撰、陈晔校释：《帝学校释》，第 131 页。
3　王琦：《论宋代经筵讲义的兴起》，《中国哲学史》，2018 年第 2 期。
4　同上。

质是希望以儒家的价值理念影响帝王及政治，以道统规范治统，正君心而立纪纲，限君权而出治道，确保儒家王道理想的实现。帝学理论不断发展与建构的过程，其实就是帝王理想"角色"不断被士大夫"期待"与"塑造"的过程。[1] 帝学与理学相互交织，相互影响，不断推动着宋代学术的发展。这些均为拓展宋代儒学研究的视域与内容做出了有益探索。

王琦教授以见微知著的考订论证作为其逻辑支撑，全面梳理了宋代经筵官们通过"四书"经义的创造性诠释，在经筵进讲中向帝王传播儒家经旨义理的情况，探析了经义诠释与君德成就、治道建构之间的内在联系，及其对"四书"新经典体系形成的影响，从一个新的角度展现了理学官学化与社会化的途径。同时，作者还注重对经筵活动中君臣间有关学问与治道的切磋、经筵留身后的时政探讨与信息交流等"历史动态"的挖掘，力图多角度多层次地展现士大夫们是如何从自身的立场出发，通过经筵这一兼具教育与政治功能的场域，从学术切入政治，引导帝王以"学"明"道"成"德"致"治"，培养内圣外王合一的"理想圣王"，实现社会政治秩序的重建的。此外，经筵活动的开展，不仅提升了宋代诸帝崇儒重理的文治形象，对引领天下学风、士风产生了重要影响，而且拓展了其收集信息、咨询时政、进行政治决策的渠道与空间，进而为君臣在价值理念与治国策略上达成共识提供了契机，奠定了君臣共治天下的思想基础，促进了学术与政治的互动，"创通经义"与"革新政令"的贯通，从而造就了宋代独特的学术风貌与士大夫政治，[2] 深化了现有的四书学与经世学的研究。

吕中的《宋大事记讲义》说："人君起居动息之地，曰内朝、曰外朝、曰经筵三者而已。"[3] 揭示了经筵作为帝王学习儒家经史的御前学术讲席在国家政治生活中的重要地位。而程颐所说的"天下治乱系宰相，君德成就责经

1　王琦、朱汉民：《论宋代儒家新帝学的兴起》，《鹅湖》2019 年第 12 期。

2　王琦：《学术与政治的互动——以真德秀与徐元杰经筵讲读为例》，《湖南大学学报》2021 年第 1 期。

3　吕中：《宋大事记讲义》，见李心传：《建炎以来系年要录》卷 156，北京：中华书局，1988 年，第 2529 页。

筵"[1],不仅全面肯定了士大夫在国家政权中的地位，而且高扬了经筵官们以师儒身份教育帝王，成就尧舜圣君的重要责任与使命，是对宋代士大夫政治、文化主体地位的经典概括。王琦教授以经筵讲义为切入点，紧扣经筵讲学中的经典与诠释、人物与活动、制度与行为等诸多要素，探究其与"四书"新经典体系形成、理学思潮兴盛及帝学发展之间的逻辑联系，生动地展现了学术与政治、思想与社会之间的互动，可谓抓住了宋代儒学发展的关键，颇有创见，读之不仅使人耳目一新，且有益于当今治国理政之实践也。故不辞浅陋，为之作序。更期待后来者踔厉奋发，更加深刻具体地研究宋以后帝学与理学的异同，以及理学的崛起对帝学兴衰的影响，庶几跳出旧式思维局限，使宋明以后的思想史研究突破理气心性常见命题范畴的局限，开辟出新的领域与思想演变的新天地。

吴光

2022 年 11 月

（本文作者吴光系浙江省社会科学院研究员、浙江省文史研究馆馆员兼浙江省儒学学会名誉会长、国际儒学联合会荣誉顾问暨学术委员）

1　程颐：《论经筵第三劄子》，《河南程氏文集》卷 6，《二程集》，北京：中华书局，1981 年，第 540 页。

绪　论

一、研究背景及意义

经筵讲义是宋代兴起的一种新经学体例与教学体例，是儒家士大夫诠释经典经旨并对帝王进行教育的讲稿，寄寓了其成就君德圣治，重建社会政治秩序的理想。它既是宋代学术转型与经筵制度定型的产物，又是理学思想向最高层传播的重要载体。宋代理学代表人物程颐、杨时、朱熹、真德秀等入侍经筵及其对《论语》《孟子》《大学》《中庸》的进讲，极大地促进了"四书"新经典体系的形成与理学思潮的兴盛。宋代理学的发展、帝学的兴起与经筵讲义密不可分。然而目前学界对之少有研究。在作者主持的国家社科基金项目《宋代"四书"经筵讲义研究》立项前，学界还未出现一部相关专题的研究专著，博士论文仅有台湾钟信昌撰写的《宋代〈论语〉经筵讲义研究》一篇。此外，台湾学者陈恒嵩、蒋秋华分别对徐鹿卿的《尚书》经筵讲义、刘克庄的《商书讲义》进行了研究，大陆学者郝桂敏、娄璐琦、陈小亮、张实龙等，以袁燮的《絜斋毛诗经筵讲义》为研究对象撰写论文，他们虽从文献整理、概念界定、文本诠释等角度对其进行了一定的探讨，但并没有与时代思潮联系起来，探索经筵讲义兴起与发展的内在逻辑，也没有对经筵讲义与理学、帝学之间的关系进行探讨，留下了巨大的可拓展空间，因而以宋代"四书"经筵讲义为切入点，探讨经筵讲义的发展脉络，梳理其整体特征，探析其与理学、帝学的内在联系，研究学术与政治之间的互动，探寻儒学官学化、社会化的途径，具有重要的理论与现实意义。

1. **学术价值**：（1）通过对《四库全书》《续修四库全书》《全宋文》等文献资料的搜索、查找，对"经筵讲义"进行收集与整理，为宋代理学与帝王之学研究提供新资料。（2）借鉴现代诠释学的理论与方法，探讨"四书"经筵讲义文本诠释与帝王之学建构的内在逻辑，丰富宋代儒学的研究。（3）通过探索宋代经筵讲义进讲与"四书"新经典体系形成及理学发展的内在联系，深化现有"四书"学与理学研究。

2. **应用价值**：研究宋代士大夫如何通过对经筵讲义的创造性诠释与思想体系建构，促使儒学向帝王及社会各阶层传播，从而成为社会共同接受与遵守的行为规范与价值准则，不仅可以深入把握学术、思想、政治之间的互动，探索儒学官学化、社会化的途径，而且对于研究当代儒学复兴与现代转化具有重要的借鉴意义。

二、研究内容

本书以宋代"四书"经筵讲义为研究对象，通过对《大学》《论语》《孟子》《中庸》经筵进讲情况的全面梳理，探寻士大夫如何以经筵为平台，通过经典的创造性诠释，用儒家的思想观念与价值理想影响帝王及政治，以道统规范治统，成就君德圣治，寄寓政治理想，重建政治社会秩序，并在学术、思想、政治之间的互动中，促进以"四书"为核心经典的理学体系的形成与发展，从而展现"四书"经筵讲义、帝王之学、理学之间的内在联系与演变轨迹，探讨儒学官学化、社会化的途径，为当代儒学复兴与现代转化提供借鉴。

本书分为五个部分，共由十九章组成。从整体层面勾勒了儒家新帝学与经筵讲义兴起的逻辑轨迹及其与理学发展的关系，全面揭示了《大学》《论语》《孟子》《中庸》向帝王传播的过程，并通过对朱熹、真德秀、徐元杰、陈傅良、程俱等经筵讲义的研究，揭示经筵讲义与新帝学理论建构、经义诠释与君德圣治、学术与政治之间的内在联系。具体内容如下：

第一部分　宋代经筵制度与经筵讲义

第一章《经筵讲义研究回顾》。通过对海内外经筵讲义研究成果的回顾，指出学界虽从文献整理、概念与特点界定、文本诠释等角度对其进行了一定的探讨，但整体研究的深度与广度有待进一步提升，尤其是对经筵讲义通贯性的文献整理，对经筵讲义发展脉络的梳理，及其与理学、帝学内在关系等研究，存在极大的拓展空间，从而凸显本书的研究价值与意义。

第二章《宋代士大夫的崛起与经筵制度的定型》。宋代"为人臣者无不擢科"的文治措施，促使了士大夫阶层的崛起，形成了以天下为己任的政治主体意识。他们纷纷致力于各种学术与思想体系的建构，促进了新学、蜀学、洛学、朔学、关学等学术流派的产生；而为人君者"无不典学"，躬亲读书的"祖宗家法"，则又促进了经筵制度的发展与完善，为士大夫以学术切入政治提供了制度性平台，并为宋代学术转型、帝学的兴起与经筵讲义的发展提供了契机。

第三章《宋代经筵讲义的兴起》。经筵讲义作为宋代兴起的一种新经学体例，是儒家士大夫诠释经旨义理并对帝王进行教育的经筵讲稿与帝学教材，为经筵制度定型与学术转型的产物，寄寓了士大夫以学术影响政治，致君尧舜的政治理想。帝王为学求治的追求，促使经筵官在讲学中逐渐突破传统章句训诂之学的诠释形态，而采取一种新的"义理"解经方式。仁宗庆历前后，学术风尚开始了从尊"注疏"到尚"义理"的转变。神宗元丰年间，陆佃在经筵始进讲义之后，经筵讲义便被广泛地运用于讲学之中，至南宋时蔚为大观。其具有以义理解经、启沃君心、联系时政、语含劝诫、语言通俗、经世致用等"义理"特征与"帝学"色彩，是帝学建构与理学发展的关键环节。

第二部分　经筵讲义与新帝学

第四章《宋代儒家新帝学的兴起》。宋代以文治国方略的确定与经筵制度的定型，促进了一种不同于传统重权术与治术的儒家新帝学的兴起。士大夫与帝王在以经筵为平台、以经典为媒介的互动交流中，逐渐形成了以儒家思想为正学，以《大学》为框架，以君德成就为根本，以尧舜圣王为榜样，指导帝王为学修身、治国平天下的学问与理论体系，以此确保儒家王道理想的实现与社会政治秩序的重建。它是从士大夫立场出发而建构的理想的帝王之学，体现了宋儒对汉唐儒法杂糅治国理念与王安石变法的反思，以及对时代与社会问题的回应。宋代帝学理论的不断丰富与发展，实质是帝王理想"角色"不断被士大夫"期待"与"塑造"，以道统规范治统的过程。

第五章《朱熹帝学思想的形成与发展》。关于朱熹对《大学》的经典诠释，学界多关注其与理学的研究，而忽视了《大学》与帝学思想建构的关系。朱熹从《壬午应诏封事》首次提出以《大学》为帝王之学，到《癸未垂拱奏劄》《庚子应诏封事》《辛丑延和奏劄》《戊申延和奏劄》《戊申封事》《己酉拟上封事》《（大学）经筵讲义》，朱熹的帝学思想经历了一个逐渐形成、发展与成熟的过程。其贯穿始终的主题，就是通过讲明《大学》之道以正君心立纪纲，规范帝王的德性修养与政治实践，从而贯通学术与政治，成就君德帝业，实现政治社会秩序重构与儒家王道理想。

第六章《朱熹以道学建构帝学》。中国传统的"帝王之学"主要是研究如何掌控权力、驾驭臣民、富国强兵的学问。宋儒希望建立道学化的帝王之学，实现儒家仁政德治的政治理想。朱熹通过对什么不是帝王之学的辨析，将俗儒记诵辞章之学、管商功利之说、释老空无之道排除在外，确立了以《大学》为核心的儒家正学引导帝王的经典体系与理论框架，并通过理学思想的运用，回答了帝王为什么学，如何学以明理而正君心，实现"道"与"治"融合等系列问题，推动了以道学建构帝学的思想建设，确立了《大学》在儒学及帝学中的重要地位。

第七章《朱熹理学化的帝学思想》。《经筵讲义》是朱熹为引导宋宁宗成君德立圣治，建构其理想的帝王之学而作。为此，他紧扣《大学》三纲领，以"天理"所赋之"明德"作为人的本质属性，诠释了尧舜可学而至的理论依据及工夫进路，从而将帝王纳入了"天理"所规范的范围，要求他与普通人一样按照理学的标准修身，成就盛德至善的圣王功业，寄寓了朱熹以学术影响政治、以理学思想建构帝学、致君尧舜的理想，客观上促进了理学的社会化。

第八章《朱熹〈经筵讲义〉中的帝学主体意识》。朱熹《经筵讲义》因其"帝王之学"的性质，特别强调"大学之道不在于书而在于我"，将"我"视为帝王之学成就的关键。这不仅是因为"天命在我""知之在我""其机在我""至善在我"，还与帝王的特殊身份与朱熹的经典诠释宗旨有关，体现了朱熹帝王之学的人文理性与儒学的实践品格。

第三部分 《大学》《中庸》经筵讲义

第九章《朱熹对〈大学〉的创造性诠释》。宋代基于政治社会秩序重建与应对释老之学冲击的需要，《大学》的价值与意义被重新挖掘。与郑玄、孔颖达将《大学》诠释为"为政之学"不同，程颢、程颐从理学的视阈，将其阐释为"圣人之学"；范祖禹则以《大学》为"帝王之学"，体现了宋代《大学》诠释理路的转向。朱熹《大学》经筵讲义则继承与发展了二程与范祖禹的诠释理路，以理学思想建构帝学，引导帝王学为尧舜，使得《大学》成为真正的"圣王之学"。朱熹通过对《大学》经筵讲义经义的创造性诠释，力图正君心立纪纲，无非是希望从为治的源头与根本出发，以儒家的价值理念引君于道，影响帝王的心性修养与政治实践，实现尧舜之治。格物致知以明理是正君心之前提，诚意正心以修身是正君心之关键，齐家治国平天下之术的实施是君心正而后纲纪立的自然延伸，体现了朱熹以理学原则规范帝王及政治的理想追求，其实质是以道统规范治统，限君权而出治道，具有一定的政治批判意义。同时，他又将理想的实现寄寓于君主的道德自觉，在实际操作中缺乏制度与法律上的制约，因而又具有历史的局限性。

第十章《真德秀〈大学〉经筵讲义对朱熹思想的发展》。真德秀作为绍续朱子之学的南宋理学大家，学术界在肯定其对朱学护卫、传播之功的同时，大多认为其墨守朱熹成说，无所创建。通过两人《大学》经筵讲义在诠释章节、诠释重心、诠释方式、诠释倾向等方面的比较，可以发现，真德秀尽管在学术上没有突破朱熹的整体理论框架，但在推动理学经世方面多有创见。他将朱熹之学由高谈心性义理导向了经世致用，由理论建构导向了实践践履，由"内圣"导向了"外王"，使得朱熹的理学思想以一种更具实践性与应用性的特征而为统治阶层所认同，从而推动了理学的官学化与社会化，并为明清实学的兴起奠定了理论基础。

第十一章《宋代〈中庸〉经筵进讲与帝王修己治人》。通过全面梳理宋代《中庸》经筵进讲的情况，指出《中庸》向最高层的传播，是研究宋代《中庸》学发展不可或缺的重要环节。从邢昺为真宗讲《中庸》到仁宗以之赐新及第进士，再到真德秀为理宗读《中庸》，并成为"四书"之一，《中庸》思想不断被诠释与挖掘。其"凡为天下国家有九经"、道德性命之说、执中以致中和等思想，成为帝王修己治人的重要资源与价值源泉。经筵官们切近人君，义理解经，主旨明确、反复开陈、说理透彻、有的放矢、指陈时政等方式，加深了帝王对《中庸》的认同与理解，是宋代《中庸》地位提升的关键推动力量，有利于推动其官学化、社会化与普及化，奠定了其在学术思想、人心世道与国家治理中的影响力。

第四部分 《论语》《孟子》经筵进义

第十二章《宋代〈论语〉经筵讲义研究》。《论语》从仁宗时便已成为宋朝诸帝经筵必学的经典，尤其是在高宗、理宗朝被反复进讲。通过对今存吕公著、杨时、程俱、王十鹏、袁甫、刘克庄、徐元杰、袁说友、方逢辰等《论语》经筵讲义诠释主旨的梳理，指出《论语》中为学明道、正心修身、孝悌爱亲、仁政德治、节用爱人、学为圣人等思想，是经筵官们借助经义诠释引导帝王以"学"明"道"成"德"致"治"的经典依据与价值源泉，为君臣在为政治国理念与思想意识等方面形成共识提供了契机。其经义诠释具有以下特点：义理发挥，出之己意，规谏君王；形式自由，议论说理，明白晓畅；引经据典，博采故事，关切现实。对宋代经学向义理之学转型，以及《论语》的官学化、社会化具有重要意义。

第十三章《经筵进讲与孟子升格运动》。孟子升格运动作为宋代儒学复兴及"四书"新理学经典体系建构过程中的重要事件，少有学者从经筵讲学的角度对其进行梳理。从真宗至神宗之"尊孟"到哲宗朝《孟子》的经筵进讲，再到高宗时以孔孟为师、孝宗至理宗时孟子地位的最终确立与巩固，其背后离不开帝王对孟子思想的理解与认同。而经筵《孟子》讲读，则是帝王与士大夫合力形成、推动孟子升格运动完成的关键环节。帝王在经筵对《孟子》的研习，无疑会对天下士子起到示范与引领作用；而经筵官对《孟子》的经义诠释，有利于君臣之间"尊孟"共识的形成，客观上促进了《孟子》的官学化与社会化。

第十四章《程俱〈论语〉〈孟子〉经筵讲义研究》。程俱为高宗讲《论语》《孟子》而作的经筵讲义，学界鲜有学者研究。程俱在经筵讲学时，通过经义诠释寄寓了其以下政治理想与治国方略：仁政王道，施之于当；制器创物，慎始思终；选贤授能，以礼相待；以仁存心，惠泽百姓。呈现了宋代士大夫通过经典诠释，力图以道致君，用学术影响政治，拓展参政议政渠道的努力，为研究宋代君臣共治天下格局形成与士大夫政治风貌，提供了一个新的视角。

第十五章《陈傅良〈经筵孟子讲义〉刍议》。《经筵孟子讲义》是陈傅良为宁宗讲学的讲稿，浓缩了其学术思想精髓，然至今未有学者对其进行系统研究。陈傅良借助对《孟子》经义的诠释，寄寓了其以孔子之道一学术明教化正人心成圣王的政治理想，并形成了以义理解经、说理透彻、劝诫帝王等诠释特点，具有言事功而不废性理、重外王而不失内圣、经世致用、兼容并包的学术特质。朱熹因学术旨趣及学派竞争等原因，将永嘉之学贬斥为功利之学的观点，是有失公允并带有门户之见的。

第十六章《徐元杰〈论语〉经筵讲义探析》。徐元杰作为朱子后学，学界对其研究不多。而对其曾为理宗讲学而作的《论语》经筵讲义，更没有学者做过系统研究。徐元杰在经筵通过经典诠释，发扬程朱理学思想，以"正主庇民"为中心，力图引导理宗以学求心，即道出治，正心修德，格民心善民俗，成君德出圣治。其诠释具有以下特点：以己意说经，形式自由；引先儒议论，论证说理；致知力行，真体实践。徐元杰在经筵对《论语》的诠释，促进了理学思想向帝王的传播。

第五部分　经筵讲义与学术、政治

第十七章《从章句之学到义理之学》。经学发展到宋代，呈现了从"惟知章句训诂"到"复求圣人之意，以明夫性命道德之归"的转变。本章以朱熹《大学章句》与《（大学）经筵讲义》为例，通过两者因教育对象不同，而导致的在诠释目的、诠释体例、诠释方式、语言表述风格等方面不同的对比，指出《大学章句》是书生之学，故而采取了传统章句体，通过章句训诂引导学者，进而阐发义理，思想简明扼要，语言典雅规范。《经筵讲义》属于帝王之学，故而采用了新兴讲义体，虽然也讲训诂，但是特别重视义理阐发，以鲜明的观点、通达的语言感格君心，进而揭示了帝学的兴起为宋代学术从章句之学向义理之学转型提供了契机，是经学由汉学向宋学演变的重要因素。

第十八章《经筵：学术与政治的互动平台》。经筵原本是帝王经史教育之地，为什么会逐渐成为与内朝、外朝并重的政治空间？通过真德秀与徐元杰的经筵讲读记录，可知士大夫以君德圣治成就为旨归的经典诠释、君臣经筵学问与治道的切磋、经筵留身后的时政探讨与信息交流，不仅拓展了士大夫参政议政的渠道与帝王政治决策的信息来源，而且为君臣在价值理念与治国策略上达成共识提供了契机，从而为君臣共治天下奠定了思想基础。

第十九章《经筵讲义与宋代理学发展》。随着"四书"在经筵的进讲，《大学》《论语》《孟子》《中庸》等思想价值不断向最高层传播与渗透，不仅推动了宋代学术的转型，而且逐渐获得了最高层的认可与支持，从而使得"四书"逐渐超越"五经"，成为理学的新经典体系。同时，成为"帝王师"的经筵官大多为"天下第一流"人物，其在经筵讲学的所言所讲所感，不仅是其一生学术思想与政治理念的精髓浓缩，而且凝聚了士林的群体意识。新学、朔学、洛学、蜀学、闽学、湖湘学、永嘉学等领袖人物入侍经筵，既促进了学派学术宗旨、思想观点与价值理念的传播，又加速了学派之间的学术交融与思想碰撞，推动了宋代学术的蓬勃发展与思想争鸣。研究宋代理学与学派的发展，经筵讲义是不可或缺的一个新视域。

三、创新及特色

1. **多种研究方法相结合。** 将传统的经学史方法与现代西方诠释学方法相结合，坚持考据与义理、历史与逻辑的统一，从政治史、思想史、社会史、文化史等多重视野中，探讨经筵讲义与理学、帝学之间的内在联系，呈现学术与政治的互动，为当代中华文化复兴与儒学现代转化提供启迪。

2. **全面探析宋代儒家新帝学与经筵讲义兴起、发展的逻辑脉络，揭示经筵讲义与帝学、理学的内在联系。** 通过文献梳理，结合宋代的政治、社会、思想、文化发展的多维视域，从帝王与士大夫的价值追求、帝学经典体系的新探索、帝学思想框架的呈现、帝学概念的界定等视角，首次梳理了宋代帝学兴起、发展、演变的逻辑轨迹。并在经筵制度定型与儒家新帝学兴起的背景下，探寻了宋代经筵讲义发展、演变的过程，展现了其"义理"特征与"帝学"色彩，是帝学建构与理学发展的关键环节。

3. **以《经筵讲义》为视角，对朱熹帝学思想进行了系统研究。** 探寻朱熹如何以《大学》为架构，以理学思想为内涵，通过经典的创造性诠释，为帝王为什么学、学什么、如何学为圣王提供理论依据与哲理论证，寄寓其以道统规范治统，致君尧舜，重构秩序的理想，完成宋代帝学理论的第一次建构，为真德秀等进一步系统化帝学提供了思路与框架，共同推动了宋代以道学建构帝学的思想建设。

4. **首次全面梳理"四书"的经筵进讲及向帝王传播的情况，探寻经义诠释与君德成就、治道建构之间的联系。** 同时，通过朱熹的《大学章句》与《经筵讲义》的比较，揭示帝王之学是促进宋代经学从传统章句训诂之学向义理之学转型的关键因素；此外，以徐元杰、真德秀经筵讲读为例，刻画士大夫以学术介入政治，以及君臣共治天下的思想共识形成的动态过程，展现学术、思想与政治之间的互动。

5. **为"四书"学与理学研究提供了新思路、新视角。** 经筵讲义作为宋代兴起的一种新经学体例，既是宋代学术转型与经筵制度定型的产物，又是理学思想向最高层传播的重要载体。王安石、司马光、苏轼、程颐、杨时、胡安国、张栻、朱熹、真德秀等各学派代表人物均曾入侍经筵为帝王师。经筵讲义与帝学兴起、理学发展密不可分。然而目前学界对之少有研究。以宋代"四书"经筵讲义切入点，探讨经筵讲义兴起与发展的脉络，探寻其与"四书"新经典体系形成与理学发展之间的内在关系，为"四书"学与理学研究提供了新思路、新视角。

四、尚待深入研究的问题

目前，学界对经筵讲义少有研究，可资借鉴的论文、资料十分有限，且现存"四书"经筵讲义篇幅长短不一，多则几卷，少则一篇或一章，缺乏系统性，要从零散资料中勾勒出经筵讲义发展演变的逻辑线索，并在时代背景与学术思潮下来审视其与理学、帝学之间的内在关系，具有很大的难度。全书虽然对此进行了比较系统的研究，但宋代理学、帝学发展是十分复杂的问题，难以面面俱到，有些问题还有较大的研究与拓展的空间。如经筵讲义与理学官学化、社会化，经筵讲义与宋代理学学派发展等方面还可作进一步的探讨。

第一部分

宋代经筵制度与经筵讲义

第一章　经筵讲义研究回顾

随着宋代文治政策的实施与经筵制度的定型，一种通过"经筵"讲学活动，专门为教导皇帝而创作的讲稿——"经筵讲义"应运而生，成为士大夫诠释经旨义理，用儒家价值观念影响帝王的道德修养与政治实践，实现其王道理想的重要载体，这是宋代学术转型与经筵讲学的产物。

自从宋神宗元丰年间陆佃"在经筵始进讲义"开始，[1] 经筵讲义便作为一种新经学体例与教学体例流传开来。在此之前，经筵官往往是"执卷而口说，未尝有讲义也"[2]。经筵进呈讲义的目的，主要是备帝王经筵听讲前预习或课后温习。[3] 宋代名臣硕儒程颐、范祖禹、吕公著、杨时、张栻、朱熹、真德秀、陈傅良、程俱、王十朋、袁甫、徐元杰等均曾创作过经筵讲义，不仅涉及传统的"五经"，而且"四书"经筵讲义也在逐渐呈现。如邢昺为宋真宗讲《中庸》"为天下国家有九经"大义，[4] 范祖禹、吕公著、杨时的《论语》经筵讲义，

1　王应麟：《困学纪闻》，上海：上海古籍出版社，2015 年，第 201 页。

2　同上。

3　顾宏义：《宋代〈四书〉文献论考》，上海：上海古籍出版社，2014 年，第 117—118 页。

4　《帝学》记载："帝（真宗）宴饯侍讲学士邢昺于龙图阁，上挂《礼记·中庸篇》图，昺指'为天下国家有九经'之语，因讲述大义，序修身尊贤之理，皆有伦贯。坐者耸听，帝甚嘉纳之。"见范祖禹撰、陈晔校释《帝学校释》，华东师范大学出版社，2015 年，第 82 页。

程俱、陈傅良的《孟子》经筵讲义，朱熹、真德秀的《大学》经筵讲义等。这些经筵讲义的出现，与理学的兴盛、帝王学的兴起基本上是同步的。然而，学术界对经筵讲义的研究未引起足够的重视，也没有将其与当时的学术思潮联系起来研究，留有较大的拓展空间。现将学界关于经筵讲义的研究情况回顾如下。

一、经筵讲义概念的界定与特点的阐述

关于经筵讲义的定义，林庆彰教授将其界定为"学者向皇帝讲内圣外王的讲义或记录"，它既是教育皇帝的教材，也是古代学者发挥经义的记录。[1]朱汉民教授则从经学演变、解经体例变迁、经典讲义的形态等角度，将经筵讲义作为"讲义"新经学体例的一种类型，指出给皇帝讲解经义的讲义就是经筵讲义，主要是儒臣用儒家经义对帝王进行道德教育。[2]这清楚地指明了经筵讲义的特定教育对象，及其以君德养成为中心的教育理念，为进一步研究经筵讲义奠定了良好的基础。其中朱汉民教授将经筵讲义的产生与宋代的经学转型联系了起来，认为它的产生与宋代重视经学原典与义理诠经的学术风尚、旨趣密切相关，为研究者提供了一个较为广阔的视野，可惜没有进一步追溯经筵讲义发生、发展的过程及其与理学兴起的关系。

关于经筵讲义的特点，林庆彰教授根据其收集的文献资料，从整体上对经筵讲义进行了分析，认为其具有以下特点：发挥义理、不主训诂，亲贤臣、远佞人，批评时政、伺机进言。[3]陈恒嵩对宋儒徐鹿卿的《尚书》经筵讲义进行了研究，从帝王教育与书生教育不同的角度出发，指出了经筵讲义不徒章

1　林庆彰：《导言》，《中国历代经书帝王学丛书（宋代编）》，台北：新文丰出版公司，2012年，第11页。

2　朱汉民教授根据讲学的场所不同，将讲义分为三类：一是给皇帝讲经的讲义，通常称"经筵讲义"；二是国子监、州县各级官学讲义；三是书院讲义。见朱汉民、洪银香：《宋儒的义理解经与书院讲义》，《中国哲学史》，2014年第4期。

3　林庆彰：《导言》，《中国历代经书帝王学丛书（宋代编）》，第7—10页。

句训诂，具有发挥经典要义、感格君心、议论朝政、劝诫君王、补益阙失的特点，揭示了《尚书》学对帝王教育的深刻意义。[1] 其另一篇论文《魏校及其〈尚书〉经筵讲义析论》，通过对讲义内容的分析，认为帝王教育与经生学士教育因目的不同而导致教育方法的不一样。帝王学习的目的在于掌握经典的义理要旨，见诸行事，辨别群臣，慎防欺蒙，敬明乃罚，厚养治臣。并通过明太祖、宪宗、孝宗朝的例子，指出经筵讲义具有联系时政、指陈所见、要论切于治道的特点与作用。[2] 蒋秋华则从刘克庄《商书讲义》的说解方式、引用的经学依据、与宋代时政关系等角度进行分析，指出经筵讲义是为帝王讲解经籍而作，具有借题发挥、影响时政的实际功能。[3] 顾宏义教授在其《宋代〈四书〉文献论考》一书中，认为经筵讲义虽然主要见载于南宋，但在北宋元丰时便出现了讲读官将经筵讲说的讲义进呈天子的事迹，从而与之前制度不同。其文字具有从天子的立场讲说、发挥经义、评议时政的特点。[4] 以上学者或对经筵讲义的特点进行整体关照，或通过单篇讲义的分析，从帝王之学与书生之学不同的角度出发，剖析了经筵讲义的特点与功能，为进一步研究经筵讲义，把握其特定的教育对象、范围与特点提供了借鉴。

二、经筵讲义的文献整理及其与理学、帝王学等关系研究

最早对经筵讲义的文献资料进行系统整理，并将之纳入"帝王学"研究视野的是林庆彰教授。他主编了《中国历代经书帝王学丛书（宋代编）》，首次明确地将经筵讲义视为"经书帝王学"，对宋代经筵进讲的《周易》《尚书》《诗经》《礼记》《春秋》《孝经》《论语》《孟子》《大学》等文献进行了全面的搜集与辑录，为研究宋代帝王学、理学与经筵讲义提供了丰富的文献资料与

1　陈恒嵩：《徐鹿卿及其〈尚书〉经筵讲义研究》，《嘉大中文学报》，2009 年第 2 期。
2　陈恒嵩：《魏校及其〈尚书〉经筵讲义析论》，《东吴中文学报》，2011 年第 21 期。
3　蒋秋华：《刘克庄〈商书讲义〉析论》，《台大中文学报》，2009 年第 2 期。
4　顾宏义：《宋代〈四书〉文献论考》，上海：上海古籍出版社，2014 年，第 117—123 页。

研究线索。[1]该套丛书还收录了台湾王德毅教授的论文《宋代的帝王学》，重点概述了宋代经筵进读的典籍、侍读与侍讲经筵进讲的事迹，指出帝王当以务学为急，尊师重道，从经书中探求经国治民之大道，从史书中明察前代兴亡治乱之故事，并认为宋代文治成效与经筵官的讲学活动关系密切。林庆彰教授还指导钟信昌博士撰写了《宋代〈论语〉经筵讲义研究》，这是对宋代《论语》经筵讲义授受情况进行整体研究的第一篇博士论文。作者通过对吕公著等九位经筵官进讲内容的梳理，探讨了经筵讲义对帝王教育的功用，指出经筵讲学活动中，经筵官与皇帝互动的关系是宋代儒士参政的最佳定位，[2]看到了经筵讲义与学术、政治之间的密切联系。

中国大陆较早重视经筵讲义，并对其文献进行整理的是顾宏义教授。他在梳理宋代"四书"文献时，发现这时的讲义类著作异军突起，达到了118种，并专列"经筵'四书'讲义"一节，对史籍中所能收集到的宋代经筵讲义的篇目进行了收录，予以相应的文献考证，认为经筵讲义的大量出现，与理学发展密切相关，他为研究宋代"四书"学、理学及其讲义，提供了文献参考与致思方向。[3]马元元在其硕士论文《南宋经筵制度及其历史作用》中，通过史料梳理，认为经筵讲义起源于北宋，在神宗元丰年间形成了开讲次日进献讲义的惯例，南宋时曾于次日进献讲义，后改为当日进献。[4]吴晓荣通过对两宋经筵与学术的探讨，认为在经筵讲学中经典的选择、解经的方式、经筵官的选任，都与当时的学术发展息息相关。[5]姜鹏通过对北宋经筵与宋学兴起的考察，指出经筵制度的定型，为儒家士大夫通过经典诠释切入政治，提供了制度平台与保障。经筵讲读风格的变化，促进了宋代经学转型与史学义

1　林庆彰：《导言》，《中国历代经书帝王学丛书（宋代编）》，第1—7页。

2　钟信昌：《宋代〈论语〉经筵讲义研究》，台北市立大学博士论文，2014年。

3　顾宏义：《宋代〈四书〉文献论考》，第117—126页。

4　马元元：《南宋经筵制度及其历史作用》，河北大学硕士学位论文，2008年。

5　吴晓荣：《两宋经筵与学术》，南京大学硕士学位论文，2013年。

理化，既成就了帝王之学的教学要求，又对道学的诞生产生了重要影响。[1]朱汉民、肖永明教授指出，经筵进讲是理学学者向最高统治者传播其思想学说的重要途径，程颐、杨时、胡安国、范冲、尹焞、张栻、朱熹等侍讲经筵，以"四书"为其经筵讲学的重要内容，促进了"四书"学的传播与理学的发展。[2]陈居渊的《清代的经筵讲论与学术的多变》，从经筵讲论与学术的关系着眼，指出经筵讲论本身具有传统儒学与经学的双重特性，它既是清代礼制文化的重要组成部分，又是清代学术多变的主要动因。[3]以上研究成果或对经筵讲义的文献资料进行了整理，或从经筵制度发展演变的角度，敏锐地察觉到经筵讲义与政治、学术之间的联系，为进一步深入探讨经筵讲义的兴起及其与理学、帝王学的内在关系，提供了文献依据与研究视角。

三、经筵讲义的文本诠释与其他相关研究

专题对经筵讲义的文本内容与诠释方式进行研究的，主要有郝桂敏、娄璐琦、陈小亮、张实龙等。他们以宋代袁燮的《絜斋毛诗经筵讲义》为研究对象，侧重于文本阐释特点、形成原因、思想内容、受众意识等角度的探讨。如张实龙认为，袁燮解经时注重受众意识，采用了三段式的结构给帝王讲解《诗经》，简洁明了，启发人主。[4]陈小亮指出，袁燮运用心学方法解经，注重践履功夫和经世致用，着力启沃君心。[5]娄璐琦认为，袁燮以心学阐发圣贤之义、君王之德、治国之道，体现出经世致用的治学理念和勇于承担的士大夫

1　姜鹏：《北宋经筵与宋学兴起》，上海：上海古籍出版社，2013年；姜鹏：《经筵讲读与史学义理化》，《复旦学报》，2009年第3期；姜鹏：《经筵讲学对北宋经学的影响》，《史林》，2013年第5期。

2　朱汉民、肖永明：《宋代〈四书〉学与理学》，北京：中华书局，2009年。

3　陈居渊：《清代的经筵讲论与学术的多变》，《中国哲学史》，2014年第3期。

4　张实龙：《论袁燮〈絜斋毛诗经筵讲义〉的受众意识》，《浙江万里学院学报》，2015年第2期。

5　陈小亮：《袁燮〈毛诗经筵讲义〉心学思想浅析》，《西安电子科技大学学报》，2013年第6期。

精神。[1]郝桂敏指出，袁燮的讲义之所以具有经世致用的功能和为现实政治服务的特点，原因就在于他从政治伦理方向将陆氏心学运用于社会。[2]陈良中对史浩本经筵讲义而写成的《尚书讲义》思想进行了研究，他确信孔子修订《书序》的说法，采取"春秋笔法"解经，并以《大学》《中庸》与之相应和，建构政治思想与道统论，具有鲜明的个性特征与时代色彩。[3]廖峰撰写的《顾鼎臣〈中庸〉首章经筵解读》，运用训诂学、诠释学理论，指出顾鼎臣的《中庸首章讲义》采取字词训诂、大意疏通与义理阐发相结合的方式，为明世宗讲读经典，进行劝诫，体现了经典的传统阐释与时代性诠释的视域融合。这些经筵讲义主要以《诗经》《尚书》和《中庸》等经筵讲义为主，涉及的经典范围虽然不很广泛，但却从不同的角度为后续研究经筵讲义提供了研究方法。

此外，朱汉民教授与洪银香博士撰写的《宋儒的义理解经与书院讲义》，根据讲学场所的不同，将讲义分为经筵讲义、官学讲义与书院讲义，并着重分析了宋代书院讲义，认为书院讲义具有阐发义理、关切为己与内在体认的特点，体现了不同学派的学术旨趣与为学之方。[4]陈重的《简论陈襄〈中庸讲义〉的思想内涵》，将陈襄视为道学发轫过程中的一个环节，揭示其在宋初道学话语系统之建构初期所起的作用。[5]范丽琴对宋代龚原的《周易新讲义》进行了研究，在考证其成书、流传、版本的基础上，探讨了龚原释《易》的方法及思想特色。[6]郭超的《袁甫〈蒙斋中庸讲义〉研究》，指出袁甫对《中庸》的解读具有浓厚的陆九渊心学特点。杨玉芬与程仁桃撰写的《程端礼与〈江东书院讲义〉》，总结了朱熹教学和读书的方法，分析了其思想内容在传统文

1　娄璐琦：《论袁燮〈絜斋毛诗经筵讲义〉的阐释特点》，《中共宁波市委党校学报》，2012 年第 4 期。

2　郝桂敏：《袁燮〈絜斋毛诗经筵讲义〉的特点及成因》，《辽宁教育行政学院学报》，2007 年第 7 期。

3　陈良中：《史浩〈尚书讲义〉思想研究》，《历史文献研究》总第 33 辑，上海：华东师范大学出版社，2014 年。

4　朱汉民、洪银香：《宋儒的义理解经与书院讲义》，《中国哲学史》，2014 年第 4 期。

5　陈重：《简论陈襄〈中庸讲义〉的思想内涵》，《浙江学刊》，2013 年第 2 期。

6　范丽琴：《龚原〈周易新讲义〉研究》，福建师范大学硕士学位论文，2011 年。

化教育中的意义。[1] 唐明贵《从〈松阳讲义〉看陆陇其的〈论语〉学特点》，通过对文本章句的释读，揭示了陆氏"尊朱黜王""崇实黜虚"的思想。[2] 刘欣韦对清代吕留良的《四书讲义》进行了研究，力图以"治道合一"的危机为切入点，重新开发吕留良思想在清初的地位与作用。[3] 这些书院讲义或官学讲义，虽是针对普通读书人而作，但在研究方法与思想上均为经筵讲义的研究提供了一定的借鉴。

四、研究展望

综上所述，无论是大陆学者，还是台湾学者，都在一定程度上注意到了经筵讲义，或对其进行文献梳理，或对其定义与特点、思想内容与阐述方式等进行探讨，或关注到了经筵讲义与学术思潮的某种联系，但整体而言，其研究的深度与广度还有待进一步提升。至今为止，对经筵讲义进行专题研究的博士论文仅有一篇，期刊论文九篇，无一部专著，因而存在着较大的研究空间。

1. 经筵讲义的文献收集与整理有待深入拓展。虽然林庆彰教授与顾宏义教授对经筵讲义的文献进行了较系统的梳理，但都限于宋代，没有对其进行通贯性的整理。经筵讲义产生于北宋，全盛于南宋，[4] 元、明、清时依然是帝王教育的重要体例，有着丰富的文献资料，需要进一步挖掘与整理，以便更好地窥见其全貌，研究其发展流变，探讨其对当今教育的意义。

2. 经筵讲义兴起与发展的脉络有待进一步厘清。虽然有一些学者从宋代经筵制度发展与定型的角度认识到，经筵讲读活动为儒家士大夫利用经典诠

1　杨玉芬、程仁桃：《程端礼与〈江东书院讲义〉》，《殷都学刊》，2003 年第 3 期。

2　郭超：《袁甫〈蒙斋中庸讲义〉研究》，湖南大学硕士学位论文，2016 年。

3　刘欣韦：《治道合一的危机：吕留良〈四书讲义〉对清初儒学的冲击》，国立政治大学硕士学位论文，2013 年。

4　四库全书研究所整理：《钦定四库全书总目》卷 94，北京：中华书局，1997 年，第 1235 页。

释的优先权切入政治，提供了平台与保障，[1]为经筵讲义的产生呈现了一个制度背景。但是任何一种体例或思潮的产生，都是多种因素交织而成的，经筵讲义的产生除了制度因素外，是否还有其背后的政治、经济、社会、文化、思想、学术等方面的原因？其兴起与发展的逻辑线索是什么？有待进一步探讨。

3.经筵讲义与理学、帝王学的关系有待进一步梳理。虽然有学者意识到经筵讲义的兴起与理学思潮的兴盛、帝王学的发展密切相关，但是对于三者之间的关系并未进行深入的探讨，未能分析宋代儒家士大夫是如何通过经典的创造性诠释建构帝王学的；也未能挖掘"四书"经筵讲义与理学新经典体系形成之间的内在逻辑，厘清理学官学化、社会化的途径。现今学界对经筵讲义文本尽管有一定的研究，但主要局限在《诗经》《尚书》《中庸》等范围，未能涵盖四书五经等典籍，更未能将其放入时代学术思潮与政治变化的背景下进行整体性的关照，对这些问题的深入探究，无疑会极大地丰富与拓展传统儒学研究。

1　姜鹏：《北宋经筵与宋学兴起》，第22页。

第二章　宋代士大夫的崛起与经筵制度的定型

鉴于唐末五代以来，政权更迭频繁，"数十年间，帝王凡易八姓，战斗不息"[1]，天下生民涂炭，士大夫忠义之风荡然无存。为重建社会秩序，重振世道人心，巩固中央集权，宋太祖在即位之初，便制定了抑武尚文的文治策略。对此，《宋史》卷四三九《文苑一》总序记载道：

> 自古创业垂统之君，即其一时之好尚，而一代之规模，可以豫知矣。艺祖革命，首用文吏而夺武臣之权，宋之尚文，端本乎此。太宗、真宗其在藩邸，已有好学之名，作其即位，弥文日增。自时阙后，子孙相承，上之为人君者，无不典学；下之为人臣者，自宰相以至令录，无不擢科，海内文士彬彬辈出。[2]

这段文字记载，至少给我们透露了两点重要信息：一是宋代抑武尚文的文治政策是宋太祖在开国初制定，并由太宗、真宗等后续帝王子孙相承，遂为"祖宗家法"；[3] 二是为了实现国家政治社会秩序的重建，宋代分别从帝王

1　李焘：《续资治通鉴长编》卷2，北京：中华书局，1992年，第49页。
2　脱脱等：《文苑一》，《宋史》卷439，北京：中华书局，1985年，第12997页。
3　关于宋代"欲武臣读书""用读书人"的"祖宗之法"或"祖宗家法"，可参看邓小南：《祖宗之法：北宋前期政治述略》，北京：生活·读书·新知三联书店，2014年，第150—185页。

与士大夫两个层面推行文治政策：为人君者无不典学；为人臣者无不擢科。正是由于帝王无不典学，爱好读书，促使了经筵制度的发展与完善，为帝学的兴起提供了制度保障；而采取科举取士等方式重用士大夫，又促使了士大夫阶层的崛起，形成了以天下为己任的政治主体意识。两者互相影响、互相交织，共同促进了宋代学术、思想与政治的繁荣与发展，从而使得宋代"海内文士，彬彬辈出"，其"声明文物之治，道德仁义之风"[1]，无让于汉唐，而与三代同风。

一、士大夫阶层的崛起

为巩固赵宋王朝，宋代诸帝恪守着文治的家法，通过幸学、鼓励读书、科举取士等方式，将一大批有着崇高理想与社会责任感的读书人吸纳到各级政府机关之中，国家政权、地方治理与公共事务全面向士大夫开放，极大地提高了他们参政议政的热情，促进了士大夫阶层的崛起及其政治主体意识的提升。

在宋朝开国之初，宋太祖便"幸国子监，二月又幸，诏加餙祠宇及塑绘先圣、先贤、先儒之象，帝亲制文宣王、兖公二赞"[2]。表示其崇儒重道，重视读书，以文化成天下的导向，可以说"儒学复振，寔自此始"[3]。同时，宋太祖对武臣与文臣分别采取了不同的策略：一方面采取了"杯酒释兵权"的方式，解除了武将的兵权，欲令他们读书，"贵知为治之道"[4]；另一方面重用儒臣，"选儒臣干事者百余，分治大藩"[5]，让他们有机会进入国家机构之中，治理中央与地方事务，为宋代文治打下了坚实的基础。

之后，太宗、真宗等列圣相承，谨守祖宗家法，"规模一以经术，事业

1　脱脱等：《太祖本纪》，《宋史》卷3，第51页。

2　范祖禹撰、陈晔校释：《帝学校释》，第70—71页。

3　同上，第71页。

4　同上，第72页。

5　李焘：《续资治通鉴长编》卷13，第293页。

付之书生"[1]。太宗时不仅编修了《太平广记》《太平御览》《文苑英华》等大型类书，而且通过科举取士，将一大批儒士文人吸收到国家机构中来。如将太祖与太宗朝录取的进士与诸科人数进行对比，可以发现，太祖朝录取的进士人数仅为86人，而太宗朝为1457人；诸科人数太祖朝为162人，而太宗朝则为4357人。[2]从太宗即位（976）至真宗天禧三年（1019），仅43年的时间，进士人数便大幅激增至9323人。而从天禧四年（1020）至仁宗嘉祐二年（1057）的37年间，又增加了8509人。[3]可见，经过宋初七八十年的酝酿，士大夫队伍不断发展壮大，国家政权对士大夫开放度也在不断增大。

至仁宗天圣、明道间，士风为之一变，"一洗五季之陋"[4]，尤其是范仲淹、欧阳修等为代表的士大夫，其"每感激论天下事，奋不顾身"的风范，给时人以巨大的感召，"一时士大夫矫厉尚风节"[5]。逐渐形成了以天下为己任，与帝王"同治天下"的政治主体意识，并力图超越汉唐，以"三代"为理想政治模式，重建合理的政治社会秩序。[6]范仲淹与王安石等发动的"庆历"与"熙宁"两场变法运动，便是将这种儒家政治理想与社会变革方案，从"坐而言"的理论探讨转入了"起而行"的政治实践，标志着宋代士大夫作为政治主体正式登上了历史舞台。[7]虽然两次变法均以失败告终，但是范仲淹、王安石等士大夫所体现的砥砺名节、以道进退的风度，始终激励着有宋一代士大夫们。他们纷纷致力于各种学问与思想体系的建构，力图以学术影响政治，实现得君行道、道济天下的理想。新学、蜀学、洛学、朔学、关学等众多学术流派的产生，理学的兴起与发展，就是这种时代潮流的产物，构成了宋代儒学的丰富内涵。

1　陈傅良：《乾道壬辰进士赐第谢太上皇帝表》，《止斋集》卷30，文渊阁四库全书本。

2　王瑞来：《略论宋太宗》，《社会科学战线》，1987年第4期。

3　余英时：《朱熹的历史世界》，第211页。

4　陈傅良：《温州淹补学田记》，《止斋集》卷39，文渊阁四库全书本。

5　脱脱等：《范仲淹传》，《宋史》卷314，第10268页。

6　余英时：《朱熹的历史世界》，第184—197页。

7　同上，第8页。

二、经筵制度的定型

为实现秩序重构的目的，宋代帝王无不恪守着以文化成天下的祖宗家法，躬亲读书，身为表率，引领天下风气。一种适应帝王读书求治需求而产生的经筵制度呼之欲出。

宋太宗于太平兴国八年（983），"以听政之暇，日阅经史，求人以备顾问，始用著作郎吕文仲为侍读，每出经史，即召文仲读之"[1]。这是宋代帝王因学习经史需要而专门任命的第一位侍读官。宋太宗为自己定下了一年读遍《太平御览》的学习任务，并留下了读书废寝忘食，"从巳至申，有鹘飞止殿吻，至罢方去"的典故，[2] 堪称宋代诸帝好学的楷模。

真宗皇帝即位后，同样十分热衷于儒家经史的学习。他认为"勤学有益，最胜它事。且深资政理，无如经书"[3]。认为学术与政治关系密切，要提升治国理政的能力，最有效的方式便是学习古先圣王留下来的经典。因而真宗读书十分勤勉，经常是"暑月或衣单绤，流汗浃体而详览不辍"[4]，勤勉于学。同时，为更好地学习经书，真宗于咸平元年（998），访求"博通诸经，尤善诵说"的崔颐正为其讲《尚书》。[5] 咸平二年（999），又以"兵部侍郎杨徽之、户部侍郎夏侯峤并为翰林侍读学士，国子监祭酒邢昺为侍讲学士，翰林侍读吕文仲为翰林侍读学士"[6]。除原有的侍读学士外，真宗还增置了侍讲学士，专门为自己讲解经典，并完善了侍讲、侍读学士的官阶待遇问题。如果说太宗时，虽命吕文仲为翰林侍读，寓直禁中，以备顾问，但仍然是名位未崇。真宗则明确了讲读官的选拔标准与名位待遇，"择耆儒旧德以充其选，班秩次翰林学士，禄赐如之"，同时"设直庐于秘阁，侍读更直，侍讲长上，日给尚

1　范祖禹撰、陈晔校释：《帝学校释》，第74—75页。
2　同上，第75页。
3　同上，第81页。
4　同上，第85页。
5　同上，第79—80页。
6　同上。

食珍膳，夜则迭宿"[1]。不仅选择德高望重的硕儒充当讲读官，让其享受与翰林学士相等的名位待遇，还专门设置值班的处所，提供食宿，轮流召对询访。从太宗到真宗时，由于为学求治的需要，为帝王讲学的职官名位开始固定与确立，讲官队伍逐渐扩大，待遇日渐明确，帝王学习经典的内容与范围也逐渐明晰。如真宗在为太子时，邢昺曾为其遍讲九经，"《尚书》凡十四讲"[2]，但其即位后，又召崔偓佺讲《尚书》，邢昺讲《左氏春秋》，冯元讲《易》。这时虽还没有正式出现"经筵"的名称，但已有"经筵"之实，因而可视为经筵制度的草创阶段。

经筵作为帝王学习"儒家经典和历史知识的御前学术讲座"[3]，虽然在汉唐亦有萌芽，但经筵之名从宋代才开始正式出现，在宋仁宗时成为帝王经史教育制度的专称。现今能见到最早使用"经筵"一词的记录，是乾兴元年（1019），皇太后（真宗刘皇后）为提升仁宗皇帝的德性修养与治国能力，谕宰臣："皇帝听断之暇，宜召名儒讲习经书，以辅圣学。"于是仁宗"始御崇政殿西庑，召翰林侍讲学士孙奭、龙图阁直学士兼侍讲冯元讲《论语》，侍读学士李维、晏殊与焉。初诏双日御经筵，自是虽只日亦召侍臣讲读"[4]。为加强对皇帝的儒家经史教育，仁宗由隔日御经筵改为日日听儒臣讲习经典，并改变了真宗天禧年间"凡侍臣讲读皆赐坐，降者设本于前，别坐而听"的旧制，于"每说书日，侍臣皆先就座，赐茶讫，彻席立讲。讲毕复坐，赐汤"的讲习仪式。[5]

天圣四年（1026），仁宗"召辅臣于崇政殿西庑观宋绶等读《唐书》"。[6]而在侍读初立之时，并"无所职，但侍立而已。自宋绶、夏竦为侍读，始令

---

1 范祖禹撰、陈晔校释：《帝学校释》，第 80 页。

2 同上，第 84 页。

3 邹贺、陈峰：《中国古代经筵制度沿革考论》，《求索》，2009 年第 9 期。

4 范祖禹撰、陈晔校释：《帝学校释》，第 88—89 页。

5 刘琳、刁忠民、舒大刚等校点：《宋会要辑稿·职官六·侍读侍讲》，上海：上海古籍出版社，2014 年，第 3191 页。

6 范祖禹撰、陈晔校释：《帝学校释》，第 90 页。

日读《唐书》一传，参释义理"[1]。至此，侍讲讲经、侍读读史的分工开始明确。景祐元年（1034），仁宗又以"尚书都官员外郎贾昌朝，尚书屯田员外郎赵希言，太常博士、崇文院检讨王宗道，国子博士杨安国并为崇政殿说书，日以二人入侍讲说。崇政殿置说书自此始"[2]。景祐四年（1037）"以崇政殿说书、尚书司封员外郎、直集贤院贾昌朝，尚书礼部员外郎、崇文院检讨王宗道，尚书屯田员外郎、国子监直讲赵希言，并兼天章阁侍讲（仁宗后不复置），预内殿起居。天章阁置侍讲自此始"[3]。由此可见，至仁宗朝时，经筵讲读官队伍构成与来源更为丰富。不仅有侍讲、侍读，而且新设了崇政殿说书、天章阁侍讲，无疑扩大了讲读官的选拔与士大夫的参与范围。据统计，仁宗在位的四十二年，约有七十位经筵官为其讲读经史。[4]

经筵讲读的地点，除了常用的崇政殿西庑外，仁宗于景祐二年（1035）新置了迩英、延义二阁。其所进读的经典除了《论语》《孝经》《周易》《诗经》《尚书》《春秋左氏传》《周礼》等儒家经书外，还包括《汉书》《后汉书》《唐书》《贞观政要》《帝范》《三朝宝训》《正说》《祖宗圣政录》等史书与祖宗圣训。经筵讲读的内容较太宗、真宗朝更为丰富，而经史进读的选择标准则必须是"资孝养、补政治"[5]，有利于君德养成与政治治理。

由此可见，经过仁宗朝的发展，无论是经筵官的设置、仪式仪规的形成，还是经筵开讲的时间、地点、内容，都已经初步固定，因而可以断定在宋仁宗时经筵制度已经趋于成熟与定型。[6]

吕中的《大事记讲义》，详细地记录了宋代经筵制度逐渐发展与定型的

---

1 刘琳、刁忠民、舒大刚等校点：《宋会要辑稿·职官六·侍读侍讲》，第3191页。

2 范祖禹撰、陈晔校释：《帝学校释》，第93页。

3 同上，第94页。

4 姜鹏：《北宋经筵与宋学兴起》，第67页。

5 范祖禹撰、陈晔校释：《帝学校释》，第91页。

6 邹贺、陈峰认为，经筵的制度化应该至少包括专门机构、专门职官、专门法规、固定时间、固定场所、固定科目。以此为标准审视仁宗朝的经筵制度，无疑可以得出经筵制度至仁宗朝已经形成制度并定型的结论。见邹贺、陈峰：《中国古代经筵制度沿革考论》，《求索》，2009年第9期。

过程：

> 祖宗好学，世为家法，盖自太祖幸国庠，谒先圣，劝宰臣以读书，戒武臣以知学。其所以示后世子孙者，源远而流长矣。自太平兴国开设经筵，而经筵之讲，自太宗始。自咸平置侍讲学士，而经筵之官自真宗始，乾兴末，双日御经筵，体务亦不废，而日御经筵，自仁宗始。于是崇政殿始置说书，天章阁始制侍读，中丞始预讲席，宰相始预劝讲，旧相始入经筵以观讲，史官始入经筵以侍立。而经筵之上，文物宪度，始大备矣。[1]

由此可见，在帝王为学求治需求的驱动下，宋代经筵制度经过太宗、真宗朝的酝酿发展，至仁宗时已趋于成熟与定型。经筵制度的完善，为帝王学习经史提供了专门的师资队伍、组织机构、仪式仪规、时间保障与固定场所，促进了帝学的兴起。同时，为士大夫切入政治，根据时代与政治需要，对经典进行重新诠释，通过经筵讲学来影响帝王及其政治实践，提供了制度性平台，为宋代学术摆脱传统章句训诂的束缚，转向义理（性理）之学提供了契机。正是在帝王与士大夫的双向互动中，帝学应运而生，成为宋代儒学的新动向，[2]与理学互相交织、互相影响，共同推动了儒学的新发展。

三、结语

宋初推行的崇文尊儒的文治策略，通过下之为人臣者"无不擢科"的制度安排，促进了士大夫阶层的崛起，激励了他们以高度的政治热情与"以天下为己任"的担当意识，积极参与国家的政治、文化、经济、社会等各层面

1　吕中：《仁宗皇帝》，《大事记讲义》卷 8，文渊阁四库全书本。
2　姜广辉、夏福英：《宋以后儒学发展的另一走向——试论"帝王之学"的形成与发展》，《哲学研究》，2014 年第 8 期。

的建设。同时，树立了"上之为人君者，无不典学"的"祖宗家法"，促进了规范帝王研读经史的经筵制度的定型，不仅为士大夫以学术切入政治、培养"理想"的帝王提供了平台，而且为帝学的兴起与学术转型提供了契机。宋代新学、朔学、蜀学、洛学、闽学、湖湘学等重要学派的代表人物，如王安石、司马光、苏轼、程颐、朱熹、胡安国、张栻等无不出入过经筵，因而从某种意义上来说，经筵制度的成熟对帝学兴起、学术转型与理学发展有着重要的作用。

第三章　宋代经筵讲义的兴起

宋代经筵制度的定型，不仅为帝王学习经史提供了专门的师资队伍、组织机构等保障，而且为士大夫通过经筵讲学，以儒家经旨义理影响帝王及政治提供了平台，"帝学"应运而生，成为宋代儒学的新动向。士大夫们纷纷致力于经典的重新诠释与思想撰述，力图以学术影响政治，致君尧舜，道济天下，建构不同于传统士大夫之学的帝王之学，一种以崇尚义理为特征的新经学体例——经筵讲义逐渐兴起，[1] 在南宋蔚为大观。那么，经筵讲义是如何逐渐兴起与流传的？它与传统章句训诂之学相较有何特点？通过对范祖禹《帝学》所记载的宋代帝王为学事迹与士大夫经筵讲学记录等文献梳理，可以探究到经筵讲义发展的逻辑轨迹与特点，揭示其学术与政治互动的奥秘。

一、经筵讲义的萌芽与产生

经筵官的设置，最初源于帝王听政之暇阅读经史、质问经义、召对询访

1　关于经筵讲义，朱汉民教授将其界定为："经筵讲义是儒臣用儒家经义对帝王进行道德教育的经学讲义。"见朱汉民、洪银香：《宋儒的义理解经与书院讲义》，《中国哲学史》，2014 年第 4 期。

的需要。[1] 他们深信"经者所以载道，而道者适治之路也"[2]，力图通过对儒家经典的学习提升德性修养与治国能力，成就尧舜禹三代之治。这种为学求治的倾向，无疑影响了帝王与士大夫对经典的选择与诠释，促进了宋代学术转型与经筵讲义的产生。

1. 宋代帝王对经筵教材的选择及"义理"解经的偏好

帝王"今日之学与不学，系他日之治乱"，[3] 是对学术与政治关系最经典的概括。宋朝开国以来，历代帝王谨守以文化成天下的祖宗家法，勤学好问，身为典范，以成治道。如太宗曰："朕览前书，备见历代治乱。"[4] 仁宗幼时，"皇太后命择前代文字可资孝养、补政治者，以备帝览"。[5] 庆历时，仁宗"诏两制检阅《唐书》纪传君臣事迹近于治道者，日录一两条上之"[6]。神宗时，为"敷陈治道"，"命进读《资治通鉴》"[7] 等。

经筵进读的典籍与教材选择，无不以成圣德益治道为标准。为此，宋代帝王特重经旨义理的体悟。如太宗曰："朕读书，必究微旨。"[8] 真宗听邢昺讲《春秋》有感而言："勤学有益，最胜它事。且深资政理，无如经书。"[9] 只要是能远鉴前代兴亡之迹的图治之要，仁宗都"令讲读官敷经义于前，未尝令有讳避"[10]。可见，如何从经典中掌握为君之道与治国之要，是宋代帝王最为关切的问题。这就必然要求士大夫在经筵讲学中，突破传统章句训诂之学的诠

1　范祖禹撰、陈晔校释：《帝学校释》，第78—80页。

2　吕陶：《策问》，《净德集》卷20，文渊阁四库全书本。

3　范祖禹：《上哲宗论学本于正心》，见赵汝愚编《宋朝诸臣奏议》卷5，北京大学中国中古史研究中心校点，上海：上海古籍出版社，1999年，第46页。

4　李焘：《续资治通鉴长编》卷24，中华书局，1992年，第558页。

5　范祖禹撰、陈晔校释：《帝学校释》，第91页。

6　同上，第97页。

7　同上，第143页。

8　同上，第76页。

9　同上，第81页。

10　同上，第101页。

释形态，采取一种新的义理解经方式，指导帝王掌握蕴含在经典中的经旨要义与修己治人之道。所以高宗说："有帝王之学，有士大夫之学，朕在宫中无一日废学，但推前古治道有益于今者要施行耳！不必指摘章句以为文也。"[1] 指出了帝王之学与士大夫之学不同的诠释要求。

为了实现因经义以求治道的目的，宋代帝王还表现出对经筵官义理解经的偏好。如端拱元年（988），太宗听李觉讲《易》之"泰卦"，对其发挥经义，"因述天地感通，君臣相应之旨"表示赞许，赐帛百匹，以之为"君臣鉴戒"。[2] 咸平二年（999），真宗称赞崔偓佺讲《尚书·大禹谟》："颇达经义，甚可称也。"[3] 仁宗赞美经筵官曰："赖卿等宿儒博学，多所发明，朕甚悦之。"[4] 侍讲钱象先因善讲说，解经"语约而义明"，被仁宗前后留侍十五年，[5] 均体现了帝王对不拘字词章句探究经旨义理的兴趣，这必然影响并带动经筵官突破传统章句训诂之学的束缚而转向经典"义理"诠释。一种新经学体例逐渐酝酿而生。

2. 宋代士大夫经筵经义注疏的进呈

仁宗之前，经筵官讲学往往口说经义，并无记录，到宝元二年（1039），开始出现经筵官撰写讲稿或记录进呈的记载。如仁宗问丁度《尚书》中《洪范》《酒诰》大义，"命录二篇以进"[6]。皇祐三年（1051），仁宗问"大衍之术"，"令写《大衍》一章，经注具疏，翌日进"。接着"又问龟筮之事，令进《洪范·稽疑》，经注具疏"。[7] 仁宗因学习需要，要求经筵官采取"经注具疏"的形式，整理经义进呈，已具经筵讲义之萌芽。

1　李心传：《建炎以来系年要录》卷 143，北京：中华书局，1988 年，第 2297 页。

2　范祖禹撰、陈晔校释：《帝学校释》，第 77 页。

3　同上，第 81 页。

4　同上，第 117 页。

5　同上，第 131 页。

6　同上，第 96 页。

7　同上，第 119 页。

据《帝学》记载，仁宗时还出现了经筵官主动撰写、进呈经文大旨的情况：

> （皇祐四年九月）乙未，御迩英阁，命贾昌朝讲"乾卦"。帝谓侍臣曰："昌朝位将相，执经侍讲，朝廷美事也。"翌日，贾昌朝又手疏："'乾卦'大旨，在上一爻，夫爻在亢极，必有凶灾。不即言凶，而言'亢龙有悔'者，以悔中有可凶可吉之象，若修德以济世，则免悔而获吉也。"帝面赐手诏嘉奖，以所陈卦义付史馆。[1]

贾昌朝居将相之位而执经侍讲，发挥"乾卦"经文大旨，引导君王修德济世，以免悔获吉的释经方式，具有"讲义"以己意解经、阐发大义的特点。[2] 其自觉地整理讲学记录进呈的行为，无疑对经筵官有意识地撰写"讲稿"有着"示范"作用，"讲义"创作与名称呼之欲出。

英宗时吕公著讲《论语·学而》等章，采取逐句逐章阐发经文大义的形式，在《帝学》中留下了详细的记载，[3] 但此时并未以"讲义"之名称之，而《全宋文》则以《论语讲义》之名予以收录。然从所记载的文字而言，两者并无实质区别。以"有朋自远方来"句为例，《全宋文》收录内容如下：

有朋自远方来

自天子至于庶人，皆须有朋友讲习。然士之学者以得朋为难，故有朋自远方来，则以为乐。至于王者之学，则力可以致当世之贤者，使之日夕燕见，劝讲于左右。又以左右之贤为未足，于是乎访诸岩穴，求诸滞淹。则怀道抱德之士，皆不远千里而至，此天子之朋友自远方来者也，

1　范祖禹撰、陈晔校释：《帝学校释》，第 123—124 页。

2　冯浩菲：《中国古籍整理体式研究》，北京：高等教育出版社，2003 年，第 160 页。

3　范祖禹撰、陈晔校释：《帝学校释》，第 134—136 页。

其乐亦大矣。[1]

《全宋文》采取了先列经文，再另起一段的形式阐发经义。以人人皆须朋友讲习，引申至天子当汲汲求贤而为朋，劝诫君主择贤而处，以为大乐。其所记载的内容与《帝学》唯一不同的是，《帝学》采取的是记述形式，未将经文与经义分段书写。而与后世成熟的讲义相较，《全宋文》所收录的吕氏讲义，在阐发经义之前，未冠以"臣某曰""臣按""臣闻"等按语作为引语。

如果以是否自经筵讲学且具有义理解经的特点作为经筵讲义的判断标准，那么，范祖禹的《帝学》早已有比较翔实的经筵讲义记录。如真宗大中祥符元年（1008），冯元讲发挥《易·泰卦》卦义曰："地天为泰者，以天地之气交也。君道至尊，臣道至卑，惟上下相与，则可以辅相天地，裁成万物。"以天尊地卑、天地交泰以喻君臣之道，"帝悦，赐元绯章服"[2]。至仁宗朝，这种以义理解经的方式更为常见。如景祐四年（1037）讲《正说》"慎罚""养民"二篇，[3] 庆历五年（1045）讲《诗经》诸篇终年，[4] 皇祐元年（1049）至五年（1053）分别讲《论语》《尚书》《周易》《周礼》等诸经，[5] 均留下了丰富的经筵讲论记录。可见，在仁宗庆历后，以"义理"诠释经典的方式已经比较盛行。但由于它们是范祖禹以"史"的形式在《帝学》中予以记载，并不是经筵官有意识地整理撰述之作，因而可视为经筵讲义的萌芽阶段。《全宋文》所收录的吕公著《论语讲义》也是后人搜辑整理的结果，所以，此时并未用"讲义"指称这种以义理解经为特点的经学新体例。

1　曾枣庄、刘琳主编：《全宋文》第 50 册，上海：上海辞书出版社；合肥：安徽教育出版社，2006 年，第 265—266 页。

2　范祖禹撰、陈晔校释：《帝学校释》，第 83 页。

3　同上，第 94—95 页。

4　同上，第 101—104 页。

5　同上，第 109—131 页。

3. 经筵官由尊"注疏"到尚"义理"的学术风尚转变

如果说仁宗初年的经筵官以代表汉唐注疏经学遗绪的孙奭、杨安国系官员为主，[1]那么仁宗中晚期，随着胡瑗、欧阳修、刘敞等入侍经筵，一批鄙薄注疏、崇尚义理的学者开始登上历史舞台。尤其是神宗之际，王安石、陆佃等进入经筵，[2]促进了传统章句训诂之学向义理之学的转型，经筵讲义应运而生。王应麟《困学纪闻》勾勒了其兴起的轨迹：

> 自汉儒至于庆历间，谈经者守训故而不凿。《七经小传》出而稍尚新奇矣，至三经义行，视汉儒之学若土梗。古之讲经者，执卷口说，未尝有讲义也。元丰间，陆农师在经筵始进讲义。自时厥后，上而经筵，下而学校，皆为支离曼衍之词，说者徒以资口耳，听者不复相问难，道愈散而习愈薄矣。[3]

从汉代至宋初，学者多以章句训诂的方式诠释经典，而至仁宗庆历之后，学风新变。如果说刘敞《七经小传》给学术界带来了一股新奇之风，那么王安石的《三经新义》则将经学推上了义理解经的新阶段。自其"新义"出，一时学者无敢不传习，"先儒传注，一切废不用"，[4]影响了一代学术思潮之转变。刘敞、王安石等入侍经筵，必然会将这种"义理"解经的学术旨趣带入讲学之中。神宗元丰间陆佃"始进讲义"，"讲义"之名首次出现于经筵讲学之中，标志着经筵讲义的正式产生，并影响到学校教育。

之后，随着"新学"人物吕惠卿、曾布、王雱、沈季长、黄履等进入经筵，促进了以"义理"解经方式的定型与经筵讲义的流行。即使是反对王安

1　姜鹏：《北宋经筵与宋学兴起》，第 129—134 页。

2　关于胡瑗、欧阳修、刘敞、王安石、陆佃等担任侍讲、侍读等经筵官的时间与事迹，可参看《北宋经筵与宋学兴起》第二章第三节《经筵官考论》，第 66—107 页。

3　王应麟撰、栾保群等校点：《经说》，《困学纪闻》卷 8，上海：上海古籍出版社，2015 年，第 201 页。

4　脱脱等：《王安石传》，《宋史》卷 327，第 10550 页。

石变法的司马光、程颐等，也崇尚"义理"解经。如程颐曰："经所以载道也，通其言辞，解其训诂，而不及道，乃无用之糟粕耳。"[1] 范祖禹、司马康等为方便帝王经筵听讲前后"寻绎"[2] 或"温寻"[3]，主动将经筵讲学的内容编写成册，进呈《说命讲义》《无逸讲义》。可见自神宗后，"讲义"作为新经学体例已经为北宋各学派所共同接受，它既是宋代经筵制度定型的产物，又是当时学术转型的结果。

二、经筵讲义的发展与流传

经筵讲义作为宋代兴起的新经学体例，是儒家士大夫诠释经旨义理并对帝王进行教育的经筵讲稿与帝学教材，为经筵制度定型与学术转型的产物。自元丰间陆佃讲《周官》，为神宗始进讲义，[4] 经筵讲义便被广泛地运用于讲学之中。为方便皇帝课前预习或课后温习，引导帝王快捷地掌握经旨要义，经筵官们往往在皇帝听讲前后进呈经筵讲义。神宗时于进讲前一天进呈经筵讲义，至哲宗元祐时又改为开讲次日进呈。如范祖禹上《传宣进讲义劄子》："今后迩英阁讲说所引证事口义，令次日别具进呈。"[5] 高宗时经筵官要求依照旧制，"起立进读毕，以次奉设缮写讲义进讲"。[6] 黄榦追述朱熹经筵讲学时的情况说："先生进讲，每及数次，复以前所讲者，编次成帙以进。"[7] 可见，自神宗之后，经筵官于讲学前后进呈讲义已成为一种惯例，而其创作也日益

1 程颐：《与方元菜手帖》，见《二程集》，北京：中华书局，1981年，第671页。

2 范祖禹：《进〈尚书说命〉讲义劄子》，见曾枣庄、刘琳等主编：《全宋文》第98册，第59页。

3 范祖禹：《进〈无逸〉讲义劄子》，《全宋文》第98册，第120页。

4 《宋史》载："（陆佃）进讲周官，神宗称善，始命先一夕进稿。"见《宋史》卷343，第10918页。

5 曾枣庄、刘琳主编：《全宋文》第98册，第110页。

6 刘琳、刁忠民、舒大刚等校点：《宋会要辑稿·崇儒七·经筵》，第2888页。

7 黄榦：《朝奉大夫文华阁待制赠宝谟阁直学士通议大夫谥文朱先生行状》，见束景南：《朱熹年谱长编》"附录"，上海：华东师范大学出版社，2014年，第1483页。

丰富。

通过对《四库全书》与《全宋文》中直接以"经筵讲义"命名的文献资料的收集与整理，可以看出经筵讲义在宋代的发展与流传情况，[1]如表所示：

宋代经筵讲义一览表

作者名	讲义名	出处	备注
杨 时	尚书经筵讲义	《全宋文》卷 2685，第 124 册；《龟山集》卷 5	存
杨 时	论语经筵讲义	《全宋文》卷 2685，第 124 册；《龟山集》卷 5	存
周宪之	经筵讲义四卷	《龟山集》36《周宪之墓志铭》	
程 俱	论语经筵讲义四篇	《北山集》卷 29《进讲》	存
程 俱	孟子经筵讲义四篇	《北山集》卷 29《进讲》	存
程 俱	经筵讲义二	《新安文献志》卷 39	存
虞允文	经筵春秋讲义三卷	《宋史》卷 383，列传第 142	
王十朋	经筵讲义（春秋）	《梅溪集》后集卷 27	存
王十朋	经筵讲义（论语）	《梅溪集》后集卷 27	存
张 阐	经筵讲义	《文忠集》卷 61	
萧 燧	经筵讲义二卷	《文忠集》卷 67	
张 栻	经筵讲义（诗）	《南轩集》卷 8	存
朱 熹	经筵讲义（大学）	《晦庵集》卷 15《讲义》	存
陈傅良	经筵孟子讲义二篇	《止斋集》卷 28；《经义考》卷 234	存
袁 燮	絜斋毛诗经筵讲义四卷	《钦定四库全书总目》卷 15	存
黄 震	经筵讲义（诗经葛覃）	《黄氏日抄》卷 39	存
袁 甫	经筵讲义（易／论语）	《蒙斋集》卷 1	存
真德秀	经筵讲义（大学／中庸）	《西山文集》卷 18（进读朱熹《大学章句》《中庸》九经章、至圣章以及《大学衍义》）	存
杜 范	经筵讲义三卷	《清献集·提要》；《宋史》卷 407，列传第 166；	
叶味道	经筵讲义	《浙江通志》卷 242，《经籍二》	

---

1 关于宋代经筵讲义的文献资料，顾宏义教授在《宋代〈四书〉文献考论》中曾做过初步整理，为本文的撰写提供了有益的借鉴。本文通过对《四库全书》与《全宋文》的梳理，进一步丰富了宋代经筵讲义的文献目录。

作者名	讲义名	出处	备注
牟子才	经筵讲义	《宋史》卷 411，列传第 170	
洪天锡	经筵讲义	《宋史》卷 424，列传第 183	
王大宝	经筵讲义二卷	《广东通志》卷 44，《人物志》	
陈宗礼	经筵讲义	《宋史》卷 421，列传第 180	
蒋继周	经筵讲义五卷	《浙江通志》卷 242，《经籍二》	
张 纲	经筵诗讲义	《华阳集》卷 24	
徐元杰	经筵讲义（论语）	《楳埜集》卷 1	存
程元凤	经筵讲义	《新安文献志》卷 75	
赵汝腾	经筵讲义跋	《全宋文》卷 7780，第 337 册；《庸斋集》卷 5	存
徐经孙	崇政殿经筵尚书讲义	《矩山存稿》卷 2《讲章》	存

由上可知，经筵讲义在南宋取得了快速发展，数量明显增加，内容也更为丰富。不仅有《尚书》《春秋》《诗经》《易》等"五经"经筵讲义，而且出现了《论语》《孟子》《大学》《中庸》"四书"经筵讲义，这与宋代《孟子》的升格运动，《大学》《中庸》作用的日益凸显，以及理学的兴起与发展密切相关。尤其是朱熹的《（大学）经筵讲义》，以及真德秀在经筵进读《大学章句》《中庸》《大学衍义》等章节，对于"四书"经典体系的定型，无疑具有重要意义，体现了宋代儒学发展的新动态。当然，当时还有些作品虽未直接以"经筵讲义"命名，但只要是经筵官在讲学时的义理发挥之作，皆可列入经筵讲义的范围，如吕公著、刘克庄的《论语讲义》，范冲的《左氏讲义》，徐鹿卿经筵《尚书》与《诗经》讲章等，不胜枚举。所以《四库全书总目》说："考讲义之作，莫胜于南宋。"[1] 道出了讲义类著作在南宋发展的盛况。

三、经筵讲义的特点

经筵讲义是适应帝王为"学"求"治"需求而产生的新经学体例，承载

1　四库全书研究所整理：《钦定四库全书总目》卷 94，第 1235 页。

了士大夫以儒家经旨义理教化帝王、致君尧舜的理想追求，具有与以章句训诂为重点的士大夫之学不同的"义理"特征与"帝学"色彩。

1. 发挥经旨义理，感格君心

仁宗早期，经筵官解经多以字词章句、名物训诂为主。甚至因孙复"讲说多异先儒"，发生了杨安国反对其入侍经筵的事件。[1]但就是这样一位经筵讲学二十七年，被后人讥为"一以注疏为主，无他发明"的学者，[2]在讲经时也不乏义理之作。如杨安国讲《尚书·大禹谟》"水、火、金、木、土、穀，惟修"时，曾顺着仁宗"惟修者，明顺其性也"的感悟，引发经义曰："《中庸》曰'天命之谓性，率性之谓道，修道之谓教'。王者常循其性，行其道而修之，所谓修也。"[3]引导仁宗循性行道，修身治民。讲"正德、利用、厚生惟和"时，杨安国曰："人君常正身修德以御下，利节用俭以阜财，厚生敦本以养民，此三者和，则不失其事也。"[4]讲经并未拘泥于字词训诂，而是以自己的学术观点，发挥经旨义理，感格君心，希望仁宗以儒家仁政德治思想治国理政，节用爱民。他在讲《诗》《论语》《周易》《尚书》等经典时，[5]类似经旨义理发挥的言论也多处可见。

可见，帝王读书当"学尧舜之道"，务知其大旨以治理天下的帝学追求，[6]决定了经筵官在解经时，不能仅停留在字词章句等知识层面的讲解，而是要将蕴含在经典中的经旨义理清晰地阐发出来，以儒家圣帝明王之道启沃君心，为当今帝王提供借鉴与指导。这就必然要求突破传统章句训诂之学的束缚，因而以"义理"为特征的新经学体例的出现与流行，既是宋代帝学发展的必然要求，又是士大夫诠释经典、致君尧舜的重要手段。同时，也打上了经筵

1　脱脱等：《孙复传》，《宋史》卷432，第12833页。

2　脱脱等：《杨安国传》，《宋史》卷294，第9828页。

3　范祖禹撰、陈晔校释：《帝学校释》，第121—122页。

4　同上，第121—122页。

5　同上，第102—125页。

6　同上，第74页。

官自身学术旨趣的烙印。如高宗绍兴时开经筵，原本"每两员同讲一经，人各一授，上下相接，不分卷佚篇章"，由于经筵官各自生平经历与为学宗旨不同，其解经的倾向与重点必然不一，因而两人同讲一经，往往容易造成对经旨理解的"互相抵牾"。在侍讲周葵的建议下，不得不采取"分篇进讲"的方式。[1] 可见，经筵讲义具有以己意解经、阐发义理、感格君心的特点。

2. 联系帝王实际，语含劝诫

经筵讲义专为帝王而作，经筵官解经多从帝王角度立论，联系实际，进行劝诫，如英宗"自即位感疾"，多不喜进药，一直未痊愈，吕公著便利用经筵讲《论语》"子之所慎，斋、战、疾"之机，进言道："有天下者，为天地、宗庙、社稷之主，其于斋戒祭祀必致诚尽恭，不可不慎。古之人君，一怒则伏尸流血，则于兴师动众不可不慎。至于人之疾病，常在乎饮食起居之间，众人所忽，圣人所慎。况于人君任大守重，固当节嗜欲、远声色、近医药，为宗社自爱，不可不慎。"从帝王自身所承担的天地宗庙社稷之主的重任着眼，指出斋戒、祭祀与疾病是帝王必须认真对待的大事，因而劝诫英宗应节嗜欲远声色，近医药而为宗社自爱，使得英宗"为之俛首而动容"，采纳了他的建议。"自是，每因讲进戒，帝必肃然"。[2] 吕公著采取了贴近生活实际的方式，引申经义进行劝诫，从而影响帝王，取得了良好的效果。又如神宗时，"上留公著极论治体"，言唐太宗之事时，公著有鉴于神宗"临御日久，群臣畏上威严，莫敢进规"的实际，趁机进谏说："太宗所以能成王业者，以其能屈己从谏耳。"神宗为之警醒，"至是闻公著言，竦然敬纳之"[3]。可见，能够打动帝王，影响其立身行事的经筵讲义，必然是能够联系实际，具有针对性与劝诫性之作。

1　刘琳、刁忠民、舒大刚等校点：《宋会要辑稿·崇儒七·经筵》，第 2889—2890 页。
2　范祖禹撰、陈晔校释：《帝学校释》，第 136 页。
3　同上，第 157—158 页。

3. 讲说形式自由，语言通俗

"讲义"，顾名思义就是讲说义理、讲论经义。经筵讲义作为儒家士大夫在经筵讲学活动中的教学讲稿，需要使用通俗易懂、明白晓畅的语言，将经文中的大义清楚明白地讲解出来。高宗曰："儒臣讲读，若其说不明，则如梦中语耳，何以启迪朕意？"[1] 即体现了对讲义体语言通俗化的要求。如《帝学》所记录的君臣关于经义的互动问答：庆历五年（1045）讲《诗·小旻》"如彼泉流，无沦胥以败"。帝谓赵师民曰：'以水喻政，其有指哉？'对曰：'水性顺，顺故通，通则清。逆故雍，雍则败。喻用贤则王政通而世清，用邪则王泽雍而世浊。幽王失道，绌正用邪，虽有善人不能为治，亦将相牵，沦于污败也。'"[2] 可见，经筵讲学一般采取了经筵官先讲说经义，然后由皇帝提问，经筵官再进一步解答的讲、问、答等互动交融的形式，类似于今天的课堂教学。

在讲读时，如果皇帝不发问，经筵官便会提出异议。如英宗御迩英阁听讲，"未尝发言有所询问"，司马光建言道："今陛下若皆默而识之，不加询访，虽为臣等疏浅之幸，窃恐无以宣畅经旨，裨助圣性。望陛下自今讲筵，或有臣等讲解未尽之处，乞赐诘问。"[3] 经筵讲学中这种强调经筵官主讲、帝王积极提问、"宣畅经旨"的问辩交流方式，意味着运用于帝王教育教学过程中的经筵讲义，必须要便于讲说、讨论与交流，所以经筵讲义又被称为"口义"。如高宗绍兴二年，诏讲筵所："今后住讲日，……隔日轮官接续供进《春秋口义》一授。"[4] 即是将《春秋》经筵讲义称为"口义"的例子。朱熹在为宁宗讲学时，曾将《大学》讲义编写成册子进呈，曰："臣所进讲《大学》，口义不审，曾经圣览否？"[5] 以"口义"称呼经筵讲义，正好体现了其通俗易懂的口语化特征。

---

1 刘琳、刁忠民、舒大刚等校点：《宋会要辑稿·崇儒七·经筵》，第 2885—2886 页。

2 范祖禹撰、陈晔校释：《帝学校释》，第 103 页。

3 同上，第 139 页。

4 刘琳、刁忠民、舒大刚等校点：《宋会要辑稿·崇儒七·经筵》，第 2885—2886 页。

5 佚名编、汝企和点校：《续编两朝纲目备要》，北京：中华书局，1995 年，第 45 页。

从形式上而言，经筵讲义的创作不受字数限制，义理阐发随需要而定，篇幅可长可短。如朱熹的《经筵讲义》，其经文义理阐发最短的为 125 字，最长为 1005 字。经筵讲义篇幅长短不一，可能有几卷，也可能仅有一篇。如袁燮有《絜斋毛诗经筵讲义》四卷，程俱有《论语》与《孟子》经筵讲义四篇，而张栻仅有《经筵讲义》一篇。有的经筵讲义只取某部经典中的一句（章）进行阐发，如吕公著的《论语讲义》[1]；也有选取多章（节）进行阐发，如杨时的《尚书经筵讲义》就包括"吉人为善节""播弃犁老节""惟天惠民节""惟受罪浮于桀节"四节等。[2] 其篇幅长短、内容多寡、字数多少等，视讲解经义的需要而定。

4. 建言朝廷时政，经世致用

经筵官的职位从其设置之日起，便具有备顾问的功能。因而，经筵官在阐发经旨时，往往建言朝廷时政，力图经世致用。如仁宗时的钱象先善讲说，"帝间有顾问，必依经以对，因讽谕政事，遂及时务，有启廸献纳之益"，被留侍经筵十五年[3]。神宗熙宁时，司马光利用讲"曹参代萧何为相国，一遵何故规"，反对激进的新法。吕惠卿则针锋相对，借讲《咸有一德》，以"惠帝除三族罪、妖言令、挟书律"等故事，阐发"法不可不变"之意。[4] 可见，随着经筵官通过经义阐发，介入政治程度的加深，经筵的政治功能不断得以扩张。尤其是从元丰年间起，允许经筵官"讲读书内，或有所见，许读毕，具札子奏陈"[5]，使得经筵由"学术"讲论的场所逐渐转向"探讨时政的空间"[6]。学术与政治之间的互动，使得经术具有"所以经世务"[7]功能，经筵成为宋代

---

1 曾枣庄、刘琳主编：《全宋文》第 50 册，第 265—266 页。

2 同上，第 277—279 页。

3 范祖禹撰，陈晔校释：《帝学校释》，第 131 页。

4 同上，第 149—153 页。

5 朱瑞熙：《中国政治制度通史（宋代卷）》，北京：人民出版社，1996 年，第 153—154 页。

6 姜鹏：《北宋经筵与宋学兴起》，第 129—131 页。

7 陈邦瞻：《宋史纪事本末》卷 37，北京：中华书局，2015 年，第 327 页。

士大夫切入政治、得君行道的有效途径。经筵讲义则是其阐发义理、建构帝学的重要载体。

综上所述，经筵讲义具有以下特点：发挥经旨义理，感格君心；联系帝王实际，语含劝诫；讲说形式自由，语言通俗；建言朝廷时政，经世致用等。从而与传统的章句训诂之学相区别。经筵讲义的产生、发展与流传，既是宋代经筵制度定型与义理之学发展的产物，又寄寓了士大夫以学术影响政治、致君尧舜的政治理想，是帝学形成与理学发展的关键重要环节，体现了学术与政治之间的交融与互动。

第二部分

经筵讲义与新帝学

第四章　宋代儒家新帝学的兴起

　　宋代以文治国方略的确定，让士大夫有了与君主"共治天下"的机会，极大地激发了他们参政议政、以天下为己任的政治主体意识；而经筵制度的定型，则又为士大夫利用经典诠释的优先权，以学术影响帝王及政治，提供了平台与契机，[1]一种与宋代之前重驾驭臣民、富国强兵等帝王之"术"不同的儒家新"帝学"应运而生，呈现出以儒家正学教导帝王，以君德养成为根本，以"道"引君，致君尧舜的特点。[2]虽然学界也有学者关注到帝王之学的兴起是宋代儒学发展的另一个走向，并认为帝学作为一个专有名词至宋代才开始出现，在宋之前有帝王之"术"而无帝王之"学"。[3]但宋代这种新帝学意识是如何逐渐兴起，并由帝王之"术"演变为专门之"学"等问题，至今无人作系统探讨。

1　姜鹏：《北宋经筵与宋学兴起》，第 11 页。

2　王琦：《朱熹帝学思想研究——以经筵讲义为中心的考察》，湖南大学岳麓书院博士论文，2017 年，第 1 页。

3　见姜广辉、夏福英：《宋以后儒学发展的另一个走向——试论"帝王之学"的形成与发展》，《哲学研究》2014 年第 8 期，第 57—64 页。又如林庆彰教授主编了《中国历代经书帝王学丛书》，对宋代经筵讲义进行文献收集与整理，并在书中收录了王德毅教授《宋代的帝王学》一文，对经筵进读的典籍、经筵进讲的情况、经筵讲义的特点进行了探析，但两人均未对宋代帝王之学兴起与发展的内在逻辑进行探析。见林庆彰：《中国历代经书帝王学丛书（宋代编）》第 1 册，第 1—28 页。

因范祖禹的《帝学》详细地记载了宋太祖至宋神宗时帝王的为学事迹，赵汝愚在《宋朝诸臣奏议》"君道门"中特立"帝学"一目，收录了从宋真宗咸平三年至钦宗靖康元年之间，程颢、范祖禹等二十位名臣硕儒的劝学奏札二十七篇。两书记载的"帝学"史料刚好贯穿了整个北宋时期，为研究宋代儒家新帝学兴起、发展的逻辑轨迹，提供了可资借鉴的文献资料。[1]

一、学、道、治之间：帝王与士大夫的共同价值选择

鉴于秩序重建与巩固中央集权的需要，宋代帝王"无不典学"，[2] 汲汲于"学"以求"治"，力图通过儒家经典学习，提升治国理政能力，确保政治稳定与江山永固。士大夫则以经筵为平台，将儒家之"道"的价值理念注入经典诠释之中，通过经筵讲学等方式，力图影响帝王的德性修养与政治实践。两者在为学求治的目标驱动下，逐渐形成了以"学"明"道"、以"道"出"治"的共识。

1. 学以求治：帝王的为学追求

宋初帝王以"学"求"治"的期望甚为殷切。从宋太宗任命吕文仲为侍读，至真宗置侍讲、侍读学士，到仁宗开迩英、延义二阁，[3] 经筵制度的不断完善与定型，即是帝王力图通过儒家经典学习以达治道的产物。尤其是在经筵讲读的经典选择问题上，宋代帝王均以是否有利于国家的政治治理为标准。[4] 如太宗时因"《尚书》主言治世之道，《说命》居最"，命孙奭、李至"讲《说命》三篇"。[5] 关于《春秋》的进讲篇章，仁宗要求"删去蔓辞，止取君臣政

1　范祖禹撰、陈晔校释：《帝学校释》；赵汝愚编、北京大学中国中古史研究中心校点整理：《宋朝诸臣奏议》，上海：上海古籍出版社，1999 年。

2　脱脱等：《文苑一》，《宋史》卷 439，第 12997 页。

3　范祖禹撰、陈晔校释：《帝学校释》，第 81 页。

4　王琦：《论宋代经筵讲义的兴起》，《中国哲学史》，2018 年第 2 期，第 28—29 页。

5　范祖禹撰、陈晔校释：《帝学校释》，第 77—78 页。

教事节讲之"[1]，并且只要是"能远鉴前代兴亡之迹"的"图治之要"，"每令讲读官敷经义于前，未尝令有讳避"。[2] 英宗时赞扬张景所说《尚书·洪范》，"以三德为驭臣之柄，犹为善论"[3]。神宗称赞司马光"经术行义为世所推"，命其进读《资治通鉴》，敷陈治道。[4] 反之，只要是不符合图治要求的内容，一律予以摈弃。如仁宗时天章阁侍讲林瑀上《周易天人会元纪》，因"以阴阳、小说上惑天听"而被落职，通判饶州，便是典型的例子。[5] 可见，通过经典学习，汲取政治经验与致治之术，提升治国效能，实现国家治理，是宋代帝王不懈的追求。

2. 以"道"引君：士大夫的教育理想

宋代士大夫认为帝王之学与不学，直接关系到国家之治乱。[6] "学与政非二物，顾所学者如何尔。学帝王仁义之术，则为德政；学霸者刑名之术，则为刑政。"[7] 要实现秩序重建的王道理想，就必须以儒家之道，引导帝王成圣德立圣治，因而宋代士大夫十分重视通过经筵讲学的经义发挥，以"道"引君，致君尧舜。如仁宗时赵师民在经筵讲《论语·季氏》篇，以"君人之道，抚之以仁，制之以义，接之以礼，示之以信"，引导仁宗当以"至诚"立天下之大本。[8] 杨安国讲《尚书》，用《中庸》"天命之谓性，率性之谓道，修道之谓教"的思想，引导仁宗"正身修德以御下，利节用俭以阜财，厚生敦本以养民"。[9] 通过循道修德，实现国家治理与百姓安康。熙宁年间，王安石入对，

---

1 范祖禹撰、陈晔校释：《帝学校释》，第 95 页。

2 同上，第 101 页。

3 同上，第 141 页。

4 同上，第 143 页。

5 庆历二年，天章阁侍讲林瑀上《周易天人会元纪》，御史中丞贾昌朝言瑀以阴阳、小说上惑天听，不宜在劝讲之地，帝谕辅臣曰："人臣虽有才学，若过为巧伪，终有形迹。"乃落瑀职，通判饶州。见范祖禹撰、陈晔校释《帝学校释》，第 98 页。

6 范祖禹：《上哲宗论学本于正心》，《宋朝诸臣奏议》卷 5，第 47 页。

7 王十朋：《经筵讲义》，《梅溪后集》卷 27，文渊阁四库全书本。

8 范祖禹撰、陈晔校释：《帝学校释》，第 110 页。

9 同上，第 121—122 页。

宋神宗问为治之先务，王安石对以择术为先，"当以尧、舜为法"[1]。程颢向神宗上奏曰："君道之大，在乎稽古正学"，当"以圣人之训为必当从，先王之治为必可法"，"必期致世如三代之隆而后已"。[2]提倡用儒家"正学"引君于"道"，比隆三代。哲宗时范祖禹进呈《帝学》，倡言"帝王之学，所以学为尧舜也"，并将其源头上溯至伏羲，确立了尧舜至周孔的儒家道统序列。[3]元祐中朱光庭上奏札曰："圣人未有不学而至于道"，希望哲宗"专心圣道，以致圣德"。[4]可见，至少在北宋中期，以儒家之道教导帝王，提升其道德修养，培养尧舜般的圣王，已成为宋代士大夫的共识。因而他们大多认为，三代以降治术驳杂，"汉、唐之君，有可称者，论其人则非先王之学，考其时则皆驳杂之政……，皆不足为也"。[5]汉唐之君虽然取得了较大的历史功绩，但终究是崇尚功利权谋的霸道政治，不值得后世帝王效法。他们更推崇的是以三代政治为理想模式，以尧舜圣王为楷模，培养德称其位的合格帝王，来确保秩序重建与王道理想的实现。所以朱熹说："国初人便已崇礼义，尊经术，欲复二帝三代，已自胜如唐人。"[6]上官均曰："人主之学，在乎简而知要，达而适用。知要在乎明道，明道在乎味五经之微言。适用在乎远观前世治乱盛衰之迹，而近稽祖宗圣明相继治天下之意。"[7]这都体现了宋代士大夫通过经典诠释与运用，力图以儒家"正学"引导帝王，以"学"明"道"，以道统规范治统，成君德立圣治的教育理想。

3. 道与治的融合：帝王与士大夫的共同价值追求

如果从帝王本身的立场出发，其以"学"求"治"更偏重于统治驾驭之

1　黄以周等辑注、顾吉辰点校：《续资治通鉴长编拾补》，北京：中华书局，2004年，第92—93页。

2　程颢：《上神宗论君道之大在稽古正学》，《宋朝诸臣奏议》卷5，第45—46页。

3　范祖禹撰、陈晔校释：《帝学校释》，第31—32页。

4　朱光庭：《上哲宗乞召讲官询访以进圣学》，《宋朝诸臣奏议》卷7，第61—62页。

5　程颢：《论王霸劄子》，《二程集》，北京：中华书局，1981年，第451页。

6　黎靖德：《朱子语类》卷129，北京：中华书局，1986年，第3085页。

7　上官均：《上徽宗论治天下在好学广问》，《宋朝诸臣奏议》卷6，第51页。

术的掌握与治国效能的提升。因而无论是儒、道、佛之学，还是管、商、刑名之术，只要有利于国家治理与江山稳固，皆可纳入帝王学习的范围之内。如太宗相信"浮屠氏之教有裨政治"；[1] 神宗留吕公著"极论治体，至三皇无为之道，释老虚寂之理"；[2] 孝宗则倡言"以佛修心，以道养生，以儒治世"等，[3] 即是这种为学内容与治国方式杂糅的体现。但从士大夫角度而言，他们更希望以儒家"正学"来引君于"道"，以君德成就作为帝王外王事功开拓的根本前提，以此确保国家的政治治理符合儒家仁政德治的王道理想，这就需要建构一种与之前重功利权谋不同的新的帝王之学。因此，他们特别注意以经筵为平台，挖掘经典的经旨要义，通过讲学将儒家的价值理念传递给帝王，引发其共鸣，影响其立身行事。

如景德时真宗为翰林侍讲学士邢昺饯行于龙图阁，邢昺指《礼记·中庸》图"为天下国家有九经"之语，"讲述大义，序修身尊贤之理"，真宗深表"嘉纳"。[4] 庆历时经筵讲《诗·角弓》篇，仁宗有感而发："幽王不亲九族，以至于亡。"杨安国借机建言："冬至日，陛下亲燕宗室，人人抚藉，岂不广骨肉之爱也。"引发了仁宗对尧舜之德的倾慕："《书》云'九族既睦，平章百姓'。此帝尧之盛德也，朕甚慕之。"[5] 读《正说·慎罚》篇时，经筵官"述后汉光武帝罢梁统从重之奏"，宋绶借机劝诫仁宗："王者峻法则易，宽刑则难。夫以人主得专生杀，一言之怒则如雷如霆，是峻易而宽难也。"[6] 认为为君者当慎用专杀之权，多行善政。这种利用经筵讲学，发挥经义、议论时事、启沃君心、互相交流的方式，无疑是促进君臣在价值理念等方面达成共识最有效的途径之一。

由于在国家政治中，帝王需要依靠士大夫维持国家稳定与政治运作，因

1　李焘：《续资治通鉴长编》卷24，北京：中华书局，1992年，第554页。

2　范祖禹撰、陈晔校释：《帝学校释》，第157页。

3　王应麟：《淳熙原道辩》，《玉海》卷32，文渊阁四库全书本。

4　范祖禹撰、陈晔校释：《帝学校释》，第82页。

5　同上，第103—104页。

6　同上，第94页。

而不得不部分地接受士大夫的价值理念及其对帝王"角色"的期待。为此，帝王也会有意识地向士大夫传递其对某种价值理念的认可。如太宗曾语重心长地对赵普说："卿国之勋旧，朕所毗倚，古人耻其君不及尧、舜，卿其念哉。"[1] 希望君臣在治国理念上能够达成某种共识。皇祐时仁宗曾内出"欹器"，以示群臣，命以水注之，展示其"中则正，满则覆，虚则欹"的特征，并与群臣共勉："朕欲以中正临天下，当与列辟共守此道。"丁度等拜曰："臣等亦愿以中正事陛下。"[2] 仁宗以"欹器"晓谕群臣，无非是希望以祖宗为法，君臣互勉，共守儒家中正之道，实现政治稳定及社会治理。又如英宗接受韩琦的建议："虽王子之亲，其必由学；惟圣人之道，故能立身。若昔大猷，自家刑国。"[3] 下诏为宗室子弟增置学官，聘请教授，用儒家圣人之道指导宗室子弟修身立德。王安石以"学术"指导"政治"，获得神宗的认可而发动的熙宁变法，便是将回向三代的理想付诸政治实践的典型事例，体现了宋代帝王对儒家之"道"一定程度的认可。

由此可知，在帝王与士大夫的互动交流与交往中，虽然他们各自有着不同的立场，但在"学"以求"治"整体目标的驱动下，宋代帝王部分地接受了士大夫以儒家之道来成就君德、规范政治、致君尧舜的价值追求；士大夫们则通过儒家经义的重新诠释，引导帝王学习的重心由"术"向"德"转变，将帝王外王事功的开拓建立在内圣基础之上，既满足帝王求治的需求，又确保国家的治理出于王道而非霸道，从而建构其理想的帝王之学。

二、帝王之学概念的界定

宋代士大夫所希望建构的帝学，是旨在与前代重治术、权术不同的新帝学，那么该如何对帝王之学的概念进行界定呢？自范祖禹率先提出"帝王

---

1 脱脱等：《赵普传》，《宋史》卷 256，第 8938 页。
2 范祖禹撰、陈晔校释：《帝学校释》，第 122 页。
3 同上，第 137 页。

之学，谓之'大学'"[1]后，关于什么是或什么不是帝王之学的问题，引发了士大夫持久而热烈的讨论。如吕公著、范祖禹、程颐、胡安国、张栻、张九成、朱熹等都试图对帝学进行界定，将帝王之学与书生之学及其他学问区别开来。[2]

1. 通过帝王之学与书生之学的对比，凸显帝学的内涵

由于帝王之学所教育的对象是位居天下九五之尊的帝王，不可将其作为一般的读书人来对待，因而帝王之学与书生之学必然有着不同的内涵。宋代士大夫们往往通过帝王之学与书生之学的对举，来界定帝学的内涵。如吕公著说："人君之学，当观自古圣贤之君，如尧、舜、禹、汤、文、武之所用心，以求治天下国家之要道，非若博士诸生治章句、解训诂而已。"[3]范祖禹曰："人君读书，学尧舜之道，务知其大指，必可举而措之天下之民，此之谓学也。非若人臣，析章句，考异同，专记诵，备应对而已。"[4]虞俦曰："臣闻帝王之学与经生、学士不同。夫分析章句，穷究前圣之旨；考论同异，折衷诸儒之说，此经生、学士之学也。若缉熙光明之用，发之于一身；仁义诗书之泽，施之于四海，此帝王之学也。"[5]可见，帝王之学重在学尧舜之道，经世致用，成就君德帝业，惠泽天下苍生；书生之学重在分章析句，明训诂通经义，备应对辅人主，两者为学的重点与目标均不同。这种观念也为宋代帝王所接受，如宋高宗就明言："有帝王之学，有士大夫之学。朕在宫中无一日废

1　范祖禹撰、陈晔校释：《帝学校释》，第 31 页。

2　在宋代，有关帝王之学与书生之学、儒生之学、文士之学、人臣之学、士大夫之学有何不同的讨论比比皆是。本文笼统地以"书生之学"指称经生、博士、学士、儒生等所研习的学问，以此来与帝王之学对举。关于对帝王之学与书生之学不同的论述，夏福英在《"帝王之学"视域下的《大学衍义》研究》附录 B 中有比较详细的收集，湖南大学岳麓书院博士论文，2015 年，第 136—154，可参看。

3　范祖禹撰、陈晔校释：《帝学校释》，第 134 页。

4　同上，第 74 页。

5　虞俦：《已见劄子》，《尊白堂集》卷 6，文渊阁四库全书本。

学，然但究前古治道有宜于今者，要施行耳，不必指摘章句以为文也。"[1] 正是在这种对帝王之学与书生之学不同的区分中，体现了宋代士大夫有意识地建构专门的帝王之学，力图以尧舜之道指导帝王修身立德、治国理政的价值追求。

2. 通过对什么不是帝王之学的反思，来界定帝学的边界

宋代士大夫除了将帝王之学与书生之学对比外，同时还通过思索什么不是帝王之学来确定帝学的范围。如胡安国曰："若夫分章析句，牵制文义，无益于心术者，非帝王之学也。"[2] 章句训诂不是帝王之学。洪拟曰："章句书艺为非帝王之学。"[3] 谢鄂言："帝王之学，匪艺匪文。"[4] 文学、艺术、书法不是帝王之学。张九成说："岂有以帝王之学入阴谋诡计，而能造天下者乎？盖为天下国家，必有天下国家之材，如商鞅、孙膑、苏秦、张仪、稷下数公之说，皆闾阎市井商贾驵侩之材也。将以此辈为天下国家之材，宜乎乱亡相继，至秦而大坏也。"[5] 阴谋诡计、功利权谋之术不是帝王之学。朱熹曰："盖记诵华藻，非所以探渊源而出治道；虚无寂灭，非所以贯本末而立大中。"[6] 记诵词章、老子释氏之说，不是帝王之学，而只有儒学才是帝王之"正学"。[7]

可见，宋代士大夫想要建构的帝王之学，既不包含文学、艺术、书法等门类，也不是章句训诂之学、老子释氏之说、管商功利之术，而是重在以君德成就为根本，尧舜圣王为榜样的儒家"正学"。

1　李心传：《建炎以来系年要录》卷 143，第 2297 页。

2　胡安国：《上钦宗论圣学以正心为要》，《宋朝诸臣奏议》卷 5，第 52 页。

3　李心传：《建炎以来系年要录》卷 44，第 798 页。

4　罗大经：《鹤林玉露甲编》卷 6，上海：上海古籍出版社，2012 年，第 64 页。

5　张九成：《孟子传》卷 4，文渊阁四库全书本。

6　朱熹：《壬午应诏封事》，《朱子全书》第 20 册，上海：上海古籍出版社，合肥：安徽教育出版社，2010 年，第 572 页。

7　王琦：《以道学建构帝学——朱熹诠释〈大学〉的另一种理路》，《社会科学》，2018 年第 4 期，第 130—132 页。

三、帝王之学新经典体系的形成

自古文运动以来，"经者所以载道，而道者适治之路"的观念已逐渐深入人心。[1] 因此，要建构一种新的不同以往的帝王之学，还必须从浩如烟海的典籍中选择合适的经典作为帝学教材。较之于汉唐，宋代帝王经典学习范围不断扩大，不仅包括传统的"五经"及史籍，而且本朝士大夫创作的经史著作及祖宗圣训、宝训等也被列入学习范围，[2] 甚至出现了专为帝王经筵讲学而撰写的《大学》《论语》《孟子》等经筵讲义，[3] 从而形成了宋代帝学新经典体系。

1. 宋代帝王经典学习范围的拓展

如果说汉唐之世的帝王虽也注重从儒家经典中汲取治国经验与统治方法，但总体而言，其经典学习的范围较狭小，主要以《五经》为主，学习的时间也不确定，未形成完整的规模与制度。而北宋以来，随着经筵制度在仁宗朝的逐渐定型，帝王学习经史有了专门的师资队伍、组织机构、仪式仪规与固定科目，形成了经筵官在固定时间与地点为皇帝讲解历史知识与儒家典籍的制度。[4] 帝王学习的典籍范围不断地扩大，尤其是仁宗朝（1022—1063），帝王学习的典籍与篇目，较之前代有了极大的丰富与拓展，奠定了宋代帝王读书的基本规模。通过对《帝学》中所记载的汉唐诸帝读书情况与北宋帝王进行对比，可以发现宋代帝学经典体系的新变化。如表一所示。

1　吕陶：《策问》，《净德集》卷 20，文渊阁四库全书本。
2　关于汉唐与宋代帝王经典学习的情况，可参看王琦：《朱熹帝学思想研究》第二章《汉唐诸帝与宋代帝王读书一览表》，湖南大学岳麓书院博士论文，2017 年，第 26—28 页。
3　王琦：《论宋代经筵讲义的兴起》，《中国哲学史》，2018 年第 2 期，第 31—32 页。
4　关于经筵制度的发展与定型，可参看：姜鹏《北宋经筵与宋学兴起》，第 53—66 页；陈东《中国古代经筵概论》，《齐鲁学刊》，2008 年第 1 期，第 52—58 页；邹贺、陈峰《中国古代经筵制度沿革考论》，《求索》，2009 年第 9 期，第 202—205 页。

表一　汉唐诸帝与宋代帝王读书情况一览表

帝　王	经典学习篇目
汉武帝	从倪宽问《尚书》一篇；征蔡义待诏说《诗》
汉昭帝	修古帝王事，通《保傅传》，《孝经》《论语》《尚书》未云有明 蔡义以《韩诗》授帝，博士韦贤亦进授帝《诗》
汉宣帝	年十八，师授《诗》《论语》《孝经》。甘露三年（前51），诏诸儒讲五经同异
汉光武帝	立五经博士。建武五年（29），帝受《尚书》
汉明帝	为太子时，桓荣以少傅授《尚书》，包咸以郎中授《论语》 永平九年（66）为四姓小侯立学，置五经师。悉令通《孝经》章句
汉章帝	元和二年（85），使张酺讲《尚书》一篇。帝降意儒术，特好古文《尚书》《左氏传》。建初四年（79），会诸儒于北宫白虎观，讲论五经同异
北魏孝文帝	好读书，手不释卷，五经之义，览之便讲。亲讲《丧服》于清徽堂
唐太宗	贞观十四年（640），命祭酒孔颖达讲《孝经》
唐玄宗	开元三年（715），选儒学之士，使入内侍读。褚无量与马怀素更日侍读 开元八年（720）元行冲上《群书四录》
宋太祖	建隆三年（962），召赵孚讲《周易》 开宝元年（968），诏王昭素讲《易·乾卦》
宋太宗	太平兴国八年（983），帝令每日进三卷《太平总类》（《太平御览》） 端拱元年（988），召李觉讲《易》之"泰卦" 淳化五年（994），召孙奭讲《尚书》，李至讲《尧典》。未毕，遂令讲《说命》
宋真宗	咸平元年（998），召崔颐正讲《尚书》于景福殿，又于苑中讲《大禹谟》 咸平二年（999）七月，召崔偓佺讲《尚书·大禹谟》。命邢昺讲《左氏春秋》 景德四年（1007），邢昺讲《礼记·中庸篇》"为天下国家有九经" 大中祥符元年（1008），命冯元讲《易·泰卦》 天禧元年（1017），诏冯元讲《易》

帝　王	经典学习篇目
宋仁宗	天禧三年（1019），请宾客以下讲《论语》，自是以为常
	乾兴元年（1022），召孙奭、冯元讲《论语》
	天圣二年（1024）二月乙丑，召辅臣于崇政殿西庑观讲《孝经》。六月己未，讲《孝经》彻也。八月己卯，令马龟符说《论语》一篇
	天圣四年（1026），观宋绶等读《唐书》。录进唐谢偓《惟皇诚德赋》，《孝经》《论语》要言及唐太宗《帝范》二卷，明皇朝臣僚所献《圣典》三卷，《君臣政理论》三卷之上
	天圣五年（1027），赐新及第，赐御诗及《中庸》篇各一轴
	明道元年（1032），吕夷简上《三朝宝训》三十卷
	景祐三年（1036），贾昌朝上《迩英延义二阁记注》。侍讲冯元献《金华五箴》
	景祐四年（1037），读《唐书》《正说·慎罚》《正说·养民》篇。讲《春秋》
	宝元二年（1039）讲《春秋左氏传》及读《正说》终。帝问丁度《尚书·洪范》《酒诰》二篇大义。因诏续讲《周易》。李淑读《三朝宝训》，丁度、李仲容读所编《经史规鉴》事迹。十一月癸巳，读《三朝宝训》
	庆历元年（1041），诏以《唐书》纪传君臣事迹近于治道者，日录一两条上之
	庆历二年（1042），林瑀上《周易天人会元纪》
	庆历四年（1044）命曾公亮讲《诗经》，王洙读《祖宗圣政录》，丁度读《前汉书》。乙酉，帝问辅臣《春秋》三传异同之义。丙戌，丁度等上《答迩英圣问》
	庆历五年（1045），读《汉书·元帝纪》。讲《诗经》多篇。读《三朝经武圣略》
	庆历七年（1047）讲《孝经》、《论语·序》。读《贾谊传》《贞观政要》。张揆上所著《太元（玄）集解》
	皇祐元年（1049），讲《论语》多篇。观《三朝训鉴图》。召卢士宗讲《周易》
	皇祐二年（1050），讲《周易》乾卦、坤卦、需卦、师卦、无妄卦"等。读《前汉书·东方朔传》、《后汉书·安帝纪》。张揆读后汉明德马皇后《纪》
	皇祐三年（1051）讲《周易》。令写大衍一章、《洪范·稽疑》，经注具疏。诏丁度等编前后《汉书》节义，诏以《前史精要》为名。诏杨安国等编《五经正义》节解，诏以"五经精义"为名
	皇祐四年（1052），讲《尚书》。侍讲学士上《五经精义·周易节解》二十卷、《五经精义·尚书节解》三十卷。丁度等上张揆修写《太元经》。命贾昌朝讲《乾卦》。讲《尚书》。十月戊寅，诏俟讲《尚书》毕讲《周礼》
	皇祐五年（1053），讲《冏命》。侍讲学士上《五经精义·礼记节解》九十卷、《五经精义·春秋节解》八十卷。侍读学士上《前史精要·后汉书》三十卷、《五经精义·春秋节解》至和元年（1054）王洙上《周礼礼器图》，讲《周礼》
	至和二年（1055），卢士宗讲《周礼》。张揆读《后汉书》。王洙讲《周官》。孙抃读《史记·龟策传》。壬子讲《周礼》《左氏传》。李淑读《太史公传》
	嘉祐六年（1061），侍讲吕公著讲《春秋》

帝　王	经典学习篇目
宋英宗	嘉祐八年（1063），吕公著讲《论语》 治平元年四月（1064），吕公著讲《论语》 治平三年（1066），命司马光编《历代君臣事迹》。召王广渊书《洪范》于屏，并论《洪范》得失
宋神宗	治平四年（1067），司马光初进《资治通鉴》 熙宁元年（1068），诏讲筵权罢讲《礼记》，开讲《尚书》 熙宁二年（1069）司马光讲《资治通鉴·汉纪》。壬午，吕惠卿讲《咸有一德》王珪进读《史记》，司马光进读《资治通鉴》 熙宁三年（1070），司马光读《资治通鉴》 熙宁十年（1077）沈季长讲《诗经》。侍读邓润甫、陈襄读《史记》。上令讲《诗经》毕后，讲《周礼》 元丰元年（1078），沈季长讲《周礼》。吕公著读《后汉书》。黄履讲《八柄》《九式》《宰夫》。沈季长讲《九赋》《小宰》 元丰六年（1083），蔡卞讲《周礼》 元丰七年（1084），司马光上《资治通鉴·五代纪》三十卷

由上表可知，宋代帝王学习的典籍较之汉唐，已具一定的体系与规模，出现了一些新变化。如果说汉唐诸帝所学主要以《五经》为主，那么到了宋代，除了传统的《五经》《论语》《孝经》等文本外，还出现了由士大夫整理删节后的《五经精义》等读本，如《周易节解》《尚书节解》《礼记节解》《春秋节解》等；《中庸》等子学著作也开始进入帝王的视野。同时，宋代帝王也更为注重对历史的学习，除了《汉书》《后汉书》《帝范》《贞观政要》等著作外，还出现了本朝祖宗"圣政""宝训"，如《正说》《三朝宝训》《祖宗圣政录》《三朝经武圣略》等，为"宋朝自太祖以来历代君主的'嘉言美政'，是供继嗣帝王汲取借鉴本朝经验"而编撰的"帝王学教材"。[1]

2. 士大夫创作的经史著作进入经筵

为更好地掌握经筵讲学的主导权与经典诠释的优先权，宋代士大夫不断

1　邓小南：《祖宗之法：北宋前期政治述略》，北京：生活·读书·新知三联出版社，2014年，第377页。

地上奏札或撰写经史著作进呈，力图通过经典诠释或思想建构影响帝王。如赵汝愚《宋朝诸臣奏议》所收录的田锡《上真宗进经史子集要语》、文彦博《上哲宗进无逸图》、苏颂《上哲宗乞诏儒臣讨论唐故事以备圣览》、范祖禹《上哲宗进经书要言以备览》、曾肇《上徽宗乞观贞观政要陆贽奏议》、陈瓘《上徽宗乞读资治通鉴》等奏议，[1] 体现了士大夫对帝王经筵学习内容的主动筛选与把握。其自行创作的经史著作，从仁宗时也开始进入经筵。如"侍讲学士冯元献《金华五箴》"，被仁宗降诏褒谕。[2] 张揆上所著《太玄集解》，"帝悦"，擢其为"天章阁待制兼侍读"等。[3] 这种带有士大夫个体浓厚的学术旨趣与价值理念的作品进入经筵，为其以学术影响政治，建构理想的帝王之学奠定了基础。同时，帝王出于为学求治需要，也会下令编撰相应的帝学教材。如贾昌朝将"书筵侍臣出处升绌、封章进对、燕会赐与，皆用存记"，编为二卷进呈，仁宗诏以《迩英延义二阁记注》为名，并命章得象等接续修撰。[4] 英宗时，"命龙图阁直学士兼侍讲司马光编集《历代君臣事迹》"以资借鉴，[5] 神宗时书成，赐名《资治通鉴》。体现了帝王与士大夫以经典为媒介，共同致力于立帝学成治道的努力与追求。

3. 新经学体例：经筵讲义的产生与创作

随着宋代经筵制度的完善与经筵官队伍的壮大，不仅出现了侍讲讲"经"，侍读读"史"的职责分工，而且对经、史的不同功能开始进行区分。如陈瓘言："人君稽古之学，一经一史。经则守之而治身，史则考之而应变。"[6] 真宗曾说：《六经》之旨，圣人用心，固与子、史异矣。"[7] 宋高宗曰：

1　赵汝愚编，北京大学中国中古史研究中心校点整理：《宋朝诸臣奏议》卷6，第53—59页。

2　范祖禹撰，陈晔校释：《帝学校释》，第94页。

3　同上，第108页。

4　同上，第93—94页。

5　同上，第140页。

6　陈瓘：《上徽宗乞读资治通鉴》，《宋朝诸臣奏议》卷6，第58页。

7　李焘：《续资治通鉴长编》卷65，第1460页。

"朕观六经，皆论王道；如史书，多杂霸道。期间议论，又载一时捭阖辩士游说。"[1]史书主要是记载历代帝王治国理政之"术"与王朝兴衰治乱之"事"，代表了"霸道"的治国方式，而经书则蕴含着圣人修身立德、仁政爱民的王道理想，是"唐虞之所以帝，夏商周之所以王"的根本原因。[2]对于欲复三代之治的宋代君臣而言，经高于史，学圣人之道要高于学霸王之术。所以"劝学之道，莫尚宗经。宗经则道大，道大则才大，才大则功大"[3]。宋代士大夫们更注重对儒家"经义"的重新诠释，力图发挥"经以治身"的功能，将帝王学习的重心从帝王术的掌握，转向君德养成的内圣修养，进而延及外王事功的开拓，以此超越汉唐，追风三代，并促使了宋代经学由汉唐章句之学向义理之学的转型。[4]一种适应帝学发展、崇尚义理为特征的新经学体例——经筵讲义应运而生。自神宗元丰年间，陆佃在经筵始进讲义，[5]经筵讲义便作为专为帝王经筵讲学而创作的诠释儒家经旨义理的帝学教材流传开来，至南宋时蔚为大观，成为士大夫切入政治、建构帝学的重要载体。[6]杨时、王十朋、程俱、周必大、张栻、朱熹、真德秀、袁燮、袁甫、徐元杰等纷纷撰写"经筵讲义"教导帝王，其内容不仅涉及"五经"，还包括《大学》《论语》《孟子》《中庸》"四书"经筵讲义。

关于帝学经典体系之间的相互关系，朱熹弟子刘爚概括道："帝王之学当本之《大学》，探之《中庸》，参之《论语》《孟子》，然后质之《诗》《书》，玩之《周易》，证之《春秋》，稽之《周官》，求之《仪礼》，博之《礼记》，于修身、治天下之道犹指掌矣。"[7]揭示了应以"纯正"的儒学引导帝王成君德立圣治的思想意识，并确立了帝王学习经典先"四书"后"五经"的秩序，体

---

1 刘琳、刁忠民、舒大刚等校点：《宋会要辑稿·崇儒七·经筵》，第 2886 页。

2 曾枣庄、刘林主编：《全宋文》第 50 册，第 202 页。

3 范仲淹：《上时相议制举书》，《范文正公集》卷 9，文渊阁四库全书本。

4 王琦：《从章句之学到义理之学》，《西南民族大学学报》，2018 年第 5 期，第 74—75 页。

5 王应麟：《经说》，《困学纪闻》卷 8，第 201 页。

6 王琦：《经筵讲义研究综述》，《历史文献研究》，总第 40 辑，第 319 页。

7 朱彝尊：《通说》，《经义考》卷 296，文渊阁四库全书本。

现了"四书"新经典体系的形成及其地位提升的讯息，呈现了宋代士大夫建构帝王之学的主体意识。

四、《大学》：帝王之学的思想架构

宋代帝王学习的典籍较之前代更为广泛与丰富，该以哪部经典为入门著作，引导帝王更好更快地掌握蕴含在经典中的经旨义理呢？自从韩愈表彰《大学》后，《大学》的思想价值在宋代被重新发现与挖掘，逐渐为帝王所熟知，并成为士大夫建构帝王之学的核心经典。

《大学》原为《礼记》的一篇，在宋以前并未单独行世。其开始进入帝王的视野，当在宋仁宗之时。据范祖禹《帝学》、李焘《续资治通鉴长编》记载，从仁宗天圣三年"诏辅臣于崇政殿西庑观孙奭讲《曲礼》"[1]，至天圣五年讲"《礼记》彻"[2]，经筵进读《礼记》首篇至其终篇，前后花去了两年多时间，《大学》应在讲读范围之内。天圣八年，仁宗"赐新及第进士《大学》一篇，"自后与《中庸》间赐，著为例"。[3] 可见，至少在仁宗时《大学》已为帝王所熟知，并成为赏赐新科进士的重要篇章，这无疑为《大学》的传播及地位提升奠定了基础。哲宗元祐五年，右正言刘唐老言曰："'伏睹《大学》一篇，论入德之序，愿诏经筵之臣训释此书上进，庶于清燕之闲以备观览'。从之。"[4] 这是士大夫请经筵官以单篇的形式训释《大学》的较早记录。同年，范祖禹进呈《帝学》，正式提出"帝王之学，谓之'大学'"。[5] 以《大学》三纲领八条目引导帝王学为尧舜，进德修业，治国平天下，从而使《大学》成为士大夫建构帝王之学的重要思想武器，并获得了广泛认同。

如邹浩认为，《大学》从"明明德于天下"至治国、齐家、修身、正心、

1　李焘：《续资治通鉴长编》卷 103，第 2378 页。

2　同上，第 2452 页。

3　刘琳、刁忠民、舒大刚等校点：《宋会要辑稿·选举二·贡举二》，第 5268 页。

4　李焘：《续资治通鉴长编》，卷 446，第 10742 页。

5　范祖禹撰、陈晔校释：《帝学校释》，第 31—32 页。

诚意、致知、格物，体现了儒家由外王逐层深入内圣的"学之本"；而从物格、知致、意诚、心正、身修至家齐、国治、天下平的路径，体现了儒家由内圣而至外王的"学之效"。[1] 显然，《大学》为"内圣"与"外王"之间架起了一往一来的双轨通道。[2] 陈长方说："《礼记·大学》一篇，为帝王学问之宗。虽秦火之馀，简编紊散，先后之次多失其旧，然圣人之指昭昭可寻也。"[3] 类似的言论，不胜枚举。可见，以《大学》为帝王"学问之宗"，在宋代已成为众多士大夫的共同意识。虽然"治道"的追求依然是君主为学的最终目的，但是士大夫们通过各自的理论撰述与经典诠释，力图将其学习的重心由帝王之"术"转向以君德成就为根本的帝王之"学"，引导帝王以尧舜为法，由圣而王，确保国家的治理符合儒家王道理想的追求，避免走向功利权谋的霸道政治。程颐所谓"天下治乱系宰相，君德成就责经筵"[4]，便是对宋代帝学重君"德"养成的高度概括，其间透露了帝学意识的新变化。

南宋绍熙五年，朱熹入侍经筵，为宁宗讲《经筵讲义》。他以理学思想为内涵，重新诠释了《大学》经旨，回答了帝王为什么学、如何学等问题，为帝王学为尧舜提供了理论依据，推动了以道学建构帝学的思想建设。[5] 真德秀则沿着朱熹"以《大学》作间架，却以他书填补去"的理论路径，[6] 创作《大学衍义》进呈宋理宗，以"帝王为治之序"与"帝王为学之本"为"纲"，以格物致知、诚意正心、修身齐家为"目"，[7] 推动了帝王之学的进一步理论化、系统化，为帝王修身立德、治国理政提供了操作范例，展现了宋代帝学发展、演变的逻辑轨迹。帝学与理学的相互交织、相互影响，共同推动了宋代儒学

1　邹浩：《上徽宗论帝王为学之本》，《宋朝诸臣奏议》卷 5，第 50—51 页。

2　余英时：《朱熹的历史世界》，第 417 页。

3　陈长方：《帝学论》，《唯室集》卷 1，文渊阁四库全书本。

4　程颐：《论经筵第三劄子》，《二程集》，第 540 页。

5　王琦：《朱熹理学化的帝学思想——以〈经筵讲义〉为中心的考察》，《湖南大学学报》，2018 年第 1 期，第 136—137 页。

6　黎靖德：《朱子语类》卷 14，第 250 页。

7　真德秀：《尚书省劄子》，《大学衍义》，上海：华东师范大学出版社，2010 年，第 2—3 页。

的繁荣与发展。[1]

由上可知，宋代士大夫所要建构的帝王之学，是与宋代之前重功利权谋、驾驭臣民之"术"不同的专门之学，旨在以儒家思想为指导，以君德成就为根本，以尧舜圣王为榜样，指导帝王修身立德、治国平天下的学问与理论体系，从而确保国家秩序重建与社会治理符合儒家的价值追求与王道理想。它是士大夫从其自身立场出发建构的理想的帝王之学，体现了他们对时代与现实问题的思索与回应。帝学理论的不断发展与丰富，实质就是帝王理想"角色"不断被士大夫"期待"与"塑造"，以道统规范治统的过程。

五、宋代儒家新帝学兴起的原因

任何一种思潮的兴起，均是对时代与社会问题的回应。宋代之所以会兴起一种以儒家思想为指导，以君德养成为根本而及于治国平天下的新帝学，是建立在对传统反思与现实需要的基础之上。

1. 基于对汉唐儒法杂糅治国理念的反思

虽说从汉武帝"独尊儒术"之后，儒学成为国家的意识形态，"五经"被列为博士，并在国家制度与政治治理等层面发挥作用，帝王学习经典的重点主要是从国家治理的宏观层面，侧重于典章制度、礼仪规范、驾驭臣民之"术"的汲取，并在实际上形成了儒法互补的国家治理体系。[2] 同时，由于汉儒拘泥于"家法""师法"，以章句训诂解经的方式，使得儒学在佛道思想的冲击下，因无法解决人在社会中的安身立命等问题，渐渐失去了对世道人心的规范作用。宋代面对着晚唐及五代十国之乱所造成的社会失序与人心沦丧等严峻现实，如何重构政治社会秩序，重振儒学，成了帝王与士大夫所关注

1　王琦：《以道学建构帝学——朱熹诠释〈大学〉的另一种理路》，《社会科学》，2018 年第 4 期，第 136—137 页。
2　朱汉民、胡长海：《儒、法互补与传统中国的治理结构》，《武汉大学学报》，2017 年第 2 期，第 69 页。

的重大时代课题。宋代帝王之学的兴起与发展，正是建立在对汉唐帝王治国理念与方式反思的基础之上，他们力图通过对传统经典思想内涵的重新挖掘与诠释，为社会秩序重构与个体安身立命提供理论依据与解决方案。

2. 宋代经筵制度的定型，为帝学的兴起提供了平台

宋代为适应帝王"学"以求"治"需要而设置的经筵制度，经过太宗、真宗朝的发展，至仁宗时正式定型，从而使得帝王学习经史有了专门的讲官队伍、制度仪式、教学科目、组织机构与讲习场所，为士大夫通过经筵讲学，借助经典诠释的优先权，以儒家之道规范帝王及其政治提供了有效途径，以至"很多理论都在这个平台的基础上被设计出来"，无论是王安石、司马光，还是苏轼、苏辙兄弟，乃至远离政治的程颢、程颐兄弟等，他们"都致力于撰述或设计思想体系等学术手段来宣扬政治理想"[1]，从而得君行道，致君尧舜。帝王之学的兴起与发展，正是宋代士大夫利用经筵平台，建构思想理论体系，争取学术主导权，成就君德帝业，寄寓其政治理想与价值追求的产物。

3. 基于对王安石变法的反思

对王安石以学术辅人主，与神宗君臣相遇合，将儒家的理想从"坐而言"的理论推进到"起而行"的实践[2]，让士大夫们看到通过经筵，以学术影响政治乃是致君尧舜，实现三代之治最根本、最有效的方法，从而激发了士大夫通过经典诠释，建构理想帝王之学的热情。同时，虽然王安石对"道德性命"之学有倡导之功，但士大夫们普遍认为其变法失败的根本原因，就在于将"外王"建立在错误的"性命之理"上。[3] 如张栻曰："王氏之说皆出于私意之凿，而其高谈性命，特窃取释氏之近似者而已。"[4] 陈师锡曰："安石之学，本

1　姜鹏：《北宋经筵与宋学兴起》，第 11 页。

2　余英时：《朱熹的历史世界》，第 8 页 。

3　同上，第 12 页。

4　张栻：《寄周子充尚书》，《南轩集》卷 19，文渊阁四库全书本。

出于刑名度数，性命道德之说，实生于不足。"[1] 由于王安石所倡导的道德性命之学既不排斥释老，又对刑名法术兼收并蓄，因而导致了"学术不正，遂误天下"[2]。宋高宗南渡后也批评王安石："杂以伯道，取商鞅富国强兵。今日之祸，人徒知蔡京、王黼之罪，而不知天下之乱生于安石。"[3] 将亡国之罪归咎于王安石，几乎已成历史定论。因而在北宋中期以后，宋代士大夫特别关注当以何种学问为"正学"，引导帝王于"正道"的讨论，呈现出一种以道学建构帝学，以道统规范治统，成就尧舜圣王之君的思想倾向，影响了一代学术与政治。

1　陈师锡：《与陈莹中书》，见吕祖谦编《宋文鉴》卷 120，文渊阁四库全书本。
2　黎靖德：《朱子语类》卷 127，第 3064 页。
3　李心传：《建炎以来系年要录》卷 87，第 1449 页。

第五章　朱熹帝学思想的形成与发展

朱熹毕生"于四书用功最勤最密"[1]，而"四书"中，又以《大学》用力最多，甚至以"正心诚意"四字来概括其生平之所学。[2] 他不仅重新诠释《大学》，建构了以《大学章句》为"四书"之首的理学新经典体系，"教天下之士"，而"待朝廷之用"；[3] 而且绍续范祖禹以《大学》为帝王之学的理念，[4] 力图以《大学》为框架，建构帝王之学，为国家培养理想的尧舜圣王之君。然而长期以来，学界多关注《大学》与朱熹理学思想的研究，而忽视了《大学》与其帝学思想建构的关系。其实，早在绍兴三十二年（1162），朱熹于《壬午应诏封事》中便提出了以《大学》为"不可不熟讲"的"帝王之学"的理念[5]，之后，他还先后撰写了《癸未垂拱奏劄》（1163）、《庚子应诏封事》（1180）、《辛丑延和奏劄》（1181）、《戊申延和奏劄》（1188）、《戊申封事》（1188）、《己酉拟上封事》（1189）等系列言"帝学"的封事与奏劄，展现了其帝学思想不断形成、发展与成熟的过程，寄寓了其以《大学》为依托，力图贯通学术与政治，致君尧舜、得君行道的政治理想，彰显了《大学》在朱

1　钱穆：《朱子学提纲》，北京：生活·读书·新知三联出版社，2002年，第200页。

2　脱脱等：《朱熹传》，《宋史》卷429，北京：中华书局，1985年，第12757页。

3　朱熹：《送李伯谏序》，《晦庵先生朱文公文集》卷75，《朱子全书》第24册，第3637页。

4　范祖禹撰、陈晔校释：《帝学校释》，第31页。

5　朱熹：《壬午应诏封事》，《晦庵先生朱文公文集》卷11，《朱子全书》第20册，第571页。

熹思想理论体系中的重要地位。

一、朱熹帝学思想的萌芽

朱熹第一次提出以《大学》为"不可不熟讲"的"帝王之学"，是在绍兴三十二年（1162），恰逢孝宗即位，"诏求直言"，朱熹上《壬午应诏封事》。[1] 开篇便言："圣躬虽未有过失，而帝王之学不可以不熟讲也。"认为帝王之"学与不学、所学之正与不正"直接关系到"天下国家之治不治"，力图以《大学》格物致知、诚意正心之"正学"，引导帝王"跻之尧舜之盛"。帝王"苟惟不学"，学则当以此为主，以应当世无穷之变。[2] 次言罢"讲和之说"而定修攘之计；[3] 三论四海利病与斯民休戚之本原，在于正朝廷、举贤才，此三事为天下"要道先务而不可缓者"。关于"学"与"治"之间的关系，朱熹认为应该以"讲学所以明理而导之于前，定计所以养气而督之于后，任贤所以修政而经纬乎其中"[4]。讲学明理是政治治理的前提，任贤使能则是修政惠民的关键，体现了"学"对于"治"的优先性与指导性。虽然其封事最终没有被孝宗采纳，但却是朱熹第一次以《大学》引导帝王与政治，建构帝王之学的尝试。

朱熹上《壬午应诏封事》之后至隆兴元年（1163），因金军入侵，南宋王朝的政局在短时间内经历了从隆兴北伐到符离兵败，以至屈己求和的迅速转变，这些都极大地刺激了朱熹，使他认识到失败的根源就在于朝廷，因而应诏上《癸未垂拱奏劄》三劄。第一劄，论"大学之道"。指出大学要旨在于"自天子以至于庶人，壹是皆以修身为本"，而修身的本源又在于格物致知以即物求理，诚意正心以立德，家齐、国治、天下平"莫不由是出焉"。帝王当

1　朱熹：《壬午应诏封事》，《晦庵先生朱文公文集》卷11，《朱子全书》第20册，第571页。

2　同上，第571—573页。

3　同上，第573—576页

4　同上，第577—578页。

博访真儒，"讲而明之，考之于经，验之于史，而会之于心"。将大学之道用之于修身治国的政治生活实际之中，知其所当为与不当为者，以此"正其本"而"万事理"，并进而指出，孝宗即位以来，国家的"平治之效所以未著"的根源，就在于"不讲乎大学之道而溺心于浅近虚无之过也"，未能以《大学》为正学，而惑于记诵词章之说与释老之学。[1]第二劄，论国计。朱熹认为朝廷之所以会出现"战""守""和"之"三端六说者是非相攻、可否相夺"的混乱局面，就在于孝宗"不折衷于义理之根本，而驰骛于利害之末流故"。解决的办法，就是通过讲学以"明理"，"知义理之所必当为与义理之必可恃"，罢讲和之议，合战守之计为一，以复君父之仇，家国之恨。[2]第三劄，指出制御夷狄之道的根本，是修德业、正朝廷、立纪纲，以"开纳谏诤、黜远邪佞、杜塞幸门、安固邦本四者为急先之务"，要求"治其本而毋治其末，治其实而毋治其名"，"则形势自强而恢复可冀矣"。[3]

朱熹本次奏对，延续了《壬午应诏封事》的基本精神并予以深化，所以黄榦指出其《癸未垂拱奏劄》："三劄所陈不出封事之意而加剀切焉。先生以为制治之原，莫急于讲学，经世之务，莫大于复仇，至于德业成败，则决于君子、小人之用舍，故于奏对复申言之。"[4]在"学"与"治"之间，以讲学明理为先务，"理"明而后定国计，国计定而后施之于政。然而，朱熹的直言引起了孝宗的不悦："初读第一奏，论致知格物之道，天颜温粹，酬酢如响；次读第二奏，论复仇之义；第三奏，论言路壅塞，佞幸鸱张，则不复闻圣语

1 朱熹：《癸未垂拱奏劄一》，《晦庵先生朱文公文集》卷13，《朱子全书》第20册，第631—633页。

2 朱熹：《癸未垂拱奏劄二》，《晦庵先生朱文公文集》卷13，《朱子全书》第20册，第633—636页。

3 朱熹：《癸未垂拱奏劄三》，《晦庵先生朱文公文集》卷13，《朱子全书》第20册，第636—637页。

4 黄榦：《朝奉大夫文华阁待制赠宝谟阁直学士通议大夫谥文朱先生行状》，见束景南《朱熹年谱长编》，上海：华东师范大学出版社，2014年，第1468页。

矣。"[1] 最终以失败告终。《壬午应诏封事》与《癸未垂拱奏劄》，是朱熹在同安主簿的任期结束，对南宋基层政治治理与民生疾苦有一定的历练与认识之后，针对时局与时弊，开始用《大学》影响帝王、施之于政治的两次尝试，可视为其帝学思想的萌芽阶段。

二、朱熹帝学思想的发展

上《癸未垂拱奏劄》后，随着"隆兴和议"的签订，朱熹长期请祠闲居，将一腔报国的热情化为学术研究的动力，开始了长达十多年的著书立说、授徒讲学的生活。他对《大学》等儒家经典的研究兴趣日浓。淳熙四年（1177），朱熹首次序定了《大学章句》《中庸章句》《论语集注》《孟子集注》；[2] 淳熙九年（1182），又将以上四书合集为《四书章句集注》，刊刻于婺州，[3] 建立了庞大的理学新体系，完成了其生平学问的第一次总结。与此同时，朝廷的政局也在不断地发生变化。淳熙五年（1178），史浩再相，首荐朱熹，差知南康军。朱熹于淳熙六年（1179）赴任。在南康任上，朱熹再次目睹了纲纪颓坏、军政紊乱给生民所带来的困苦。淳熙七年（1180），孝宗下令监司郡守"条具民间利弊"，朱熹刚好"适在可言之数"，便抱着捐生出死、万死不惜的决心，从国家天下之大本着眼，上《庚子应诏封事》。[4]

奏札开头，朱熹便直奔主题，"天下国家之大务莫大于恤民"，而"恤民之本，则又在夫人君正其心术以立纪纲而已矣"。这是其在南康任上"以所领之郡推之，然后以次而及其所以施置之方"，[5] 得出南宋王朝富强的根本就在于

1　朱熹：《与魏元履书》，《晦庵先生朱文公文集》卷24，《朱子全书》第21册，第1082—1083页。

2　束景南：《朱熹年谱长编》，第585页。

3　同上，第731页。

4　朱熹：《庚子应诏封事》，《晦庵先生朱文公文集》卷11，《朱子全书》第20册，第581—588页。

5　同上，第581页。

正君心立纪纲。在此，朱熹提出了其理想的天下纪纲，就是"乡总于县，县总于州，州总于诸路，诸路总于台省，台省总于宰相，而宰相兼统众职，以与天子相可否而出政令"[1]，也即天子与宰相、群臣各尽其职，互相制衡，共治天下的政治构想。而要实现这一理想，就必须使得政令"一出于朝廷之公议"，从国家与百姓的整体利益出发，杜绝"苟且请托之私"。[2] 但是在君主集权的国家，"纲纪不能以自立，必人主之心术公平正大，无偏党反侧之私"，纲纪才会有所"系而立"。然在外物与私欲的诱惑下，"君心不能以自正"，必须亲贤臣远小人，设立"立师傅之官、设宾友之位、置谏诤之职"，讲明义理之归，方可"闭塞私邪之路，然后乃可得而正"。[3] 不仅指出了正君心是正朝廷、百官、万民，实现君臣各正其位、国家富强、百姓安康的关键，而且突出了儒家正学与儒者之师在君德养成中的重要作用。

　　虽然本次上封事距离其第一次提出帝王之学已经时隔十八个春秋，但从封事的内容可以看到，朱熹以儒家正学引导帝王重振纲纪、成就治道的思路逐渐清晰与明朗。正君心立纪纲，是朱熹在当时所能找到的解决国家政治危机最为根本与有效的方式，所以他在《庚子应诏封事》里自述道："且臣顷于隆兴初元误蒙召对，盖已略陈其梗概矣。今请昧死复为陛下毕其说焉。"[4] 重申了其在《癸未垂拱奏劄》中的一贯理念，并将"讲明义理之归"与"为治之源"的重心归结于正君心立纪纲。"正君心"的实质就是用儒家之道来规范君主的修身立德，防止君主个人私欲的无限膨胀；"立纪纲"的实质就是在具体的政治实践操作中，以儒家之道规范君权运作与国家秩序，确保君臣各安其位，各尽其职，互不相侵，因而其"正君心立纪纲"实质上具有限制君权的意义。所以朱熹《壬午应诏封事》一上，便戳中了孝宗的痛处，孝宗大怒曰："是以我为亡也。"朱熹希望能够感发孝宗"奋发刚断，一正宸心，斥远

1　朱熹：《庚子应诏封事》，《晦庵先生朱文公文集》卷11，《朱子全书》第20册，第586页。

2　同上，第584页。

3　同上，第586—587页。

4　同上，第585页。

佞邪，建立纲纪，以幸四海困穷之民"的拳拳忠君爱民之心，再次付诸东流。[1]
他只能回到南康，在抗旱救灾与社会治理中，再次开始了其道济苍生、救民
于水火的艰难之旅。

淳熙八年（1181），朱熹因在南康任上修举荒政，民无流殍，颇有政绩，
提举浙东常平茶盐事。时逢浙东大饥，朱熹"遂以即日拜命"，并乞许奏对，[2]
上《辛丑延和奏劄》七劄，一言天人谴告，二言正君心，三言救荒之务，四言
水利社仓，五言绍兴和买，六言蠲减星子租税事，七言白鹿书院赐院额事。
其中一、二劄，"以所陈不宜宣泄"，为朱熹亲笔书写，重在格君心之非，为本
次奏对的重点。[3] 三、四、五劄论浙东救灾事宜，六、七劄论南康任上遗留问题。

第一劄从天人谴告的角度，引导孝宗反思"二十年之间，水旱盗贼，略
无宁岁"，饥馑连年，民多流殍的原因，就在于人君"天心未豫，邦本动摇"。[4]
第二劄言人主之心。认为"人主所以制天下之事者，本乎一心，而心之所主，
又有天理、人欲之异。二者一分，而公私邪正之涂判矣"。以天理与人欲之异
来剖析人主之心的公私邪正，指出造成国家"治乱安危有大相绝者"的根本
原因，就在于君主的"一念之间"。[5] 君主只有做到了正心诚意，"循天理、公
圣心"，方可"正朝廷之大体"，任贤使能，选拔刚明公正之辅相与忠信廉节
之士，"上辅君德，下固邦本，而左右私亵使令之贱无以奸其间者"，"泰然行
其所无事而坐收百官众职之成功"。反之，人君如有"人欲私意之病"，则容
易为奸伪馋匿之徒蛊惑心志，而导致朝政紊乱。[6] 接着朱熹联系实际，从孝宗
之心的隐微处，痛斥其采取的两面设防、相互牵制的驾驭之术，是导致国家

1　朱熹：《庚子应诏封事》,《晦庵先生朱文公文集》卷 11,《朱子全书》第 20 册，第 587 页。
2　朱熹：《辛丑延和奏劄三》,《晦庵先生朱文公文集》卷 13,《朱子全书》第 20 册，第
642 页。
3　朱熹：《辛丑延和奏劄一》,《晦庵先生朱文公文集》卷 13,《朱子全书》第 20 册，第
639 页。
4　同上，第 637—638 页。
5　朱熹：《辛丑延和奏劄二》,《晦庵先生朱文公文集》卷 13,《朱子全书》第 20 册，第
639—640 页。
6　同上，第 640—641 页。

"纲纪日坏，邪佞充塞，货赂公行，兵怨民愁"局面的根本原因。并自言，其恐孝宗"于此偶未察也，是以往岁蒙恩赐对，去年应诏封事，皆以明理正心之说"以呈。[1]

本次奏对，朱熹进一步深化了《庚子应诏封事》中正君心立纲纪的观点，运用理学思想，以天理人欲之分、道心人心之微作为正君心的关键点，希望孝宗能够"深察天理，以公圣心，广求贤忠，以修圣政"[2]。力图以天理为最高原则，从权力的源头，正君心立纲纪，防止君主因私欲膨胀，导致对国家政治生态与运行机制的破坏，以此挽救南宋王朝危机，缓解百姓困苦，达致正朝廷百官与天下万民的理想效果。[3]此乃朱熹"帝学"思想的发展期。虽仍未能感格君心，但在赈灾一事上，他还是得到了孝宗的支持，朝廷"出南库钱三十万缗"[4]救济款，于是朱熹回到浙东，马不停蹄地开始新一轮的救灾赈荒。

三、朱熹帝学思想的成型

淳熙十四年（1187），在周必大与杨万里的荐举下，朱熹除江南西路提点刑狱公事。[5]淳熙十五年（1188），有旨诏朱熹入朝奏事，朱熹上《戊申延和奏劄》五劄，开始了其人生的第三次奏对。朱熹总结了前两次奏对"曾不足以上悟圣心"的根本原因，在于自己"辞不别白，旨不分明"，学力不够，[6]因此本次奏对，朱熹在前四劄分别论国家刑讼之原、州县治狱官之选任、经总制钱之弊、诸路科罚之弊等问题之后，将奏对重点放在了第五劄"诚意正心"之学上。

1　朱熹：《辛丑延和奏劄二》，《晦庵先生朱文公文集》卷13，《朱子全书》第20册，第639—642页。

2　同上，第642页。

3　朱熹：《庚子应诏封事》，《晦庵先生朱文公文集》卷11，《朱子全书》第20册，第581页。

4　束景南：《朱熹年谱长编》，第715页。

5　同上，第869页。

6　朱熹：《戊申延和奏劄五》，《晦庵先生朱文公文集》卷14，《朱子全书》第20册，第665页。

为警醒孝宗，达致奏对效果，朱熹在第五劄开头便直指孝宗即位二十七年来，之所以"了无尺寸之效可以仰酬圣志"的根本原因，就在于其"天理有未纯""人欲有未尽"，未能做诚意正心的工夫，以至"一念之顷，而公私邪正、是非得失之几未尝不朋分角立而交战于其中"，导致贤愚混杂、政事不修、国事日败。而改变现状的关键则在于抓住根本，以尧舜精一执中的"心法之要"，尽去老子、浮屠之说，从一念之萌处谨而察之天理、人欲之别，"推而至于言语动作之间、用人处事之际"，知是知非，辨别贤愚，圣心洞然，"无一毫之私欲得以介乎其间"，而"得以与乎帝王之盛"，成就君德帝业。[1]本次奏对，朱熹接着《庚子应诏封事》《辛丑延和奏劄》正君心立纪纲的要旨，进一步阐明天理、人欲之分乃是正君心出治道的关键所在，并就如何正君心、做工夫提出了学理依据与具体方式。虽然本次奏对依旧没能打动孝宗，但君臣问答互动的气氛却是比较融洽的。

　　延和殿进对之后，朱熹"伏俟数月"，未见孝宗"有略施行者"，自感"前日进对之时，口陈之说，迫于疾作而犹有未尽焉"，是以"辄因前请而悉其所言以献"。十一月，朱熹再上《戊申封事》，一论天下之大本，二论当前之急务，三论时论之得失，对其生平学术与政治思想进行了一次大总结，全面体现了朱熹重构南宋政治与社会秩序的理想。

　　首先，朱熹从南宋王朝的全局着眼，指出当今社会存在着总体性的危机，"殆非俗医常药之所能及"，因此必须以正君心为根本，从权力的源头确保国家政治机制的正常运行。由于在君主制度下，"天下之事千变万化，其端无穷而无一不本于人主之心者"，"人主之心正，则天下之事无一不出于正；人主之心不正，则天下之事无一得由于正"。因而要挽救南宋的危机，就必须以正君心为重点，引导君主通过经典学习，依循天理而行，区分道心人心之别，做惟精惟一、克己复礼的工夫，达致"私欲净尽，天理流行"的境界，正君主而正其家人，"次及于左右，然后有以达于朝廷而及于天下"，将儒家的价

─────────────

1　朱熹：《戊申延和奏劄五》，《晦庵先生朱文公文集》卷14，《朱子全书》第20册第661－665页。

值理念与治国原则落实到日用常行的立身处事、治国施政之中。反之，君主之心只要有"一念之邪"，就会产生私心、私人、私费、私财等一系列连锁反应，"天下万事之弊"则因此应运而生。"渊、觐、说、抃"等左右便嬖之私，内作淫巧，外交将帅大臣，而导致的纲纪紊乱、风俗败坏、兵愁民怨的教训就是实例。因此，正君心乃是治天下万事的根本，人主当加强自律与自觉，"建师保之官以自开明，列谏诤之职以自规正"，崇儒重道，依循天理而行，正心以正朝廷百官、六军万民而出治道。[1]

次论当今之急务不可缓。朱熹分别从辅翼太子、选任大臣、振举纲维、变化风俗、爱养民力、修明军政等角度，揭示了因君心不正而导致的一系列严重后果，以此警醒君主加强自我约束，从国家与社会公义的"天理"出发，治理家国天下而成就尧舜圣王的德业事功。朱熹运用大量的事例证明，指以上六事的实现，其本在于帝王之心。人君"一心正则六事无不正"，则必能出私帑以归版曹，复破分之法，除殿最之科，择宰相而选牧守，得将帅而士气作，讨军实而广屯田。上自朝廷，下达州县，贤才在位，人尽其职，苛政不立，则"民力庶乎其可宽矣"，而收其成功之效。而一旦有"人心私欲以介乎其间"，即使是"备精劳力以求正夫六事者"，"亦将徒为文具，而天下之事愈至于不可为"[2]。六大急务与君心之本，环环相扣，密切相关，君心正则纲纪立，纲纪立则天下治。这是朱熹目睹南宋朝政紊乱、军政不修、国事日衰、民生凋敝的现状，为挽救国家危亡而开出的一剂猛药，其矛头直指权力源头——君主本身的德行与能力。

封事第三部分，析时论立正学。首先，朱熹批驳了有关恢复大计的两种截然相反的观点：或主因循无事，或主奋厉有为。他认为应从国家实际出发，立足长远，"正心克己，以正朝廷、修政事"，而后可攘夷狄。既反对苟安主和，又反对冒进取险。[3]其次，朱熹辟佛老而立儒学。指出两者从表面上看似

1　朱熹：《戊申封事》，《晦庵先生朱文公文集》卷11，《朱子全书》第20册，第590—597页。

2　同上，第597—609页。

3　同上，第610—611页。

乎有"不约而自合者"，但实质有重要区别：儒学以性命为真实，其"治心、修身、齐家、治国，无一事之非理"；而佛老之说则以性命为空虚，是"正路之榛芜，圣门之蔽塞"，当辟之而后可与入道。[1]最后，朱熹对管商急功近利学说进行了批判，希望孝宗能够深究"四说之同异而明辨之"，取"明善诚身"的儒学"妙理"与"活法"，尊奉尧舜等古先圣贤之说以成治道。[2]可见，朱熹的帝学就是要以儒家正学与正道来匡正君心，规范政治，求得国家的长治久安与百姓的富足安康。

关于本次所上的封事，朱熹说道："臣之所论，虽为一时之弊，然其规画，实皆治体之要，可以传之久远而无穷。盖前圣后圣，其时虽异，而其为道未尝不同。此臣之言所以非徒有望于今日，而又将有望于后来也。"[3]《戊申封事》是朱熹根据现实政治的一时之蔽，为国家长治久安而规划的为治之要。朱熹以正君心立纪纲为核心的帝学思想，虽然看似迂远辽阔，但却是在当时解决南宋王朝整体危机的根本性方案。他之所以不厌其烦、不计后果地向孝宗进献诚意正心之学，也无非是希望从为治的源头与根本出发，以《大学》为框架，建构其理想的帝王之学，实现用儒家正学匡正君心、致君尧舜、道济天下的政治理想。所以，束景南称《戊申封事》是"朱熹生平对南宋社会的一次登峰造极的全面剖析，也是理学家用正心诚意之学解决社会迫切现实问题的著名范例"[4]。朱熹的爱君忧国之诚终于打动了孝宗，"疏入，夜漏下七刻，上已就寝，亟起秉烛，读之终篇"。明日，除主管太一宫、兼崇政殿说书。[5]

淳熙十六年二月（1189），孝宗内禅，光宗赵惇即位，朱熹上《己酉拟上封事》以为"新政之助"。[6]将《戊申封事》中所言的"天下之本"与"今日之

1　朱熹：《戊申封事》，《晦庵先生朱文公文集》卷11，《朱子全书》第20册，第611—612页。

2　同上，第613页。

3　同上，第614页。

4　束景南：《朱熹研究》，北京：人民出版社，2008年，第178页。

5　脱脱等：《朱熹传》，《宋史》卷429，第12762页。

6　束景南：《朱熹年谱长编》，第954页。

急务"等要旨，具体展开为讲学以正心、修身以齐家、远便嬖以近忠直、抑私恩以抗公道、明义理以绝神奸、择师傅以辅皇储、精选任以明体统、振纪纲以厉风俗、节财用以固邦本、修政事以御外侮十大措施，[1] 从正面论述帝王应该如何正心修身理政。这是儒家之"学"与治国之"术"的有机结合，说明至此，朱熹的帝学思想已经定型并成熟。与此同时，朱熹于淳熙十六年（1189），对《大学章句》《中庸章句》等进行了第二次序定，其以《四书集注》为核心的理学体系也完全成熟，体现了学术、思想与政治之间的互动与融通。

四、结语

历经多年的磨砺与思考，朱熹的帝学思想日渐成熟。如果说朱熹从《壬午应诏封事》以《大学》为"不可不熟讲"的帝王之学，至《癸未垂拱奏劄》言大学之道要旨，为其帝学思想的萌芽阶段，那么在《庚子应诏封事》与《辛丑延和奏劄》中，朱熹将帝王修德立政的关键归之于正君心以立纪纲，视为君臣各正其位、共治天下的根本原则，则是其帝学思想的发展期。而在《戊申延和奏劄》《戊申封事》《己酉拟上封事》中，朱熹重新对其正心诚意之学进行了反思，以正君心为天下之大本，而配之以政治、经济、社会、军事等方面的施政纲领，从讲学明理、正心修身以至齐家、治国、平天下，设计了一系列环环相扣的具体措施，为其帝学思想的成型阶段。其历年来所上封事与奏札构成了一个有着内在联系的有机整体，体现了其帝学逐渐发展与成熟的过程。对此黄榦总结道："先生当孝宗朝陛对者三，上封事者三。其初固以讲学穷理为出治之大原，其后则直指天理人欲之分、精一克复之义；其初固以当世急务一二为言，其后封事之上，则心术、宫禁、时政、风俗，披肝

1　朱熹：《己酉拟上封事》,《晦庵先生朱文公文集》卷12,《朱子全书》第20册，第618页。

沥胆，极其忠鲠。盖所望于君父愈深，而其言愈切。"[1] 其贯穿始终的主题就是通过讲明《大学》之道以正君心立纪纲，规范帝王的德性修养与治国理政，从而成君德立帝业，实现政治社会秩序的重构与王道理想的实现。这也是为什么有人劝诫朱熹在面见帝王时"'正心诚意'之论，上所厌闻"，戒勿以为言，被朱熹断然拒绝，"吾平生所学，惟此四字，岂可隐默以欺吾君乎"的根本原因。[2]

以上这些封事与奏札，为朱熹绍熙五年（1194）入侍经筵，撰写《经筵讲义》，以《大学》格物致知、诚意正心启发宁宗，全面阐发其帝学理论，做好了学术、思想与政治上的准备。在《经筵讲义》中，朱熹对其三十多年来的帝学思想进行了全面的总结与阐发，通过天理论、心性论、工夫论等命题的综合运用，回答了帝王为什么学、学什么、如何学等问题，为帝王学为圣王及政治社会秩序的重构提供了理论依据与逻辑论证，完成了宋代帝学理论的第一次建构任务。[3] 这既是对范祖禹"帝王之学谓之'大学'"理念的继承与发展，[4] 又为真德秀进一步标举与完善"帝学之学"，创作《大学衍义》提供了思路与框架，从而使《大学》在宋代呈现出理学与帝学两种不同的诠释路径。[5] 正是在范祖禹、朱熹、真德秀等宋代士大夫的不断诠释与改造下，《大学》成了对上至帝王下至普通百姓皆适用的正心修身、齐家治国平天下之"格律"与"真理"，逐渐成为全社会共同遵守的行为规范与价值观念，从而推动了儒学的社会化与普及化。

1　黄榦：《朝奉大夫文华阁待制赠宝谟阁直学士通议大夫谥文朱先生行状》，见束景南《朱熹年谱长编》，第 1480 页。

2　脱脱等：《朱熹传》，《宋史》卷 429，第 12757 页。

3　王琦：《朱熹理学化的帝学思想——以〈经筵讲义〉为中心的考察》，《湖南大学学报》，2018 年第 1 期。

4　范祖禹撰、陈晔校释：《帝学校释》，第 31 页。

5　王琦：《以道学建构帝学——朱熹诠释〈大学〉的另一种理路》，《社会科学》，2018 年第 4 期。

第六章　朱熹以道学建构帝学

历史上的所谓"帝学"或者"帝王之学"，往往又称之为"帝王之术""人主之术""君道"等，主要是研究如何掌控权力、驾驭臣民、富国强兵，故而人们总是视其为一种追求政治功利的权术或治术方面的学问。在早期儒家那里，就一直希望帝王追求"德治""仁政"，藐视执着于政治功利的权术或治术。汉武帝实行"独尊儒术"后，儒学虽然影响帝王的治国理政，但仍然是一种"霸王道杂之"的"治术"。到了宋代，随着崇儒重教国策的确立与经筵制度的形成，"帝学""帝王之学"悄然兴起，成为宋代儒学发展的另一个走向。尤其是范祖禹首倡"帝王之学谓之'大学'"后，[1] 宋儒们纷纷重视对《大学》思想资源的重新挖掘与诠释，力图建构一个以道学为内涵的帝学思想体系，复兴以孔孟之道为核心的王道理想。

朱熹也十分注重对《大学》经旨义理的诠释与重构。他自言："某于《大学》用工甚多。温公作《通鉴》，言'臣平生精力，尽在此书'。某于《大学》亦然。"[2] 从《壬午应诏封事》(1162)中首次提出以《大学》为"不可以不熟讲"的"帝王之学"，[3] 到其入侍经筵进讲《〈大学〉经筵讲义》(1194年)的三十二

1　范祖禹撰、陈晔校释：《帝学校释》，第 31 页。
2　黎靖德：《朱子语类》卷 14，第 258 页。
3　朱熹：《壬午应诏封事》，《晦庵先生朱文公文集》卷 11，《朱子全书》第 20 册，第 571 页。

年间，[1]朱熹一直在努力通过对《大学》的重新诠释与思想建构，为帝王们建构一种他希望的帝王之学，从而实现致君尧舜、道济天下的王道理想。[2]如果能通过经筵讲学，引导君主"亲近儒学""切劘治道"，以至"德声日闻，治效日著，四海之内瞻仰畏爱，如亲父母"，达致"尧、舜、汤、武之盛"，[3]即使是"退伏田野，与世长辞"，朱熹也是其犹未悔。[4]

那么，如何来建构帝王之学，用正确的学问引导帝王至于尧舜之道呢？由于在传统政治结构中，天子身处权力核心，天下万事万物的根本就在于君主之一心，"故人主之心一正，则天下之事无有不正；人主之心一邪，则天下之事无有不邪"[5]。朱熹通过多年的学术思索与政治实践，认识到通过讲学以正君心立纲纪[6]，不仅是解决南宋王朝整体性危机的关键之所在，也是实现儒家仁政德治为核心的王道理想的根本之所在。所以建构帝学，首先就必须确立帝王学习的经典体系。

一、帝学体系：儒家正学

面对浩如烟海的文化典籍和异彩纷呈的学术流派，应该选用哪家学派的经典来教导帝王呢？朱熹认为："人君之学与不学、所学之正与不正，在乎方寸之间，而天下国家之治不治，见乎彼者如此其大，所系岂浅浅哉！"[7]君主之

1　从 1162 年朱熹上《壬午应诏封事》至其 1194 年进呈《经筵讲义》，朱熹还撰写了《癸未垂拱奏劄》《庚子应诏封事》《辛丑延和奏劄》《戊申延和奏劄》《戊申封事》《己酉拟上封事》等具有前后一贯性的"帝学"封事奏劄，力图发挥其以学术指导帝王的道德修养与政治实践的功能，实现其尧舜其君、道济天下的理想。

2　朱熹：《经筵留身面陈四事劄子》，《晦庵先生朱文公文集》卷 14，《朱子全书》第 20 册，第 678 页。

3　朱熹：《乞进德劄子》，《晦庵先生朱文公文集》卷 14，《朱子全书》第 20 册，第 675 页。

4　朱熹：《甲寅行宫便殿奏劄二》，《晦庵先生朱文公文集》卷 14，《朱子全书》第 20 册，第 670 页。

5　朱熹：《己酉拟上封事》，《晦庵先生朱文公文集》卷 12，《朱子全书》第 20 册，第 618 页。

6　朱熹：《庚子应诏封事》，《晦庵先生朱文公文集》卷 11，《朱子全书》第 20 册，第 581 页。

7　朱熹：《壬午应诏封事》，《晦庵先生朱文公文集》卷 11，《朱子全书》第 20 册，第 572 页。

学与不学、学之"正"与"不正",将直接影响到国家政治之治乱。因而他通过对什么不是帝王之学的辨析与反思,确立了以儒家正学来引导帝王的思路,其实质就是以道学建构帝学。

1. 帝王之学不是释老之学

朱熹认为老子、释氏之学因其识心见性之妙,与儒家古先圣王之道有"不约而自合者",极其具有迷惑性,以至于君主妄听髡徒诳妄之说,而以为"真有合于圣人之道",甚至将"圣贤所传明善诚身,齐家治国平天下"的儒家之学视为"常谈死法而不足学"。[1]用这样的学术来指导天下国家的治理,则未能随事以观理、即理以应物,于天下事多所未察。朱熹认为孝宗即位多年以来,"平治之效所以未著",根本原因就在于"由不讲乎大学之道而溺心于浅近虚无"的释老之学。[2]由于从实质而言,儒家之学与释老之说有着根本区别:一个是以性命为真实,一个是以性命为空虚;一个无论是动静语默,还是应物修身,无不是万理粲然于其中,体用一原,显微无间,治心、修身、齐家、治国,无一事之非理;一个是"徒知寂灭为乐,而不知为实理之原,徒知应物见形,而不知有真妄之别",因而是"无所救于灭理乱伦之罪、颠倒运用之失也",鲜有不害于政事者。正是由于释老之学的虚幻性与迷惑性,程颢将释老之学视为"正路之榛芜,圣门之蔽塞",认为"辟之而后可与入道"[3]。朱熹将释老之学视为儒学的头号大敌,欲辟之而后快,只要一有机会,便加以批判与反驳。

2. 帝王之学不是管商功利之说

自从宋代"道德性命"之学兴起以来,理学家们大多认为三代以下,尤其是汉唐以来,王道驳杂不纯,多为追求功利权谋、治国富民之术的霸

---

1 朱熹:《戊申封事》,《晦庵先生朱文公文集》卷11,《朱子全书》第20册,第612—613页。
2 朱熹:《癸未垂拱奏劄一》,《晦庵先生朱文公文集》卷13,《朱子全书》第20册,第632页。
3 朱熹:《戊申封事》,《晦庵先生朱文公文集》卷11,《朱子全书》第20册,第611页。

道政治。由于"学与政非二物，顾所学者如何尔。学帝王仁义之术，则为德政；学霸者刑名之术，则为刑政"[1]。学术与政治实为一体之两面，所以宋代士大夫十分重视"学"对帝王修身立德及政治理念的引导。对此朱熹同样认为，正是由于"儒者之学不传，而尧、舜、禹、汤、文武以来转相授受之心不明于天下"，所以"汉唐之君虽或不能无暗合之时，而其全体却只在利欲上"[2]。造成了以霸力与权术治理天下的局面，未能实现尧舜禹三代之治。而管商之学正好是以功利权谋、驾驭臣民之术实现富国强兵的霸道政治为其特征，虽然在短期内能够收到一定的成效，但是从宋朝推行的实际效果来看，则是"国日益贫、兵日益弱，所谓近效者，亦未之见"。反而是"圣贤所传生财之道、理财之义、文武之怒、道德之威，则固所以为富强之大者"的治国原则与为政理念，未能明于天下，从而使得国家的政治治理本末倒置，难以实现真正的王道政治。[3] 因而朱熹将管商功利之学排斥在帝王之学的范围之外，并特别注重王霸义利之辩。

3. 帝王之学不是记诵词章之学

自帝王之学产生之日起，便因其教育对象的特殊性，必然与士大夫之学不同。其"学尧舜之道，务知其大指，必可举而措之天下之民"[4]的为学追求，决定了帝王不能像士大夫那样以文词为工，以博记为能。朱熹认为孝宗即位以来，所学的不过是"讽诵文辞、吟咏性情而已"的记诵词章之学，很容易使人陷入字词章句训诂等琐碎知识，或沉迷于文章辞藻的华美艳丽之中，这些都是"非所以探渊源而出治道"[5]。这种"涉猎记诵而以杂博相高，割裂装缀而以华靡相胜"的学问，"反之以身则无实，措之事则无当"，

1　王十朋：《经筵讲义》，《梅溪后集》卷27，文渊阁四库全书本。

2　朱熹：《答陈同甫》，《晦庵先生朱文公文集》卷36，《朱子全书》第21册，第1588页。

3　朱熹：《戊申封事》，《晦庵先生朱文公文集》卷11，《朱子全书》第20册，第611—613页。

4　范祖禹撰、陈晔校释：《帝学校释》，第74页。

5　朱熹：《壬午应诏封事》，《晦庵先生朱文公文集》卷11，《朱子全书》第20册，第572页。

对身心修养、立身处世、治国理政的实践并无益处，因而是"学之邪也"[1]，不能列入帝王之学的范围。此外，朱熹对那些"限于程式"，使得帝王所闻"不过词章记诵之习"的劝讲官们也进行了批评，[2]认为他们未能承担起应有的职责，通过经典诠释与讲读，以儒家之经旨要义引君于道，只是"应文备数"，拘泥于字词训释、雕章琢句的俗儒所为，没有发挥应有的"箴规之效"的作用。[3]

4. 儒家正学（道学）的确立

正是由于"俗儒记诵之习，其功倍于小学而无用；异端虚无寂灭之教，其高过于大学而无实"；其他权谋术数，一切以就功名之说，则又易"惑世诬民，充塞仁义"，使"君子不闻大道之要"，所以它们都不能是帝王之学。[4]而朱熹心目中理想的帝学就是儒家"正学"，这乃是"古先圣贤之说"的"天经地义自然之理"，即使是尧、舜、禹、汤、文、武、周、孔之圣，颜、曾、伋、轲之贤，也必须遵从而不能违。[5]因此，当今帝王若想"奉承天锡神圣之资而跻之尧舜之盛"，就必须学习格物致知"以极夫事务之变"，诚意正心"而所以应天下之务"的"古者圣帝明王之学"，其精髓被"自古圣人口授心传而见于行事"，笔之于《六经》之中，以示后世之为天下国家者，而其"其本末终始先后之序尤详且明者"又承载在《大学》之中。[6]由此可见，朱熹要确立的帝王之学就是与俗儒记诵辞章之学、管商功利之说、释老空无之道不同的，由尧舜至孔孟等圣圣相传，贯本末立大中的儒家正学。

此外，朱熹倡明儒家正学，还有一层更重要的意义，就是以程朱"理学"

1　朱熹：《己酉拟上封事》，《晦庵先生朱文公文集》卷12，《朱子全书》第20册，第619页。

2　朱熹：《癸未垂拱奏劄一》，《晦庵先生朱文公文集》卷13，《朱子全书》第20册，第632页。

3　朱熹：《戊申封事》，《晦庵先生朱文公文集》卷11，《朱子全书》第20册，第597页。

4　朱熹：《大学章句序》，《四书章句集注》，中华书局2011年版，第3页。

5　朱熹：《戊申封事》，《晦庵先生朱文公文集》卷11，《朱子全书》第20册，第613页。

6　朱熹：《壬午应诏封事》，《晦庵先生朱文公文集》卷11，《朱子全书》第20册，第572页。

为正学。朱熹认为尧舜等圣圣相传之"道统"与孔孟儒家之"学统",至汉代以下已失其传,以至于异端之说日新月盛,"老佛之徒出,则弥近理而大乱真矣",[1]造成儒学式微及国家政治混乱的恶果。如果说汉唐之儒未能继承孔孟之道,将儒学变成了章句训诂之学与政治功利之术的话,那么,即使是到了宋代,也有很多的士大夫表面上是讲儒学,但实际上仍不是儒家"正学"。如王安石所倡导的儒学,是政府所推崇的显学,并指导了熙宁变法的政治实践。但是由于王安石之学不划儒、释疆界,其所谓"道德性命"之说,假借释氏太多,[2]以至于祖虚无而害实用,"学术不正当,遂误天下"[3],造成了变法失败及政局动荡。基于对王安石变法失败的反思,他特别强调千百年来唯有"河南程颢及其弟颐始得孔孟以来不传之绪"以"开示学者",以《大学》为"孔氏遗书"与"初学入德之门",继承了尧舜等圣帝明王之道[4],真正代表了儒家"正学"与"道统"。只有通过像程颢、程颐般的"真儒"给帝王讲述儒家"正学",才能实现致君尧舜,重构政治社会秩序的王道理想,进一步确立了程朱学派及其所开创的理学在帝学建构中的作用与地位。可见,朱熹所倡导的儒家正学,其实质就是宋代兴起的道学。[5]只有以道学作为指导帝王正心修身、治国理政的"正学",才有可能引导帝王步上符合儒家价值观念的"正道",并进而规范"政统",成君德立帝业。

二、帝学思想架构:《大学》

是否有方便易入的法门让帝王能够快捷地掌握儒家经典的义理奥蕴呢?朱熹对儒家经典体系有一个重要的看法,相对于《六经》而言,"四书"则是学者为学成圣、修身立德的方便法门。而在"四书"之中,又"须熟究《大

---

1 朱熹:《中庸章句序》,《四书章句集注》,中华书局 2011 年版,第 16—17 页。

2 余英时:《朱熹的历史世界》,第 51 页。

3 黎靖德:《朱子语类》卷 127,第 3046 页。

4 朱熹:《经筵讲义》,《晦庵先生朱文公文集》卷 15,《朱子全书》第 20 册,第 692 页。

5 朱熹:《己酉拟上封事》,《晦庵先生朱文公文集》卷 12,《朱子全书》第 20 册,第 619 页。

学》做间架，却以他书填补去"[1]，儒学的为学之序应该是："先读《大学》，以定其规模；次读《论语》，以立其根本；次读《孟子》，以观其发越；次读《中庸》，以求古人之微妙处"[2]，然后"及乎《六经》"[3]。以《大学》为"四书"之首，"四书"又为《六经》学习的必由之路，可见《大学》在朱熹思想体系建构与进学次第中的地位。朱熹这一看法，也深刻影响了他对帝学经典体系的看法。朱熹在《经筵讲义》中特别强调，《大学》就是"大人之学"。[4]他为位居九五之尊的帝王讲"大学之道"的目的，就在于以《大学》的脉络与框架，引导帝王深入探寻蕴含在经典背后的"修身、齐家、治国、平天下之道"，[5]以此成就帝王的经世事业。

朱熹为何会将《大学》视为架构帝王之学的首要经典与理论框架呢？这是由《大学》自身的思想内涵、结构特点所决定的。首先，《大学》浓缩了《六经》的经旨脉络，承载了尧舜等圣王授受的心法之要。朱熹认为《大学》就是"古者圣帝明王之学"，其"格物致知""诚意正心"，就是尧舜所谓的"精一"与"执中"，而"自古圣人口授心传而见于行事者，惟此而已"。尧舜等圣圣口授心传的心法要旨，至孔子时集阙大成，笔之以为《六经》，作为治理天下的常经，而"于其间语其本末终始先后之序尤详且明者，则今见于戴氏之记，所谓《大学》篇是也"[6]。可见，儒家的精神价值与理想追求主要承载在《六经》之中，而《六经》的经旨脉络则详细而明白地体现在《大学》之中。如果先通《大学》，再去看其他经典，"方见得此是格物、致知事；此是正心、诚意事；此是修身事；此是齐家、治国、平天下事"[7]。掌握了《大学》的纲目，帝王为学便有了一个框架与方向。帝王苟惟不学，学则必"主乎此"

1　黎靖德：《朱子语类》卷 14，第 250 页。

2　同上，第 249 页。

3　朱熹：《书临漳所刊四子后》，《晦庵先生朱文公文集》卷 82，《朱子全书》第 24 册，第 3895 页。

4　朱熹：《经筵讲义》，《晦庵先生朱文公文集》卷 15，《朱子全书》第 20 册，第 691 页。

5　同上，第 691−692 页。

6　朱熹：《壬午应诏封事》，《晦庵先生朱文公文集》卷 11，《朱子全书》第 20 册，第 572 页。

7　黎靖德：《朱子语类》卷 14，第 252 页。

¹。沿《大学》而入，即可依其经旨脉络掌握古先圣王之要道，有补于天下之治乱，凡是"后之君子欲修己以治人而及于天下国家者"，必不可"舍是而他求"。² 朱熹更是将其视为"不可不熟讲"的帝王之学，希望帝王对此遗经要"少留圣意"，延访真儒"讲学而自得之"，"知天下国家之所以治者不出乎此"，以"应当世无穷之变"³，实现家国天下的治理。

其次，《大学》具有"外有以极其规模之大，而内有以尽其节目之详"的特点，⁴ 提供了内圣与外王的双向通道。它不仅阐发了明明德、新民、止于至善的修身治人的规模，而且指明了格物、致知、诚意、正心、修身、齐家、治国、平天下的为学路径，体现了"圣人做天下的根本"，"明此以南面，尧之为君也；明此以北面，舜之为臣也"。⁵《大学》为帝王和士大夫提供了一条由内圣而及于外王的为学修身、治国平天下的理想目标与实践途径，儒家的君臣之伦、治国之道无不体现在其中，系统地展示了儒术纲目与儒家功夫序列。此外，经朱熹重新厘定后的《大学》经传，从逻辑结构上来看，不仅提纲挈领，"细分条目，巨细相涵，首尾相应，极为详备"⁶，而且易于推寻，便于"博考传文，随事体察而实致其力"，展现"意诚、心正、身修、家齐、国治、天下平之效"⁷，能够快捷明了地掌握大学主旨及进德修业的秩序，学习易见成效。作为帝王而言，如果掌握了《大学》的纲领要义，则可以"秉本执要，酬酢从容，取是舍非，赏善罚恶，而奸言邪说无足以乱其心术"⁸，通过"正心以正朝廷，正朝廷以正百官，正百官以正万民"⁹，成为圣帝明君，成就

1　朱熹：《壬午应诏封事》，《晦庵先生朱文公文集》卷11，《朱子全书》第20册，第572页。
2　朱熹：《经筵讲义》，《晦庵先生朱文公文集》卷15，《朱子全书》第20册，第692页。
3　朱熹：《壬午应诏封事》，《晦庵先生朱文公文集》卷11，《朱子全书》第20册，第572—573页。
4　朱熹：《大学章句序》，《四书章句集注》，第3页。
5　黎靖德：《朱子语类》卷14，第250页。
6　朱熹：《经筵讲义》，《晦庵先生朱文公文集》卷15，《朱子全书》第20册，第699页。
7　同上，第699页。
8　同上，第710页。
9　朱熹：《庚子应诏封事》，《晦庵先生朱文公文集》卷11，《朱子全书》第20册，第581页。

王道政治。

可以说，朱熹确立以《大学》为首而及"四书"《六经》的为学次第与规模，无非是想以《大学》作为帝王之学的理论框架与入学门径，由此融会贯通其他儒家经典，为帝王提供一种学做圣人并成为圣王的新范式。[1]

三、帝学建构思路：学、道、治融合

明确了帝王之学以道学为正学，以《大学》为思想框架而及于其他经典的为学体系之后，接下来需要解答的问题就是帝王为学的依据是什么，如何通过讲学而正君心成治道。为此，朱熹通过天理论、人性论等理学概念的运用，解答了帝王为什么学、如何学等问题，力图将帝王纳入天理所规范的范围，用儒家价值理念引导帝王成君德出圣治。

1. 帝王为学的依据

余英时曾经说过："皇帝所拥有的是最后的权源。任何带有根本性质的变法或改制都必须从这个权力的源头处发动。所以皇帝个人的意志是一个决定性的力量。"[2]因而，要说服帝王按照儒家的价值理念修身立德、治国理政，就必须从理论上解答清楚帝王为什么要学的问题。由于"自天之生此民，而莫不赋之以仁、义、礼、智之性，叙之以君臣、父子、兄弟、夫妇、朋友之伦，则天下之理，固已无不具于一人之身矣。"[3]人一生下来即平等地拥有仁义礼智之性，这是天理在人身上的具体体现，因而人人皆具有学为尧舜的可能性。但同时，人又因"血气之身"而有气质之偏、物欲之蔽，从而导致"人不能皆知其性，以至于乱其伦理而陷于邪僻"[4]，天理本然之性

1　包弼德：《历史上的理学》，杭州：浙江大学出版社，2012年，第117—119页。

2　余英时：《朱熹的历史世界》，第231页。

3　朱熹：《经筵讲义》，《晦庵先生朱文公文集》卷15，《朱子全书》第20册，第691页。

4　同上，第691—692页。

晦暗不明，人性沉沦，社会动荡。因而需要通过圣人与真儒讲学而开明其心，复其性尽其伦。这既是古之圣王设为学校以教天下人的根本原因，也是古代社会能够"治日常多而乱日常少"的关键所在。帝王也并非天生的道德权威，他与普通人一样，既有天命之性，具有成为圣人的可能性，同时也因气质、物欲之蔽，必须通过"学"以修身，才有可能获得与其政治地位相匹配的美德，成就圣王的事业。由于为学的依据就在于人的天赋本然之性，也即"理"中，所以"人主之学当以明理为先"，"是理既明，则凡所当为而必为、所不当为而必止者，莫非循天之理，而非有意、必、固、我之私也"[1]。这就将帝王纳入了天理所规范的范围，以理学的标准来指导自己的身心实践与治国理政，体现了朱熹力图借助天理的权威与普世原则约束帝王，以道统规范治统的努力。这不仅为帝王学为圣王提供了终极依据，还为儒家仁政德治理想的实现奠定了坚实的基础。

2. 讲学明理而正君心

人主之学当以明理为先，那么，明理的关键点又在何处？如何正君心？在君主制国家，"天下之事，其本在于一人，而一人之身，其主在于一心"[2]，而人主之心"又有天理、人欲之异。二者一分，而公私邪正之途判矣。盖天理者，此心之本然，循之则其心公而且正；人欲者，此心之疾疢，循之则其心私而且邪。公而正者逸而日休，私而邪者劳而日拙，其效至于治乱安危有大相绝者，而其端特在夫一念之间而已。舜、禹相传，所谓'人心惟危，道心惟微。惟精惟一，允执厥中'者，正此谓也"[3]。所以讲学明理以正君心的关键点就在于从道心、人心的惟微、惟危的"一念之萌"处做功

1　朱熹：《癸未垂拱奏劄二》，《晦庵先生朱文公文集》卷13，《朱子全书》第20册，第633页。

2　朱熹：《己酉拟上封事》，《晦庵先生朱文公文集》卷13，《朱子全书》第20册，第618页。

3　朱熹：《辛丑延和奏劄二》，《晦庵先生朱文公文集》卷13，《朱子全书》第20册，第639页。

夫，让"道心常为一身之主，而人心每听命焉"[1]。通过格物致知以穷理明善，"果天理也，则敬以扩之"，"果人欲也，则敬以克之"，并推而至于"言语动作之间、用人处事之际"，无不以天理裁之，以此"端出治之本、清应物之源"，意诚心正，身修国治，"得以与乎帝王之盛"。[2] 反之，如果"天理有未纯"，则"为善常不能充其量"；"人欲有未尽"，则"除恶常不能去其根"，心为外物所迷惑而不知返，"一身无主，万事无纲"，[3] 必将引发家不齐、左右不正、贤人不举、纲维不振、军政不修、民力困穷、国势日颓等一系列的问题。[4] 虽然"欲备精劳力"以求治，而"天下之事愈至于不可为"。[5] 体现了朱熹"讲学所以明理而导之于前，定计所以养气而督之于后，任贤所以修政而经纬乎其中"的一贯理念，[6] 即力图通过学术影响帝王的心性修养，进而影响政治。

3. 儒家之道与治国之术的融合

朱熹通过"道心""人心""天理""人性"等理学思想的运用，诠释了讲学明理以正君心为治国平天下之根本与先务，接下来就是要将儒家之"道"的价值理念，具体化为一套行之有效的齐家、治国、平天下之"术"，方可最终成就尧舜之治的王道理想。

其实，朱熹在入侍经筵前，以《大学》经旨义理为指导而制定的修齐治平的方略便已基本定型，其中尤以《戊申封事》（1188）与《己酉拟上封事》（1189）集中体现了其正君心立纲纪的全面规划。如果说他在《戊申封

1　朱熹：《戊申封事》，《晦庵先生朱文公文集》卷11，《朱子全书》第20册，第591页。

2　朱熹：《戊申延和奏劄五》，《晦庵先生朱文公文集》卷14，《朱子全书》第20册，第664—665页。

3　朱熹：《行宫便殿奏劄二》，《晦庵先生朱文公文集》卷14，《朱子全书》第20册，第669—670页。

4　朱熹：《戊申封事》，《晦庵先生朱文公文集》卷11，《朱子全书》第20册，第589—614页。

5　同上，第609页。

6　朱熹：《壬午应诏封事》，《晦庵先生朱文公文集》卷11，《朱子全书》第20册，第578页。

事》中，紧扣"正君心"的"天下之本"，提出辅翼太子、选任大臣、振举纲维、变化风俗、爱养民力、修明军政等六大"今日之急务"，为应对南宋的整体性危机开出了诊断性"药方"，[1] 那么《己酉拟上封事》则将其进一步深化为十大施政措施，除以"讲学以正心"为帝王施政之首务外，还包括：（1）"修身以齐家"。言当分男女内外之别，定妻妾嫡庶之分，采有德戒声色，近严敬远技能，正宫壸杜请托，检婚姻而防"祸乱"。[2]（2）"远便嬖以近忠直"。明辨君子小人之别，不可兼收并蓄而不相害，当"谨邪僻之防"而"察国家之大贼"，吸取元祐间"绍圣、元符之祸"的经验教训。[3]（3）论"抑私恩以抗公道"。言君主当"兼临博爱，廓然大公"而无新旧亲疏之防、偏党袒狭之情，以"服众心、革宿弊而防后患"。[4]（4）"明义理以绝神奸"。认为君主当修德行政、康济兆民，致学问以知幽明之道而承受天命。[5]（5）"择师傅以辅皇储"。当"早谕教与选左右"，以孝仁礼义为本，定其日用器具法度，正太子而定天下之大本，以承社稷长久之计。[6]（6）"精选任以明体统"。认为"人主以论相为职，宰相以正君为职"，同时"公选天下直谅敢言之士"为台谏给舍，君臣各守其职而尊朝廷，确保政出于一而"无多门之弊"。[7]（7）"振纲纪以厉风俗"。人主当以"大公至正之心恭己于上"，"辨贤否以定上下之分，核功罪公赏罚之施"，而正宰相大臣百官，使人皆知"善之可慕而必为"，"不善之可羞而必去"，化民成俗，民德归厚，社会和谐，风俗淳美。[8]（8）"节用以固邦

1　《戊申封事》共分三部分：一论天下之大本；二论当日之急务；三论时论之得失。束景南认为这是"朱熹生平对南宋社会一次登峰造极的全面剖析，也是理学家用诚意正心之学解决社会迫切问题的著名范例"。见束景南：《朱熹研究》，第178页。

2　朱熹：《己酉拟上封事》，《晦庵先生朱文公文集》卷12，《朱子全书》第20册，第619—620页。

3　同上，第620—621页。

4　同上，第621页。

5　同上，第621—622页。

6　同上，第622—623页。

7　同上，第623—624页。

8　同上，第624—625页。

本"。以节用爱人为原则，禁止横征暴敛，废罢中外冗费，择将帅核军籍，广屯田汰浮食，减赋税宽民力。[1]（9）"修政事以攘夷狄"。这是他通过多年的政治实践与学术思索，为挽救南宋的危亡开出的根本性药方，体现了其帝王之学以诚意正心、修身立德的"内圣"为本，而达于"明明德于天下的"外王"事业的致思方向与君德帝业成就的具体路径。

四、道学化帝学的奠定及发展

《大学》原本为《礼记》中的一篇，"自唐以前无别行之本"[2]，未引起儒者足够的重视。至宋代以来，由于帝王的倡导与士大夫的不断诠释，《大学》的思想资源被重新挖掘。尤其是范祖禹在《帝学》中首次提出"帝王之学，谓之'大学'"[3]后，《大学》日益成为宋代士大夫们以道统规范治统、致君尧舜的思想武器。但他们只是提出了某些观点，并未从理论上进行系统阐述。首先对帝学进行系统思考与建构的是朱熹，从初次提出"帝王之学不可以不熟讲"，[4]至其入侍经筵的三十多年间，他从未停止对帝王之学的探索。朱熹通过对帝王之学不是什么的辨析与反思，确立了以《大学》为核心的儒家正学引导帝王的经典体系与理论框架，并通过理学思想的运用，回答了帝王为什么学，如何通过学以明理而正君心立纲纪等系列问题，推动了以道学建构帝学的思想建设。

之后，真德秀沿着朱熹"《大学》作间架，却以他书填补去"[5]的思路，创作了《大学衍义》，再次标举帝王之学，以《大学》为"君天下者之律令格

1　朱熹：《己酉拟上封事》，《晦庵先生朱文公文集》卷12，《朱子全书》第20册，第625—626页。

2　四库全书研究所整理：《钦定四库全书总目》卷35，北京：中华书局，1997年，第461页。

3　范祖禹撰、陈晔校释：《帝学校释》，第31页。

4　朱熹：《壬午应诏封事》，《晦庵先生朱文公文集》卷11，《朱子全书》第20册，第571页。

5　黎靖德：《朱子语类》卷14，第250页。

例"，认为"为人君而不知《大学》，无以清出治之源；为人臣而不知《大学》，无以尽正君之法"，视其为"圣学之渊源，治道之根柢也"[1]，进一步强化《大学》作为帝王之学的重要作用。从全书结构而言，真德秀的《大学衍义》以"帝王为治之序"与"帝王为学之本"二者为"纲"，以"格物致知之要""诚意正心之要""修身之要""齐家之要"为"目"，并在每目之下，又细分小目：如格物致知之要下，又分为明道术、辨人才、审治体、察民情四目；诚意正心之要下，分为崇敬畏、戒逸欲二目；修身之要下，分为谨言行、正威仪二目；齐家之要下，分为重妃匹、严内治、定国本、教亲属四目。在各目之中又有细目，如"格物致知之要"下的"明道术"之目，又细分为"天性人心之善""天理人伦之正""吾道异端之分""王道霸术之异"四小目。[2] 并在"每条之中，首之以圣贤之训典，次之以古今之事迹，诸儒之释经论史有所发明者录之"，而其"一得之见亦窃附焉"。[3] 从而以"格物、致知、诚意、正心、修身"为"体"，以"齐家、治国、平天下"为"用"，[4] 充实与完善了《大学》"八条目"中的前六条目，进一步丰富、发展了帝王之学。如果说"朱熹利用《大学》来说明君主和学者该如何修身，真德秀则把《大学》作为一个参照点，作为皇帝操行的规范"[5]。

其后，明代的邱浚作《大学衍义补》一书，以《大学》"八条目"中的后二条目"治国""平天下"为理论框架，博采六经、诸史、百家之文，完善和补充真德秀的《大学衍义》，至此，以《大学》为框架、以道学建构帝学的理论任务得以完成。范祖禹、朱熹、真德秀、邱浚共同确立了《大学》在儒家经典及帝王之学中的重要地位，展现了帝王之学发展、演变的逻辑轨迹，

1　真德秀：《〈大学衍义〉序》，《大学衍义》，朱人求校点，上海：华东师范大学出版社，2010 年，第 1 页。
2　同上，第 2—3 页。
3　真德秀：《尚书省劄子》，《大学衍义》，第 6 页。
4　同上，第 5 页。
5　包弼德：《历史上的理学》，第 121 页。

寄寓了士大夫们试图通过经典诠释与理论建构，用儒家之道引导、教化帝王，提升其心性修养，进而影响政治，塑造"圣""王"合一的尧舜之君，重构政治社会秩序的王道理想。

第七章　朱熹理学化的帝学思想

在宋代理学思潮兴盛之际，帝学应运而生，成为宋代儒学发展的新动向。[1] 自从范祖禹率先提出"帝王之学谓之'大学'""帝王之学，所以学为尧舜"之后，[2] 士大夫纷纷从自身立场出发，力图以《大学》为理论框架，以塑造尧舜圣王为目的，为帝王建构一种他们所希望的帝王之学，并与宋之前偏重功利权谋、驾驭臣民的帝王术相区别，[3] 以此确保儒家王道理想的实现。

首先完成这一理论建构的是朱熹。朱熹自言，其平生精力尽在《大学》。[4] 他不仅建构了以《大学章句》为首的理学新经典体系，而且于绍熙五年（1194）入侍经筵，撰写了《〈大学〉经筵讲义》进呈宁宗。如果说《大学章句》是为教化天下读书人"学而至于圣人"[5] 而撰，那么《〈大学〉经筵讲

1　姜广辉、夏福英：《宋以后儒学发展的另一个走向——试论"帝王之学"的形成与发展》，《哲学研究》，2014 年第 8 期。

2　范祖禹撰、陈晔校释：《帝学校释》，第 31 页。

3　姜广辉、夏福英在《宋以后儒学发展的另一个走向——试论"帝王之学"的形成与发展》中，对宋以前有关君道与帝王术等问题进行了详细梳理，认为宋以前的人们习惯于用"术"来称谓帝王的统治方法和政治经验，重在驾驭群臣、防范臣子篡逆的权谋术。直到北宋司马光之时，学界尚无"帝王之学"的概念，更无帝王之学的理论体系。认为宋代士大夫只采用儒家思想资源建构帝王之学，谈"帝王之学"而不谈"帝王之术"，虽只是一字之差，却体现了由"霸道"向"王道"的转变。

4　黎靖德：《朱子语类》卷 14，第 258 页。

5　朱熹：《答张敬夫》，《晦庵先生朱文公文集》卷 32，《朱子全书》第 21 册，第 1401 页。

义》则是专为帝王学为圣王而写。《大学章句》序定在前,《经筵讲义》撰写在后,[1] 既是朱熹生平学问与理学思想的系统总结,又是其帝学理念的全面阐发。然而关于朱熹对《大学》的诠释,学术界更多地关注其《大学章句》与四书、理学关系等方面的研究,取得了丰硕成果,而对其《经筵讲义》及其帝学思想研究,则少有涉及,因而未能全面揭示《大学》在朱熹思想理论体系建构中的重要地位,以及理学与帝学的内在联系。

从绍兴三十二年(1162),朱熹在《壬午应诏封事》中首次提出以《大学》为"不可以不熟讲"的"帝王之学",[2] 至绍熙五年《经筵讲义》的撰写,其念念不忘所要建构的帝王之学的终极目标,[3] 就是通过儒家经旨义理的重新诠释与义理阐发,将"天"与"命"的外在力量转化为"理"与"性"的内在约束,以此提高君主的道德自觉性与自律性,成君德出圣治,塑造尧舜圣王之君,为宋代政治社会秩序重构及王道理想的实现奠定理论基础。如能"以著明人主讲学之效",树立"万世帝王之标准"与典范,[4] 引导帝王达致"尧、舜、汤、武之圣"[5],即使是"退伏田野,与世长辞"[6],朱熹也是其犹未悔。

由于"人主之学与经生学士异,执经入侍者,必有以发明正理,开启上

1 据束景南考证,朱熹第一次序定《大学章句》是在淳熙四年(1177),第二次序定《大学章句》为淳熙十六年(1189),至绍熙五年(1194)朱熹撰写《经筵讲义》之时,其理学思想体系早已成熟。见束景南:《朱熹研究》,第95页,第198页。

2 朱熹:《壬午应诏封事》,《晦庵先生朱文公文集》卷11,《朱子全书》第20册,第571页。

3 从绍兴三十二年(1162),朱熹在《壬午应诏封事》中首次提出了"帝王之学不可不熟讲",至绍熙五年(1194),朱熹撰写《经筵讲义》,共计32年间,他还撰写了《癸未垂拱奏劄》《庚子应诏封事》《辛丑延和奏劄》《戊申延和奏劄》《戊申封事》《己酉拟上封事》等言"帝王之学"的封事与奏劄,共计7篇,体现了他对"帝王之学"一以贯之的思考。

4 朱熹:《行宫便殿奏劄二》,《晦庵先生朱文公文集》卷14,《朱子全书》第20册,第668页。

5 朱熹:《乞进德劄子》,《晦庵先生朱文公文集》卷14,《朱子全书》第20册,第674页。

6 朱熹:《行宫便殿奏劄二》,《晦庵先生朱文公文集》卷14,《朱子全书》第20册,第670页。

心，然后可以无愧所学。训诂云乎哉？抑诵说云乎哉？"[1]朱熹针对帝王之学重在发明正理、启沃君心的特点，在入侍经筵时，并没有采用偏重章句训诂的《大学章句》，而是重新撰写以义理阐发为主的《经筵讲义》进呈帝王。为从理论上说服帝王树立尧舜可学而至的理想，朱熹在《经筵讲义》中紧扣《大学》"三纲领"，通过天理论、心性论等命题运用，深入挖掘了明德、新民、止于至善的内涵与关系，以"天理"为最高本体与价值依据，以"明德"为人之所以为人的本质属性，将帝王纳入了天理所规范的范围，要求帝王与普通人一样按照理学的标准修身立德并及于家国天下的治理，为帝王学为圣王提供了具有理学色彩的理论论证。

一、天理与明德之性的贯通：帝王学为圣王的理论依据

关于儒家士大夫如何介入政治，得君行道，实现其政治理想，余英时曾经指出："当时的权源在皇帝手上，皇帝如果不发动政治机器的引擎，则任何更改都不可能开始。"[2]对于宋代的士大夫而言，经筵制度的定型，无疑给他们通过经筵讲学影响帝王及其政治实践提供了有效的平台。[3]他们都相信："如果能说服开明君主，使之转向他们的观点，然后推行种种革新措施，那么一个更完美的生活秩序便会在世界上出现了。"[4]因此，要引导帝王以尧舜圣王为榜样，成就君德帝业，首先就必须从理论上说服帝王为什么尧舜可学而至，回答其可能性与必要性。与汉唐以来儒者借助天的外在权威，以天人感应与灾异遣告等方式恐吓、威慑帝王修德以应天命惠百姓不同，朱熹沿着孔孟"内圣"之学的路径，汲取了程颢、程颐等理学思想，以"理"统合"天""道""性""命"等命题，将"天理"所赋之"明德"作为人的本质属

1　徐鹿卿：《辛酉进讲》，《清正存稿》卷4，文渊阁四库全书本。

2　余英时：《朱熹的历史世界》，第422页。

3　姜鹏：《北宋经筵与宋学兴起》，上海：上海古籍出版社，2013年，第11页。

4　余英时：《朱熹的历史世界》，第422页。

性，将帝王修身立德的依据从外在的强制力量，转换成内在的自觉要求，从而为帝王学为圣王提供了理论依据与价值源泉。

朱熹认为"天道流行，发育万物，而人物之生，莫不得其所以生者以为一身之主。但其所以为此身者，则又不能无所资乎阴阳五形之气"[1]。人、物之生乃是所以生之"理"与所资之"气"结合的结果。从本源上而言，无论是"外而至于人"，还是"远而至于物"，"理"都是"必有当然之则而自不容已"的天地万物之本源与终极依据，[2] 它平等地存在天地万物之中，并赋予其生命与特性。但是万物之生，同时又离不开阴阳五形之气。而"气之为物，有偏有正，有通有塞，有清有浊，有纯有驳。以生之类而言之，则得其正且通者为人，得其偏且塞者为物。以人之类而言之，则得其清且纯者为圣为贤，得其浊且驳者为愚为不肖"[3]。气本身所具有的偏正、通塞与清浊、纯驳之别，造成了人与物之不同，以及人与人的差异。

从"生之类"的角度而言，由于人是得"气"之"正且通者"，因而"其所以生之全体无不皆备于我，而其方寸之间虚灵洞彻，万理粲然，有以应乎事物之变而不昧者，是所谓明德者也"。[4] 人有"明德"而可以全其生以应万事。而所谓"明德"就是"人所得乎天，至明而不昧"的内在本然、至善、光明之性，[5] 也即天理所赋予每个人的"仁、义、礼、智之性"。[6] 由于"物"是得气之"偏且塞者"，所以"固无以全其所得以生之全体矣"，有"德"而不能"明"。有无"明德"，乃"人之所以为人而异于禽兽"的根本标志，也是人所以可为尧舜而参天地而赞化育的根本原因之所在。[7] 朱熹通过理、气等概念的运用，进一步发挥了孟子的性善论，将"明德"视为人的本质属性，并

1　朱熹：《经筵讲义》，《晦庵先生朱文公文集》卷 15，《朱子全书》第 20 册，第 693 页。
2　同上，第 708 页。
3　同上，第 693 页。
4　同上，第 693 页。
5　同上，第 692 页。
6　同上，第 691 页。
7　同上，第 693 页。

以天理为其最终依据与来源，在人性平等的基础上，确立了人人皆可为尧舜的理论依据。

从"人之类"的角度而言，虽然人人平等地拥有天赋"明德"之性，具为尧舜的潜质与可能，但是由于个体得"气"之清、浊、纯、驳不齐，在现实生活中，又存在着圣、贤、愚、不肖之别，并非人人都能够成为尧舜。除了少数得气"极清且纯者"的圣人外，"自其次而下者，则皆已不无气禀之拘矣"。众人以"拘于气禀之心"，在接乎事物无穷之变时，面对各种纷繁复杂的诱惑，不由自主地走向了"目之欲色、耳之欲声、口之欲味、鼻之欲臭、四肢之欲安佚"。[1] 气禀之心与物欲之情"二者相因，反覆深固"，相互作用，相互沦陷，以至人心昧于"情欲利害之私"而不能自知，本有之明德"日益昏昧"而离禽兽不远，"虽曰可以为尧舜而参天地，然亦不能有以自知矣"[2]。如果任其发展下去，就有可能导致人"不能皆知其性"，以"至于乱其伦理而陷于邪僻"，[3] 人伦秩序遭到了破坏，国家政局动荡不安。因此"圣人施教，既已养之于小学之中，而后开之以大学之道"，[4] 以此教化天下之人，"去其气质之偏、物欲之蔽"，而"复其性""尽其伦"。[5] 从而以气质物欲之蔽诠释了现实生活中人与人之间的差异，以及通过后天的学习与教化，复性尽伦，学为圣人的必要性。这也是先王之世"自天子至于庶人无一人之不学，而天下国家所以治日常多而乱日常少"的根本原因。

由于帝王之"学与不学"直接关系到国家之治乱，[6] 朱熹特以《经筵讲义》进呈，特别强调《大学》是"大人之学"，希望帝王能够掌握蕴含在其中的"穷理、修身、治国、平天下之道"，[7] 成就尧舜圣王般的经世大业。他之所以

1　朱熹：《经筵讲义》，《晦庵先生朱文公文集》卷15，《朱子全书》第 20 册，第 693 页。

2　同上，第 693—694 页。

3　同上，第 691—692 页。

4　同上，第 694 页。

5　同上，第 692 页。

6　朱熹：《壬午应诏封事》，《晦庵先生朱文公文集》卷11，《朱子全书》第 20 册，第 572 页。

7　朱熹：《经筵讲义》，《晦庵先生朱文公文集》卷15，《朱子全书》第 20 册，第 691 页。

不厌其烦地从"生之类"与"人之类"的角度，层层剖析，区分人、物之别，诠释现实人性的差异，无非是想通过讲学明理以正君心，让帝王意识到：帝王也并非天生的道德权威，他和普通人一样，既有天赋"明德"之性，具有成为尧舜的可能性，同时又因气禀物欲之蔽，"明德"不"明"，须"学"以修身，才可能获得与其政治地位相匹配的美德，成就圣王事业，从而将帝王也纳入了天理所规范的范围，指出了圣王可学而至，而为学的依据不必外求，就在"天理"所赋予"我"的"明德"之性中。"学"的实质就是不断排除外在物欲干扰与气质之偏，重新发现、扩充自己"明德"之性的过程。这样，朱熹就将帝王学为圣王的依据转向了内在的自觉要求，以此提升君主的道德自觉与自律，要求他依循天理，摒弃私欲，一公圣心，日新其德，"正其心术以立纪纲"，收其"正心以正朝廷，正朝廷以正百官，正百官以正万民，正万民以正四方"[1]之效，从而致君尧舜，为帝王学为圣王提供了理论依据，使其言行视听、发号施令符合国家社会发展之"公理""公义"，防止其无限膨胀的私欲对正常政治生态的破坏，确保国家的政治治理是出于王道而非霸道。

二、自新而新民：帝王"明明德"的工夫进路

既然"明德"是人人所皆有的本然之性，如何才能够摒去气禀物欲之蔽，让原本潜在的、隐微难知的"明德"，"复得其本然之明"，[2]而明明德于天下，成就尧舜之君呢？这就需要"学以开之"，[3]做"明明德"的功夫，"明之（明德）而复其初也"，[4]然后"有以正心修身而为齐家治国平天下之本"。[5]

1　朱熹：《庚子应诏封事》，《晦庵先生朱文公文集》卷11，《朱子全书》第20册，第581—585页。

2　朱熹：《经筵讲义》，《晦庵先生朱文公文集》卷15，《朱子全书》第20册，第694页。

3　朱熹：《行宫便殿奏劄二》，《晦庵先生朱文公文集》卷14，《朱子全书》第20册，第668页。

4　朱熹：《经筵讲义》，《晦庵先生朱文公文集》卷15，《朱子全书》第20册，第692—693页。

5　朱熹：《行宫便殿奏劄二》，《晦庵先生朱文公文集》卷14，《朱子全书》第20册，第668页。

从"明德"到"明明德"，是个体通过"明之"的功夫，促使本有之"明德"由内而外，由隐而显，由己及人的逐渐彰显、扩充、光明的动态发展过程，所以说"明明德"者，是"非有所作为于性分之外也"。[1] 人之为学明善、修身立德而达于天下国家的动力源泉与价值依据，不在于外在的权威与规范，而在于个体内在之本然。个体本有之"明德"是"明明德"能够被彰显的内在依据与价值根源，而"明明德"则是"明德"的不断外化与最终呈现。为此，朱熹在"释明明德"的传文诠释中，用帝尧与周文王的事迹，特别强调"人之明德非他也，即天之所以命我，而至善之所存也"。指出"明德"作为天赋本有至善之性，无论是事亲事长，还是饮食起居，"其全体大用盖无时而不发见于日用之间"，关键就在于能否摒弃气禀物欲之蔽而自明其明德，如"能自明其明德，则能治其天下国家而有以新民矣"[2]。以此激发帝王自明明德而及于天下国家治理的积极性与主动性。

由于"明德"在"我"，是"人人之所同得，而非有我之得私"的本然之性，所以"我"可以依据天赋、内在的至明不昧之性，自觉、主动地"自明"其"明德"。当"我"看见他人"同得乎此而不能自明"，甘心迷惑、没溺于"卑汙苟贱之中而不自知"，就不由自主地"恻然而思有以救之"，燃起一股推己及人的内在动力，"推吾之所以自明者以及之"，"始于齐家，中于治国，而终及于平天下"，使他人"亦皆如我之有以自明，而去其旧染之汙"，这就是所谓"新民"。[3]"新民"之所以可能，也就是因为他人亦有所谓"明德"之性，这并非外力"有所付畀增益"的结果，而是一种自然而然、无需外力强制的过程。[4] 如果说"自明"是为了"成己"（自新），那么"新民"是为了"成人"（明人），"成己"是"成人"的起点，而"成人"则是"成己"的完成。自新与新民，自明与明人，相辅相成，密不可分，构成了"明明德"的一体

1　朱熹：《经筵讲义》，《晦庵先生朱文公文集》卷15，《朱子全书》第20册，第694页。
2　同上，第700页。
3　同上，第692—694页。
4　同上，第694页。

两面，体现了儒家"己欲立而立人，己欲达而达人"的一以贯之之道。[1]因此，"明明德"实际上包含了"自新"（自明）与"新民"（明人）两个相互联系、递进的层次。

如果仅仅停留在"自明"的层次而未能"新民"，则未能充分体现"天理"所赋予"我"的内在本然之性而为"私"，也就是所谓"据己分之所独有，而不得以通乎其外"[2]，从而不能称之为真正意义上的"明"其"明德"。朱熹认为如果匹夫以一家为私，则"不得以通乎其乡"；乡人以一乡为私，则"不得以通乎其国"；诸侯以一国为私，则"不得以通乎天下"。天子如果有私心而不通之于天下，就会有私人、私费、私财，则使"天下万事之弊莫不由此而出"，造成国家动乱，天下不可得而治的严重后果。[3]对于帝王而言，尤其要循天理，去人欲，破私心，不仅自明其明德，而且要身为表率，引领带动天下人日新其德，一起臻于至善的境界，才能最终构建和谐有序的理想社会，所谓"君犹表也，民犹影也，表正则影无不正矣；君犹源也，民犹流也，源清则流无不清矣"[4]。帝王自身德业的成就，直接关系到治国平天下的经世事业。

由于"民之视效在君，而天之视听在民"，君主的德行是天命转移以及民心所向的关键，"若君之德昏蔽秽浊而无以日新，则民德随之，亦为昏蔽秽浊而日入于乱。民俗既坏，则天命去之，而国势衰蔽，无复光华"。因此自古圣王都十分注意做自新新民的功夫。如商汤学于伊尹而刻铭自戒"至于圣者"，太甲受伊尹叮咛之戒而"继其烈祖之成德"，周武王受师尚父丹书之戒而为"万世帝王之法"等，均是自明其明德而新民的典范，值得后王模仿与效法，这也是"周虽旧邦"，因文王"盛德日新而民亦丕变"，导致天命"维新"以有天下的根本原因。[5]如天子能"有以自新而推以及民，使民之德亦无

1　朱熹：《论语集注》卷2，《四书章句集注》，第71页。

2　朱熹：《戊申封事》，《晦庵先生朱文公文集》卷11，《朱子全书》第20册，第595页。

3　同上，第595—596页。

4　朱熹：《经筵讲义》，《晦庵先生朱文公文集》卷15，《朱子全书》第20册，第698页。

5　同上，第702—703页。

不新，则天命之新将不旋日而至矣"[1]。帝王能够秉持天赋"明德"，做自新新民的"明明德"功夫，实现道德完善，是确保国家长治久安与仁政德治王道理想实现的根本途径。

此外，由于"德之在己而当明，与其在民而当新者，则又皆非人力之所为；而吾之所以明而新之者，又非可以私意苟且而为也。是其所以得之于天而见于日用之间者，固已莫不各有本然一定之则矣"[2]。无论是"自明"还是"新民"，这都是天之所赋予人的不容推卸、逃避的"本然一定之则"，因而无论是帝王还是普通人都有责任与义务，依据"天理"所赋之"性分"，自明其明德并推以"明人"，在"成己"与"成人"、"自新"与"新民"的双向互动中，沟通"我"与他人、社会、自然，实现"人皆有以明其明德，则各诚其意，各正其心，各修其身，各亲其亲，各长其长，而天下无不平矣"[3]的王道理想，建构人人安居乐业、社会和谐稳定、国家富强文明的政治社会秩序。既为帝王推己及人、自新新民，臻于圣王之境提供了价值依据与功夫进路，又为教化百姓，重构合理的政治社会秩序奠定了理论基础，体现了个体与他人、社会、自然之间的有机整体联系。

三、圣德至善：帝王为学的目标

"明明德"是以"己"为出发点，不断地推己及人，扩充其本有明德之性，自新而新民的连续、不断地做"明之"功夫的过程，其最终的目标又指向何处呢？那就是"止于至善"。朱熹释之曰："止者，必至于是而不迁之意。至善，则事理当然之极也。言明明德、新民皆当至于至善之地而不迁，盖必其有以尽夫天理之极，而无一毫人欲之私也。"[4] 至善是"义理精微之极"，人

1　朱熹：《经筵讲义》，《晦庵先生朱文公文集》卷15，《朱子全书》第20册，第703页。

2　同上，第694页。

3　同上，第696页。

4　同上，第693页。

欲净尽的天理流行极致处。[1]

由于"天生蒸民，有物有则"，一物有一物之理，因而"所居之位不同，则所止之善不一"[2]。不同地位、身份的人，其至善的要求是不一样的：为人君止于仁，为人臣止于敬，为人子止于孝，为人父止于慈，与国人交止于信。[3]这些"至善"并不是外在强加给"我"的，而是"天理人伦之极致，发于人心之不容己者"的"人心天命之自然"的个体内在自觉的要求[4]。"众人之心固莫不有是"，但是有些人"不能知"，有些人"虽或知之，而亦鲜能必至于是而不去"，因而"《大学》之教者所以虑其理虽复而有不纯，欲虽克而有不尽，将无以尽夫修己治人之道"，所以必以"至善"为"明德新民之标的"。凡是"欲明德而新民者"，都必须"求必至于是而不容其少有过不及之差焉"[5]。至善既为明德、新民确立了目标与方向，又是明明德所要最终达到的境界与目的。

那么作为"为人君止于仁"的帝王，其臻于"至善"境界又是什么样的呢？朱熹将之形容为"盛德至善，民不能忘"[6]。所谓"盛德"，就是"以身之所得而言也"；"至善"，就是"以理之所极而言也"[7]。具体落实到日用伦常、家国治理的政治实践中，就是通过格物致知的"知止"功夫，"知其性分之所固有，职分之所当为，而各俛焉以尽其力"[8]，体认作为帝王所应止之善，确立目标与方向，续之以精益求精、择善固执的正心修身功夫，不断地彰显自身"明德"之性，发政施仁，惠泽百姓，得"道"于己，而"辉光之著乎外"，因其"敬止之功"，收其至善之验，[9]己德既明而民德自新，实现内圣外王，圣

1　朱熹：《经筵讲义》，《晦庵先生朱文公文集》卷15，《朱子全书》第20册，第694—695页。

2　同上，第704页。

3　同上，第704页。

4　同上，第704—705页。

5　同上，第694—695页。

6　同上，第705页。

7　同上，第705页。

8　朱熹：《大学章句序》，《四书章句集注》，第2页。

9　朱熹：《经筵讲义》，《晦庵先生朱文公文集》卷15，《朱子全书》第20册，第705页。

德至善的经世事业，从而建构人人各安其位、各尽其职、各修其身、亲亲贤贤、和谐有序的王道理想社会。

正是由于前代圣帝明王能够率先依循其光明之性而"缉熙之"，使得"天下后世无一物不得其所"，即使是已经"没世"，而其贤贤亲亲、乐乐利利的"盛德至善之余泽"仍让百姓思慕不已："盖贤其贤者，闻而知之，仰其德业之盛也；亲其亲者，子孙保之，思其覆育之恩也。乐其乐者，含哺鼓腹而安其乐也；利其利者，耕田凿井而享其利也。"[1]可见，真正的圣王一定是"德"充之于"己"，而"惠"及于百姓，自新新民，德治天下的典范，即使"虽已没世，而人犹思之，愈久而不能忘"[2]。后世帝王当以尧舜等圣帝明王为榜样，以己为出发点，依循天理所赋之明德本性，推己及人，自新而新民，成就如尧舜圣王般盛德至善，民不能忘的德业事功。

四、结语

朱熹以"大学之道，在明明德，在新民，在止于至善"为纲领，以理学思想为内涵，深入地挖掘了天理与明德、自新与新民以及至善之间的内涵与关系，以人人皆有的天理所赋"明德"之性，作为圣王可学而至的内在依据；并从气质物欲之蔽，诠释了通过后天学习穷理明善的必要性，从而将包括帝王在内的所有人都纳入了"天理"所规范的范围，要求帝王与普通人一样，按照理学的原则规范自身行为与政治运作，做自新新民的功夫而臻于"至善"境界。这不仅为帝王提供了一种学为圣王的新范式，而且为合理政治社会秩序的建构提供了理论论证。内圣外王之道的实现，实质就是己之明德逐渐由隐而显、由暗至明、由内而外、推己及人、明明德于天下、学为圣王的过程，这是"天下国家之达道通义，而为人君者尤不可不审"的正心修身、

1　朱熹：《经筵讲义》，《晦庵先生朱文公文集》卷15，《朱子全书》第20册，第704—706页。

2　同上，第706页。

治国平天下的义理要旨，[1]使《大学》成为真正的"圣王"之学。

虽然《大学》从仁宗时便开始进入了帝王的视野，常被赐予新及第进士，[2]并被士大夫们不断地诠释，但以"经筵讲义"的形式被士大夫重新诠释并为帝王进讲，朱熹的《经筵讲义》则是首次。由于入侍经筵担任帝王师是儒者的最高荣誉，为天下学者与世人所共同瞩目，因而随着朱熹《经筵讲义》的进呈，其间所蕴含的理学思想也逐渐为帝王所了解，并随之流传天下。从某种意义上而言，朱熹以理学建构帝学的方式，促进了理学思想向帝王及其社会各阶层的传播，并使之逐渐成为全社会普遍认同的思想观念与价值标准。帝学与理学相互交织、相互影响，共同促进了宋代儒学的发展与繁荣，体现了政治与学术之间的良性互动。

1　朱熹：《经筵讲义》，《晦庵先生朱文公文集》卷15，《朱子全书》第20册，第696页。
2　刘琳、刁忠民、舒大刚等校点：《宋会要辑稿·选举二·贡举二》，上海古籍出版社，2014年，第5268页。

第八章　朱熹《经筵讲义》中的帝学主体意识

如果说朱熹的《大学章句》是为国家塑造与培养合格的士大夫而进行的经典诠释，强调的是"初学入德之门""学者必由是而学焉"[1]，那么《〈大学〉经筵讲义》则是以培养合格的帝王为指向的"帝王之学"的经典文本，其重点在于"后之君子欲修己以治人而及于天下国家者，岂可舍是而他求哉"[2]，将《大学》中的"穷理、修身、齐家、治国、平天下之道"作为帝王应该要掌握的修身治国之要道。[3]然而，有意思的是，同样是对《大学》经旨的义理发挥，《经筵讲义》与《大学章句》相较而言，特别强调"大学之道不在于书而在于我"，要求在学习《大学》时，"必先读经文，使之习熟，而纲领条目罗列胸中，如指诸掌，然后博考传文，随事体察而实致其力，使吾所以明德而新民者无不止于至善，而天下之人皆有以见其意诚、心正、身修、家齐、国治、天下平之效"[4]。将文本的熟读与日用常行的察识践履结合起来，扎扎实实做身体力行的工夫，从而实现内圣外王的"大学之道"。这种将"书"与"我"对举，对"我"之主体性的重视与高扬是《大学章句》中所没有的。

朱熹为什么会如此高扬"我"之主体性与自觉性呢？

1　朱熹：《大学章句》，《四书章句集注》，北京：中华书局，2011年，第4页。
2　朱熹：《经筵讲义》，《晦庵先生朱文公文集》卷15，《朱子全书》第20册，第692页。
3　同上，第691页。
4　同上，第699页。

一、道德自觉性与主体性：圣王理想实现的关键

在中国传统社会的权力结构中，政治、经济、文化、教育等大权主要集中于皇帝一人手中，人主之学与不学，学之正与不正，天下治与不治，全在其喜怒哀乐、频笑念虑、视听言动之间，在于他是从国家社会发展的整体公义与百姓的幸福安康出发，还是从个人的穷奢极欲、权力富贵等私欲出发；是道心常为一身之主，还是人心流荡、物欲横流？作为经筵讲官的朱熹及其他百官大臣，对待君主无限膨胀的权力与私欲，均无法从根本上予以限制或解决。虽然朱熹利用经筵进讲的机会，树立了"天理"的最高权威与本体原则，将君主也纳入了儒家之道规范的范围，要求其按照理学的要求修身立德，治国理政，从而"正君心"限君权，但其力量毕竟有限。

对此，朱熹也是心知肚明，所以他一方面运用理、气、心、性等哲学命题与逻辑体系建构帝王之学，力图从理论上说服、打动、影响君主；另一方面又不得不将理想的实现寄托在君主自身的道德自觉性与主体性上，所以朱熹说："此事在臣但能言之，而其用力则在陛下。"[1] 朱熹作为经筵侍讲，所能做的，也就是将帝王之学的原理、万事万物之间的联系、为人处事的原则、应事接物的方法等讲清楚，讲透彻，而最终成效如何，则需要君主从格物致知、即事穷理中体会天理本性之善，充分发挥主体的道德自觉性与能动性，身体力行地扎扎实实做诚意正心的道德践履与修己治人的功夫。"天下事，须是人主晓透了，自要去做，乃得。"[2] 明理体道（知）之后，则要做择善固执、惟精惟一的功夫（行），才会"圣德日新，圣治日起"而有"得"（德与业）。如果帝王设置经筵讲官进讲，只是"徒为观听之美"而不"实下工夫"，将所学的要道义理不用之具体的身心实践与现实政治社会的治理之中，再高明的道理与学问，也无法发挥"窒乎祸乱之原"的功能而有益于治道，[3] 所以"大

1　朱熹：《乞进德劄子》，《晦庵先生朱文公文集》卷14，《朱子全书》第20册，第675页。

2　黎靖德：《朱子语类》卷108，第2679页。

3　朱熹：《经筵讲义》，《晦庵先生朱文公文集》卷15，《朱子全书》第20册，第712—713页。

学之道不在书而在我"，这既是朱熹对主体之"我"的道德自觉性与主体性的高度评价，同时也是在君主专制制度下对实现帝王之学无可奈何的选择与一声叹息。

二、认知来源与过程：天命在我、知之在我

朱熹如此高度重视帝王"大学之道不在书而在我"的主体意识，除了帝王的特殊身份外，还与认知产生的根源与过程密切相关。

首先，从认知的来源而言，"天命在我"。人处天地之间，无不"受天地之中以生"，具有仁义礼智之性，这是天之所赋予我的人之所以为人的根本，也即所谓命，故"人之明德非他也，即天之所以命我，而至善之所存也"。"我"是"天命"之载体，"明德"在我而不在于人，"其全体大用盖无时不发见于日用之间，事亲事长、饮食起居，其所当然，各有明法"。"明德"时时在日用伦常、待人接物处体现出来，但是"人"往往身处其中而"不察"，以至于其常为"气禀物欲得以蔽之而不能自明"，这种明德不能自明的根本原因不在他人，而在于我"自有以昏之"，而"又自陷于一物之小"，不能立定"大体"而为气禀物欲所夺，导致人性沉沦，明德昏昧。所以，明明德的实质就是在"己"身上做功夫，"自明己之明德也"，再推己及人以新民而臻于至善。如果人"能自明其明德"，则可以"治天下国家而有以新民矣"。[1] 所以"天命在我"而不在于人，发现、扩充、恢复、彰显、光大"我"之"明德"不仅是天所"命"我之本然与义务，而且"推吾之所自明以及之，始于齐家，中于治国，而终及于平天下"也是我义不容辞的责任与使命，[2] 一切的成就乃在于"己"之努力与向善。君主作为天下之根本，其言语动作、应事接物之际无不直接关系到天下的兴衰治乱，如果君主能够"有以自新而推以及民，使民之德亦无不新，则天命之新将不旋日而至矣"。反之，如果"君之德昏蔽秽

1　朱熹：《经筵讲义》，《晦庵先生朱文公文集》卷15，《朱子全书》第20册，第700页。
2　同上，第694页。

浊而无以自新，则民德随之，亦为昏蔽秽浊而日入于乱。民俗既坏，则天命去之，而国势衰弊，无复光华"，最终导致"灭亡之将至"，国破家亡。[1] 君德既是天命转移的依据，也是民心向背、风俗淳正、社会和谐、国家治理的依据，因此作为帝王而言，更应该奉天承命，充分发扬其天命之性，端本正始，明善诚身，把握天命，身为表率，顺理因性，自新新民，最终明明德于天下，"得以与乎帝王之盛"。[2]

其次，从认知的过程而言，"知之在我"。帝王欲成就尧舜圣王事业，当以讲学明理为先，[3] 而"学莫先于致知"，[4] "致知之道在乎即事观理以格夫物"。[5] 由于通天地万物无非一理，理又散在万物之中，物物各有其一定之理。理在物中，物不离理；理无形而物有体，通过即有形之物，可体无形之理。因而格物致知，需要"我"广泛地接触万物，即事即物，"或考之事为之著，或察之念虑之微，或求之文字之中，或索之讲论之际，使于身心性情之德，人伦日用之常，以至天地鬼神之变、鸟兽草木之宜，莫不有以见其所当然而不容己者"[6]。通过"学问思辨"的方法，体察事物之"理"，"必其表里精粗无所不尽"，知道事物之所以然与所当然，"而又益推其类以通之，至于一日脱然而贯通焉，则于天下之物，皆有以究其义理精微之所极，而吾之聪明睿智，亦皆有以极其心之本体而无不尽矣"[7]。从究一物之理到脱然贯通以至于达到对万物之理一的认识，中间都需要发挥"我"之心"具众理而妙万事"、虚灵应物的功能，"推而致之"，反身而诚，"凡自家身心上，皆须体验得一个是非"[8]，

1　朱熹：《经筵讲义》，《晦庵先生朱文公文集》卷15，《朱子全书》第20册，第703页。

2　朱熹：《戊申延和奏劄五》，《晦庵先生朱文公文集》卷14，《朱子全书》第20册，第664页。

3　朱熹：《壬午应诏封事》，《晦庵先生朱文公文集》卷11，《朱子全书》第20册，第578页。

4　朱熹：《大学或问》，《朱子全书》第6册，第524页。

5　朱熹：《经筵讲义》，《晦庵先生朱文公文集》卷15，《朱子全书》第20册，第697页。

6　同上，第709页。

7　朱熹：《大学或问》，《朱子全书》第6册，第528页。

8　黎靖德：《朱子语类》卷15，第284页。

体察彻悟到"心虽主乎一身，而其体之虚灵，足以管乎天下一理；理虽散在万物，而其用之微妙，实不外乎一人之心"[1]，理在物中，亦在心中，达致"物我一理，才明此即晓此"，以此"合内外之道"，[2] 使其"内外照融，无所不尽"，所以说"物格者，事物之理各有以诣其极而无余之谓也。理之在物者，既诣其极而无余，则知之在我者，亦随所诣而无不尽矣"[3]。在格物致知的过程中，从"理之在物"到"知之在我"，从认识、发现、体认天理本然之"明德"，到推至其极而知致，"我"之主体性与能动性，依然是沟通内外、连接物我的关键。

三、道德践履与成就：其机在我、至善在我

在成就圣王理想的道路上，体会到天理之来源与所存，接下来就是要将之贯彻到身心道德实践中去，方可意诚心正，成己成物。

首先，从道德实践的关键点而言，"其机在我"。虽然通过格物致知洞悉了"天理"就是"人心之本然"，然而"心之所主，又有天理、人欲之异"，道心、人心之别。如何在天理人欲、道心人心之间，确保心之所发皆出于善而意诚心正呢？其着力点何在？朱熹认为"本心之善，其体至微"，常常会受到利欲的侵扰与攻击，如"一日之间，声色臭味游衍驰驱，土木之华、货利之殖杂尽于前"[4]。现实生活中的各种声色利害无时不在，以至于本然之善隐微不显，难以呈露，[5] 从而导致道心愈微，人心愈危，天理未纯，人欲未尽。因而要确保意诚心正，就必须"致谨于隐微之间"[6]，在一念之间，深入体察何谓道

1　朱熹：《大学或问》，《朱子全书》第 6 册，第 528 页。

2　同上，第 525 页。

3　朱熹：《经筵讲义》，《晦庵先生朱文公文集》卷 15，《朱子全书》第 20 册，第 697 页。

4　朱熹：《己酉拟上封事》，《晦庵先生朱文公文集》卷 12，《朱子全书》第 20 册，第 618 页。

5　同上，第 618 页。

6　朱熹：《经筵讲义》，《晦庵先生朱文公文集》卷 15，《朱子全书》第 20 册，第 712 页。

心，何谓人心，何谓天理，何谓人欲，必信"其理之在我而不可须臾离焉"[1]。从而守其本心之正，做到"有主于中，有地可据"，其"隐微之间无非善之实者"。私欲邪心没有可乘之机，可藏之处，道心主导人心，惟精惟一，克己复礼，以此正吾心而应天下万事之本。[2]反之，如果"为善而不能充其量，除恶而不能去其根，是以虽以一念之顷，而公私邪正、是非得失之几未尝不朋分角立而交战于其中"[3]。作为身居深宫之中，不可得而窥的君主，"其心之邪正"的"符验之著于外者，常若十目所视、十手所指而不可掩"，念虑隐微之间，善恶得失之际，必然发见于外而不可掩，所以"其机在固在我而不在人也"[4]。诚意正心的用力之处就在于善恶得失隐微萌芽之处，需要"我"不时地深致省察，反身而诚，常存此心，于"一念之萌，则必谨而察之，此为天理耶？为人欲耶？果天理也，则敬以扩之，而不使其少有壅阏；果人欲也，则敬以克之，而不使其少有凝滞。推而至于言语动作之间、用人处事之际，无不以是裁之"[5]，日日克之，不以为难，持之以恒，自然可以做到"私欲净尽，天理流行，而仁不可胜用也"[6]。因此，朱熹在诚意正心过程中特重慎独谨微的功夫，甚至将国家之治乱危安的两种截然不同的效果归之于心之公私邪正，而心之公私邪正又源自是循天理还是循人欲，需要我在善恶萌动的"几微"处用力，做慎独、精一、克复的功夫，这是从"知"到"行"的关转处。

其次，从道德的成就而言，"至善在我"。如果格物致知是为了"求知至善之所在"，为"知"的功夫，需要我"因事推穷以至其极，而又推类以尽其余"，确立人生努力的方向与目标。那么，"自意诚以至于平天下"，则是

1　朱熹：《己酉拟上封事》，《晦庵先生朱文公文集》卷12，《朱子全书》第20册，第619页。

2　朱熹：《戊申封事》，《晦庵先生朱文公文集》卷11，《朱子全书》第20册，第591页。

3　朱熹：《戊申延和奏劄五》，《晦庵先生朱文公文集》卷14，《朱子全书》第20册，第662页。

4　朱熹：《戊申封事》，《晦庵先生朱文公文集》卷11，《朱子全书》第20册，第591页。

5　朱熹：《戊申延和奏劄五》，《晦庵先生朱文公文集》卷14，《朱子全书》第20册，第664页。

6　朱熹：《戊申封事》，《晦庵先生朱文公文集》卷11，《朱子全书》第20册，第591页。

"所以求得夫至善而止之也"[1]，为"行"的实践，需要"我"涵养本原，"实致其功"，才能真正地"自得"而有"德"，得此道于身，达到"至善在我而无所不用其极"的境界。至善既是天之所赋予"我"之本然之性，为"我"人生提供无穷的动力与方向，又是"我"通过后天的功夫修炼要达到的境界与目的。纵观《大学》之文，所谓"克明德"，就是"欲学者自强其志，"主动体认本有之明德，使天赋之正气正理"以胜其气禀之偏、物欲之蔽，而能明其明德"。所谓"顾諟天之明命"，就是"欲学者之于天理心存目在而不可以顷刻忘也"，以诚敬存心，念念在兹。其言"苟日新，日日新，又日新"者，"欲学者深自省察"，"一日沛然有以去恶而迁善，则又如是日日加功而无间断"，持之以恒，择善固执。其言"如切如磋，如琢如磨"者，"欲学者之不以小善自足，而益进其功"，日积月累，精益求精，"以求止于至善，亦日新之意也"。以上所言，"其言虽殊，其意则一"，所用力之重点皆放在我之"实下功夫"，实致其功，以至于"至善在我"，知止得止，日新其德，优入圣域。帝王如能至此，则"宋虽旧邦"，其命仍可"维新"，治理家国天下亦无难矣。[2] 有鉴于此，朱熹在《经筵讲义》中时时不忘劝诫宁宗皇帝"深思猛省，痛自策励"，兼取孟子、程氏之言，居敬持志，求其放心，涵养本原，"实下功夫，不可但崇空言，以应故事而已也"，真知力行，内圣外王，成就君德帝业。[3]

四、诠释宗旨：为学修身的"第一义"与"第二义"

朱熹在《（大学）经筵讲义》中将"书"与"我"对举，突出强调"大学之道"不在于"书"而在于"我"，表明了他所要诠释、建构的学问与思想体系，绝对不是字词训诂、雕章琢句，"涉猎记诵而以杂博相高，割裂装缀而

1　朱熹：《经筵讲义》，《晦庵先生朱文公文集》卷 15，《朱子全书》第 20 册，第 696 页。
2　同上，第 706 页。
3　同上，第 710 页。

以华靡相胜"的俗儒书生之学，而是要与个体身心实践相结合，"味圣贤之言以求义理之当，察古今之变以验得失之几，而必反之身以践其实"，有利于社会秩序的重新建构、儒家内圣外王理想实现的经世致用之"正学"。[1] 其对《大学》经典的学习与诠释过程中，"必先读经文，使之习熟，而纲领条目罗列胸中，如指诸掌，"然后"博考传文，随事体察而实致其力"[2] 的为学原则与方法的强调，体现了其"读书已是第二义"[3]，而只有落实于现实生活中的身心实践才是"第一义"的为学宗旨。[4]

朱熹认为，《大学》等儒家经典承载了古帝明王、先圣前哲的"粲然之迹、必然之效"，是古圣先贤的人生智慧、社会阅历、治国理政等历史经验的结晶，因而欲求道明理，需"即是而求之"[5]，"必因先达之言以求圣人之意，以圣人之意以求天地之理"[6]。通过经典文本与语言文献的学习，探求到蕴含在经典背后的圣人之道，并进而达致对天地万物之理的认识，成就尧舜圣王的事业。但是经典毕竟是过去的历史社会、人生经验的总结，要突破经典文本的历史性与局限性，真正体会圣人之意，发挥其对现实的世道人心、社会秩序、伦理纲常的指导意义，就必须发挥"我"之主观能动性，"少看熟读"，"反复体验"[7]，"读书究理，当体之于身"[8]，将古圣先贤为学修身、治国理政的原则与道理，身体力行地切己体察、实践践履，"须是经历过，方得"[9]，体之于己，才能得之于己，使得经典所承载的圣人之意与天地之理，在现实的政治社会生活中延续其生命力，"活"在当下，发挥其应有的指导意义与作用，

1　朱熹：《己酉拟上封事》，《晦庵先生朱文公文集》卷12，《朱子全书》第20册，第619页。

2　朱熹：《经筵讲义》，《晦庵先生朱文公文集》卷15，《朱子全书》第20册，第699页。

3　黎靖德：《朱子语类》卷10，第161页。

4　朱汉民：《实践—体验：朱熹的〈四书〉诠释方法》，《中国哲学史》，2004年第4期。

5　朱熹：《行宫便殿奏劄二》，《晦庵先生朱文公文集》卷14，《朱子全书》第20册，第669页。

6　朱熹：《答石子重》，《晦庵先生朱文公文集》卷42，《朱子全书》第22册，第1920页。

7　黎靖德：《朱子语类》卷10，第165页。

8　同上，第176页。

9　同上，第161页。

体现了朱熹帝王之学的人文理性与儒学实践品格，这也是朱熹的经典诠释与学术思想体系能够历久弥新的魅力之所在。

五、结语

总而言之，在内圣修德与外王事功成就的过程中，无论是对"天命"之性的察识扩充，格物致知的豁然贯通、心与理一，还是诚意正心于善恶"几微"处做功夫，以至于明明德于天下的"至善"之境的实现，都有赖于"我"之主体意识的觉醒与道德践履的自觉，"我"是成己成物，成就尧舜圣王之君的关键因素。这不仅和帝王的特殊身份与朱熹经典诠释宗旨有关，而且与个体从知到行的道德自觉与践履密切相关。"我"作为万物之灵，是联通物我、人己、天地、社会与自然的中介，不仅具有天所赋之"明德"，而且具有认识自身与天地万物、参赞化育的能力，"我"之主体性始终是帝王之学实现的关键。

为此，为突出帝王自身的自觉性与能动性在实现帝学、成就君德帝业中的关键作用，朱熹在《经筵讲义》中对《大学》的义理进行诠释与发挥时，总会在章旨要义的结尾处，联系帝王的立身行事，拳拳劝诫其"深留圣意""实下功夫"，做真知力行的功夫，将大学要道会之于心，体之于行，得之于己，成之于事，由圣而王。如《大学》解题中，朱熹希望宁宗能够就《大学》要旨及其以"此篇进讲"的用意处"惟圣明之留意焉"[1]。在《大学》经文前章中，[2]朱熹希望宁宗于明德与新民、知止与得止的本末先后之序，以及"天下国家之达道通义"上详加审查，"深留圣意，乞伏睿照"[3]。在《大学》经文后章中，则要求宁宗将修身、齐家的功夫落实到小至日用饮食之余，大

1　朱熹：《经筵讲义》，《晦庵先生朱文公文集》卷15，《朱子全书》第20册，第692页。
2　朱熹将《大学》经文分为前章与后章。从"大学之道"至"则近道矣"为前章；从"古之欲明明德于天下者"至"而其所薄者厚，未之有也"为后章。见朱熹《经筵讲义》，第699页。
3　朱熹：《经筵讲义》，《晦庵先生朱文公文集》卷15，《朱子全书》第20册，第696页。

到发号施令黜陟之际，做到"身修亲悦"，"举而措诸天下"，成就王道事业。[1]
在《大学》传文四章的诠释中，朱熹希望宁宗能够深入把握"克明德""顾諟天之明命""苟日新，日日新，又日新""如切如磋，如琢如磨"之间的关系与意旨，持之以恒，"实致其功"，摒弃禀物欲，天理日明，臻于至善，以承天命。[2]在释"格物致知"章时，则要求宁宗以格物致知的功夫"涵养其本原"，"深思猛省，痛自策励"，"实下功夫，不可但崇空言，以应故事"，将所学之义理运用至实际中去，"禀本执要"，正心术以立纪纲而治天下[3]。在释"诚意"章的结尾处，朱熹希望宁宗，于一念之微处"深加省察，实用功夫"，存天理，灭人欲，立身修德，以补"治道"。[4]朱熹经筵进讲总计七次，而其对君主在修身立德过程中的"我"之主动力行、践履之功的强调则高达六次。其所有的劝诫与苦心，都指向一个目标，那就是希望通过经筵讲学，劝导、影响君主接受儒家的思想观念与价值追求，并激发君主内在的道德自觉性与能动性，将儒家之道的原则与方法，运用到身心实践与治国理政的实际中去，从而引导君主由内圣通向外王，确保儒家德政仁治理想的实现。这就是朱熹为何在《经筵讲义》中特重"大学之道不在于书而在于我"主体意识发挥的根本原因。

1　朱熹：《经筵讲义》，《晦庵先生朱文公文集》卷15，《朱子全书》第20册，第699页。
2　朱熹：《经筵讲义》，《晦庵先生朱文公文集》卷15，《朱子全书》第20册，第706—707页。
3　同上，第709—710页。
4　同上，第712—713页。

第三部分

《大学》《中庸》经筵讲义

第九章　朱熹对《大学》的创造性诠释

　　《大学》原为《礼记》中的一篇，"自唐以前无别行之本"[1]，湮没无闻。为什么到了宋代，《大学》能够一跃而为"四书"之首，成为上至帝王下至普通百姓修身立德、治国平天下的纲领性经典？这与宋代《大学》诠释理路的转向，以及朱熹对《大学》的创造性阐释密切相关。

一、宋代《大学》诠释理路的转向

　　现存最早的《大学》注疏当为郑玄注与孔颖达疏。《礼记正义》曰："案郑《目录》云：'名曰《大学》者，以其记博学，可以为政也。此于《别录》属《通论》。'此《大学》之篇，论学成之事，能治其国，章明其德于天下。"[2]可见，将《大学》视为经国治民的"为政之学"，是汉唐时期的普遍观念。[3]

1　四库全书研究所整理：《钦定四库全书总目》卷 35，北京：中华书局，1997 年，第 461 页。

2　郑玄注，孔颖达疏：《礼记正义》，《十三经注疏》，北京：北京大学出版社，1999 年，第 1592 页。

3　以《大学》为"为政之学"，可参看高诣华：《从郑玄到朱熹：朱子〈四书〉诠释的转向》，台北：大安出版社，2015 年，第 25—43 页。另刘又铭的《〈大学〉思想的历史变迁》亦有类似的论述，可参见黄俊杰：《东亚儒者的〈四书〉诠释》，上海：华东师范大学出版社，2008 年，第 3—34 页。

所谓大学之道，就是"章明己之光明之德"，"亲爱于民"，而"止处于至善之行"。[1]这是在"礼学"的诠释视角下，从国家治理的高度，侧重从外王的角度，教育包括帝王在内的为政者彰明其德行，亲爱百姓而臻于和谐有序的礼治社会。而孔颖达注疏《大学》"皆自明也"时，认为"此经所云《康诰》《大甲》《帝典》等之文"，皆是指"人君自明其德也"[2]。可见，《大学》经旨本身就蕴含了帝王修身治国平天下之要旨，但是他却没有阐明明德之来源与依据，这就为后世诠释《大学》提供了可拓展的空间。

在唐代以前，《大学》一直依附"礼记"而行，没有受到世人的足够重视。直至中唐时，韩愈开始运用《大学》对抗释老之学，提倡道统；李翱以《大学》为其心性理论建构的重要内容，《大学》的价值与意义才逐渐被世人重新认识与挖掘。至宋代，基于政治社会秩序重建以及应对释老之学冲击的需要，《大学》的地位逐渐提升。从仁宗天圣八年（1030）开始，皇帝便常将《大学》赐予新及第进士，士大夫们也开始关注与提倡《大学》。如哲宗元祐五年（1090），右正言刘唐老上书云："'伏睹《大学》一篇，论入德之序，愿诏经筵之臣训释此书上进，庶于清燕之闲，以备观览。'从之。"[3]建议以《大学》作为帝王之学的教材，在经筵进讲。司马光、梁焘、彭汝砺、胡安国、张九成等都曾阐发过《大学》。其中尤以程颢、程颐与范祖禹为代表，分别从理学与帝学的不同理路，对《大学》进行了重新阐释，体现了宋代《大学》诠释的转向。

程颢、程颐分别著有《明道先生改正大学》与《伊川先生改正大学》，他们在"理学"的诠释视角下，对《大学》原文的秩序、段落重新进行了调整，将"思考的重点由如何为政统治转为对老百姓道德教育的关怀"[4]，将教育的对象由"为政者"这个特定阶层转向了普通百姓。尤其是从"亲民"到

1　郑玄注，孔颖达疏：《礼记正义》，《十三经注疏》，第 1594 页。

2　同上，第 1597 页。

3　李焘：《续资治通鉴长编》卷 446，北京：中华书局，2004 年，第 10742 页。

4　高荻华：《从郑玄到朱熹：朱子〈四书〉诠释的转向》，台北：大安出版社，2015 年，第 45 页。

"新民"的转换，虽只是一个字的差别，却体现了《大学》教育重心从外在规范到内在德性养成的转移，使得《大学》之教从"学以为政"的高等教育转化为引导普通人"学为圣人"的"成德"教育，体现了《大学》诠释理路的一次转向。与此同时，范祖禹从"帝学"的视角，对《大学》进行了重新诠释。他在《帝学》中提出"帝王之学谓之'大学'"，为帝王确立了"学为尧舜"的目标，认为《大学》就是尧、舜、禹、汤、文、武、周公、孔子等一脉相传之正道、正学，力图以此为框架，引导帝王于儒家"正道"，成就君德帝业。[1]至此，《大学》教育从包括帝王在内的为政者群体转向了专门的"帝王之学"，使得《大学》成为宋代士大夫格正君心、致君尧舜的理论武器，而被广泛地运用于各种思想理论的建构之中。

程颢、程颐与范祖禹对《大学》的诠释的两种不同理路，为朱熹根据自身思想体系建构的需要诠释《大学》提供了致思方向。为了充分发挥《大学》在挽救世道人心、重建理想政治社会秩序中的作用，朱熹吸收了程颢、程颐从"理学"的角度诠释《大学》的理路，将其重分经传，补"格物致知"章，撰写了《大学章句》，以此引导天下百姓学为圣人。为此，他吸收了程颐以"新"训"亲"的注解，并通过"理""气""性""命"等哲学命题与范畴的运用，认为"明德"就是"人之所得乎天"，至明而不昧的人人皆有的本质属性，但又因人有气禀、物欲之蔽而导致了"明德"不明，所以当"学"以"明"之而"复其初"，揭示了"明德"的来源以及"明明德"可能性与必要性，[2]将修身立德的依据从遵守礼仪程式、典章制度等外在规范，变成了主体内在自觉要求与行动，从而为人人学为尧舜提供了形而上的理论依据，为国家培养了大批德才兼备的济世之才。

此外，范祖禹从帝学角度诠释《大学》的理路也为朱熹所接受。有鉴于范祖禹以《大学》为帝王之学的首倡之功，朱熹将其列入道学序列，在《伊

1　范祖禹撰、陈晔校释：《帝学校释》，第31—32页。
2　朱熹：《大学章句》，《四书章句集注》，第4—5页．

洛渊源录》中，将其追认为程颐弟子[1]。当朱熹于绍熙五年入侍经筵时，他没有采用早已写成的《大学章句》，而是沿着范祖禹以《大学》规范帝王修身治国的思路，同时汲取程颢、程颐诠释《大学》的方法，将"圣人之学"与"帝王之学"相结合，撰写《经筵讲义》进呈，通过对《大学》经义的创造性诠释，以理学建构帝学，正君心立纪纲，致君为尧舜。朱熹不仅将帝王"外王"事功的开拓建立在"内圣"修养的基础之上，而且以格物致知作为平天下理想实现的落脚点，为重构政治社会秩序奠定了良好的思想基础，使得《大学》成为真正的"圣王"之学。由于学界对朱熹以《大学》建构"四书学"新理学体系多有研究，而忽视了其以《大学》经筵讲义引导帝王成就君德圣治，以道统规范治统的努力，因而，下文对此着重予以探讨，并解析朱熹平生精力尽在《大学》的根本原因。[2]

二、朱熹《大学》经筵讲义的诠释理路

《经筵讲义》是朱熹被任命为焕章阁待制兼侍讲时，为专门发挥《大学》经义而作，是为宋宁宗经筵讲学而编写的帝学教材与经筵讲稿。那么，朱熹是如何借助《大学》经义的创造性诠释引君于道的呢？他认为"人主之学当以明理为先"，"是理既明，则凡所当为而必为、所不当为而必止者，莫非循天之理，而非有意、必、固、我之私也"[3]。而所谓"致知、格物，是穷此理；诚意、正心、修身，是体此理；齐家、治国、平天下，只是推此理"[4]。因此，

1　朱熹《伊洛渊源录》卷 7《范内翰》记载："名祖禹，字淳夫，蜀人。元祐中为给谏讲读官，入翰林，为学士。后坐党论贬死。《家传》《遗事》载其言行之懿甚详，然不云其尝受学一于先生之门也。独鲜于绰《传言录》记伊川事，而以门人称之。又其所著《论语说》《唐鉴》，议论亦多资于程氏。故今特著先生称道之语，以见梗概，他不得而书也。"见朱熹：《伊洛渊源录》，《朱子全书》第 12 册，第 1013 页。

2　朱熹曰："某于《大学》用工甚多。温公作《通鉴》，言'臣平生精力，尽在此书'。某于《大学》亦然。"见黎靖德《朱子语类》卷 14，第 258 页。

3　朱熹：《癸未垂拱奏劄二》，《晦庵先生朱文公文集》卷 13，《朱子全书》第 20 册，第 633 页。

4　黎靖德：《朱子语类》卷 15，第 312 页。

要实现致君尧舜的理想目标，首先就要通过格物致知以明理，而后做诚意正心的修身功夫，最终达致家齐、国治、天下平的目标，体现了其以《大学》为"圣帝明王之学"[1]，致君尧舜的理想追求，呈现了理学与帝学诠释路径的融合。

（一）格物致知以明理：为学最为先务

朱熹认为，在成就圣王的道路上，"格物致知是《大学》第一要义，修己治人之道无不从此而出"[2]，是帝王为学修身的首务。

那么，什么是格物致知？所谓"格，至也。物，犹事也"，"格物"就是"穷至事物之理，欲其极处无不到也"[3]。也即即物求理，穷而至之，达致对事物之理极致的认识。所谓"致知"，则是"致，推极也。知，犹识也。推极吾之知识，欲其所知无不尽也"，是将格物所穷之理推至极致，"则知之在我者，亦随所诣而无不尽矣"[4]。从格物到致知是认识逐渐深化的过程，"格物只是就一物上穷尽一物之理，致知便只是穷得物理尽后，我之知识亦无不尽处，若推此知识而致之也。此其文义只是如此才认得定，便请依此用功。但能格物，则知自至，不是别一事也"[5]。两者你中有我，我中有你。格物是致知的基础与条件，致知是格物的深化与完成；格物是对事物的研究、分析、归纳而获得之"理"，致知是对所获之"理"的应用与推演。合而言之，格物致知就是通过向外即事穷理，向内推致吾心，使得"内外昭容、无所不尽"[6]。外物之理与我心之理融会贯通，达到心与理一，获得对"共同之理"的认识。

格物致知何以可能且成为必要呢？这是因为"万物各具一理，而万理同

1　朱熹：《壬午应诏封事》，《晦庵先生朱文公文集》卷11，《朱子全书》第20册，第571—572页。

2　朱熹：《答宋深之》，《晦庵先生朱文公文集》卷58，《朱子全书》第23册，第2773页。

3　朱熹：《经筵讲义》，《晦庵先生朱文公文集》卷15，《朱子全书》第20册，第696页。

4　同上，第696—697页

5　朱熹：《答黄子耕》，《晦庵先生朱文公文集》卷51，《朱子全书》第22册，第2377—2378页。

6　朱熹：《经筵讲义》，《晦庵先生朱文公文集》卷15，《朱子全书》第20册，第697页。

出一原，此所以可推而无不通也”[1]。正是由于万物共同之理的存在，使得格物致知成为可能，“以其理之同，故以一人之心而于天下万物之理无不能知”[2]。可从具体事物的分殊之理达致对天地万物共同之理的认识。同时，万物除了理一之外，还有气禀“清浊偏正之殊”与物欲“浅深厚薄之异”，因而造成了圣与愚、人与物的不同，“以其禀之异，故于其理或有所不能穷也。理有未穷，故知有不尽。知有不尽，则其心之所发必不能纯于义理而无杂乎物欲之私。此其所以意有不诚、心有不正、身有不修，而天下国家不可得而治也”[3]。气禀与物欲的不同，使得格物致知成为必要。否则任其发展下去，则会给天下国家的治理带来灾难性的后果。因此，“昔者圣人盖有忧之”，通过小学而进乎大学之教，“穷究天下万物之理而致其知识，使之周遍精切而无不尽也”。[4]在万物一体的终极境界与分殊之理间，通过格物致知，不断地探知世界与自身，体认万事万物之理，确定自己与世界的有机联系，提升其生命价值。

格物致知何以明理呢？可根据不同事物，从不同途径入手，“或考之事为之著，或察之念虑之微，或求之文字之中，或索之讲论之际，使于身心性情之德，人伦日用之常，以至天地鬼神之变、鸟兽草木之宜，莫不有以见其所当然而自不容已者”[5]。具体问题具体分析，“推类而通其余”，“今日格一件，明日又格一件”，但得一道而入，于一事上穷尽，便可透过现象探究其本质与规律（理），同时，以主敬主一、庄整齐肃、收敛其心等方式，“从容反覆而日从事乎其间”，持之以恒，真积力久，“以至于一日脱然而贯通焉，则于天下之理皆有以究其表里精粗之所极，而吾之聪明睿知亦皆有以极其心之本体而无不尽矣”[6]。万物之“理”与心中之“理”相互印证，在日用伦常中达致对天地万物之“理一”的认识，知其所当然与所以然，为个体安身立命，参赞

1　朱熹：《经筵讲义》，《晦庵先生朱文公文集》卷 15，《朱子全书》第 20 册，第 708 页。
2　同上，第 709 页。
3　同上，第 709 页。
4　同上，第 709 页。
5　同上，第 709 页。
6　同上，第 707—709 页。

天地之化育奠定基础。

朱熹格物致知的对象，虽然包括鸟兽草木等自然物理，但其所"穷"之理的重心，却是君臣、父子、夫妇、长幼、朋友等社会人伦与道德之理。[1] 因而其格物致知的实质是"所以求知至善之所在"[2]。通过与外界事事物物的接触，在日用伦常的践履中，体认自身天赋之"明德"，充分发挥主体的道德自觉性，依循天理而行，不断地摒去气禀物欲之蔽，以至于明明德于天下而臻于至善。所以朱熹说，"格物致知之说者，所以使之即其所养之中而发其明之之端也"[3]。也即程颐所说的"'致知在格物'，非由外铄我也，我固有之也。因物有迁，迷而不知，则天理灭矣，故圣人欲格之"[4]。格物致知是通过事事物物分殊之理的穷究，达致对"共同之理"的体认，明白"至善"之所存，并不断地扩充其天赋"明德"之性，"因其已明之端而致其明之之实"，诚意正心而修身立德。[5] 没有格物致知的"求知至善之所在"的"知止"努力，就没有"自诚意以至于平天下"的"求得夫至善而止之"的"得止"效验。[6]

如果帝王及其子弟在"为臣为子之时"没有通过"涵养其本原"的"格物致知"功夫，幼时不知"小学之教"，长大之后就"无以进乎大学之道"，一旦"君临天下之日"，则"决无所恃以应事物之变而制其可否之命"，"其心乃茫然不知所以御之之术"，使得中外大小之臣皆得以"欺蔽眩惑于前，骋其拟议窥觊于后"，将给国家带来大危大累。[7] 所以作为帝王应当"深思猛省，痛自策励"，求其放心，实下功夫，"涵养本原而致其精明，以为穷理之本"，使得"奸言邪说无足以乱其心术"，方可以秉本执要，达致对天下的治理。[8] 可见，朱熹将格物致知以明理作为帝王为学之首务，目的就在于树立天理的

1　黎靖德：《朱子语类》卷 15，第 284 页。

2　朱熹：《经筵讲义》，《晦庵先生朱文公文集》卷 15，《朱子全书》第 20 册，第 696 页。

3　同上，第 694 页。

4　程颢、程颐：《二程集》，北京：中华书局，1981 年，第 316 页。

5　朱熹：《经筵讲义》，《晦庵先生朱文公文集》卷 15，《朱子全书》第 20 册，第 694 页。

6　同上，第 696 页。

7　同上，第 710 页

8　朱熹：《经筵讲义》，《晦庵先生朱文公文集》卷 15，《朱子全书》第 20 册，第 710 页。

最高权威，将帝王纳入天理所规范的范围，让其认识到学为尧舜的依据就在于天理所赋的"明德"之性中，从而引导帝王"深察天理，以公圣心，广求贤忠，以修圣政"[1]，提升道德的自觉性与自律性，按照理学的原则立身行事与治国理政，实现天下大治。[2]

（二）诚意正心以修身：正君心之关键

如果说格物、致知是"穷"此"理"而明善的"知"之始，那么诚意、正心则是"体"此"理"而逐渐臻于至善的"行"之始，是引导帝王于天理、人欲的隐微处做功夫，用道心克制人心，摒弃气质物欲之弊而"得此道于身"[3]，正其心术以立纪纲的关键阶段。

朱熹认为，虽然心具有"至虚至灵，神妙不测"而"提万事之纲"的功能，[4]但是心之所主，又有天理、人欲之异。所谓"天理"乃"此心之本然"，是"道心"的体现；所谓"人欲"，就是"此心之疾疢"，为"人心"之发用。[5]天理与人欲，道心与人心，一个源于生命之正，一个生于形气之私，其"所以为知觉者不同"。人物之生，无不是理、气和合的结果，只要有人之形，虽上智不能无人心，虽下愚不能无道心，这是人人之所同。[6]作为"本心之善"的道心，其体至微，隐而难见，在外界"利欲之攻，不胜其众"的诱惑下，"其间心体湛然、善端呈露之时，盖绝无而仅有也"[7]，天理之善与道心之微难

1　朱熹：《辛丑延和奏劄二》，《晦庵先生朱文公文集》卷13，《朱子全书》第20册，第642页。

2　王琦：《朱熹理学化的帝学思想——以〈经筵讲义〉为中心的考察》，《湖南大学学报》，2018年第1期。

3　关于"道"与"德"的关系，朱熹曰："道者，古今共由之理，……德，便是得此道于身。"见黎靖德《朱子语类》卷13，第231页。

4　朱熹：《行宫便殿奏劄二》，《晦庵先生朱文公文集》卷14，《朱子全书》第20册，第669页。

5　朱熹：《辛丑延和奏劄二》，《晦庵先生朱文公文集》卷13，《朱子全书》第20册，第639页。

6　朱熹：《戊申封事》，《晦庵先生朱文公文集》卷11，《朱子全书》第20册，第591页。

7　朱熹：《己酉拟上封事》，《晦庵先生朱文公文集》卷12，《朱子全书》第20册，第618—619页。

以呈现，是以危殆而不安。道心与人心，天理与人欲，常"杂于方寸之间"，不时地交战于其中。[1] 如果循道心与天理而行，则"其心公而且正"；如果循人心、人欲而行，则"其心私而且邪"，二者一分，则"公私邪正之途判矣"，从而产生"公而正者逸而日休，私而邪者劳而日拙"，国家治乱之效"大相绝者"，然究其根源，其发端处却"在夫一念之间"。[2] 如对此"不知所以治之"，心无所主，就会产生"危者愈危，微者愈微"的后果，而致"天理之公，卒无以胜乎人欲之私"[3]，物欲横流，风俗颓败，国家动乱。因而天理与人欲，道心与人心的发端、萌芽处，即是做正心修身功夫的关键点。

《大学》言："欲诚其意者，先致其知。"[4] 又言："知至而后意诚。"[5] 诚意是与致知相续相贯的过程。朱熹说："意虽心之所发，然诚意工夫却只在致知上做来。若见得道理无纤毫不尽处，即意自无不诚矣。"[6] 因而穷尽此理而知至之后，就必须根据所体认到的"天理"，"实其心之所发，欲其一于善而无自欺也"，[7] 依循天理之本然，严分道心与人心、天理与人欲之别，"察乎二者之间而不杂"，"守其本心之正而不离"，[8] 一切依循天理而行，做到"有主于中，有地可据，而致谨于隐微之间也"，致使是非得失"皆有以剖析于毫厘之间"，[9] 心有所主而不为私欲所移，居敬持志，终日俨然，常存此心，在惟微惟危处扎扎实实地做为善去恶、明理诚善的修身功夫。日日从事于期间，无少中断，"必使道心常为一身之主，而人心每听命焉"，[10] 道心主宰人心，私欲净尽，天

1　朱熹：《戊申封事》，《晦庵先生朱文公文集》卷11，《朱子全书》第20册，第591页。
2　朱熹：《辛丑延和奏劄二》，《晦庵先生朱文公文集》卷13，《朱子全书》第20册，第639页。
3　朱熹《戊申封事》，《晦庵先生朱文公文集》卷11，《朱子全书》第20册，第591页。
4　朱熹：《经筵讲义》，《晦庵先生朱文公文集》卷15，《朱子全书》第20册，第696页。
5　同上，第697页。
6　朱熹；《答王子合》，《晦庵先生朱文公文集》卷49，《朱子全书》第22册，第2262页。
7　朱熹：《经筵讲义》，《晦庵先生朱文公文集》卷15，《朱子全书》第20册，第696页。
8　朱熹：《戊申封事》，《晦庵先生朱文公文集》卷11，《朱子全书》第20册，第591页。
9　朱熹：《经筵讲义》，《晦庵先生朱文公文集》卷15，《朱子全书》第20册，第712页。
10　朱熹：《戊申封事》，《晦庵先生朱文公文集》卷11，《朱子全书》第20册，第591页。

理流行。这些都是"皆所以正吾此心而为天下万事之本也。此心既正，则视明听聪，周旋中礼，而身无不正。是以所行无过不及而能执其中，虽以天下之大，而无一人不归吾之仁者"[1]。所谓"正其本，万事理"，劳少而功多，身修而国治，臻于至善，优入圣域，反之则"差之毫厘，缪以千里，天下之事，无急于此"[2]。由此可见，诚意正心是将个体通过格物致知而认识到的天理，进一步内化于心、外化于行的践履过程，是知"道"、体"道"进而得"道"于身，最终实现致明明德于天下的关键阶段。没有格物致知的穷理功夫，诚意正心便失去了内在的依据与行动方向；没有诚意正心的惟精惟一功夫，格物致知所穷之理便无处安放而流于空虚。格物致知是诚意正心的基础与前提，而诚意正心则是格物致知的延伸与深化，格物致知与诚意正心共同构成了具有儒家理性主义与实践精神的修身功夫。只要抓住了正心修身这个根本，则可推之天下国家亦举而措之，治理天下也就顺理成章，如同运诸掌上般容易。这就是"大学之道"所谓的本末先后的为学修身之序，展现了儒家以修身为本而及于天下国家的内圣外王之道。

（三）家齐国治而后天下平：立纲纪之要

通过格物致知以穷理明善，诚意正心以修身立德的功夫，引导帝王"正君心"而立定天下之大本之后，接着就是要将帝王体认到的"天理"推之于家国天下，具体化为一系列齐家、治国、平天下之术，方可纪纲立而天下治。

1.齐家之术

相对于帝王治国平天下而言，齐家是根本，"故人主之家齐，则天下无不治；人主之家不齐，则未有能治其天下者也"[3]。帝王之"齐家"与普通百姓不同，包括了太子的培养、后妃近侍、外戚权贵等多种关系的处理。

从江山稳固与国家治理的角度而言，皇太子的教育是其中最首要的问题。

1　朱熹：《戊申封事》，《晦庵先生朱文公文集》卷11，《朱子全书》第20册，第591页。

2　朱熹：《癸未垂拱殿奏劄一》，《晦庵先生朱文公文集》卷13，《朱子全书》第20册，第633页。

3　朱熹：《己酉拟上封事》，《晦庵先生朱文公文集》卷12，《朱子全书》第20册，第619页。

"天下之命系于太子，太子之善在于早谕教与选左右。教得而左右正，则太子正，太子正而天下定矣。"[1]皇太子教育当首重择师傅而得其人，因而"必选端方正直、道术博闻之士与之居处"；别置师傅宾客，以"发其隆师亲友、尊德乐义之心"；"罢去春坊使臣，而使詹事、庶子各复其职"，"防其戏慢媟狎、奇邪杂进之害"；又置"赞善大夫，拟谏官以箴阙失"，使得皇太子朝夕所处而亲密无间者，无非正人，习于正而正。[2]此外，还需皇帝以时召之，言传身教，从容启迪，"凡古先圣王正心修身、平治天下之要"，帝王自身"所服行而已有效，与其勉慕而未能及、愧悔而未能免者，倾倒罗列，悉以告之"，则其子孙皆将有以得乎帝王"心传之妙"，而使得宗庙社稷永固，传之无穷。[3]

接着是正家人及其左右。（1）定正位，分嫡庶。在夫妻关系处理中，要求"男正位乎外，女正位乎内，而夫妇之别严者，家之齐也"。分清楚男女、夫妇各自的位置与职责。内外之分、夫妇之别不可以易位。在妻妾关系的处理中，则要求"妻齐体于上，妾接承于下，而嫡庶之分定者，家之齐也"[4]。妻妾的位置、嫡庶的分别要有定分，不能僭越。（2）戒声色，杜请托。在宫闱内外，帝王要注意"采有德、戒声色、近严敬、远技能"，多亲近贤德之人，"内言不出，外言不入，苞苴不达，请谒不行"。[5]以端庄齐肃的态度，明辨是非，谗言不入，正身以德，使"后妃有《关雎》之德，后宫无盛色之讥"，无一人敢"恃恩私以乱典常，纳贿赂而行请谒"，这即是"家之正也"[6]。（3）戒贵戚，正左右。帝王退朝之后，在从容燕息之间，务必使陪侍左右的"贵戚近臣、携仆奄尹"，各恭其职，"上惮不恶之严，下谨戴盆之戒，无一人敢通内外、窃威福，招权市宠，以紊朝政"，从而使得"内自禁省，外彻朝廷"，

1　朱熹：《己酉拟上封事》，《晦庵先生朱文公文集》卷12，《朱子全书》第20册，第622页。

2　朱熹：《戊申封事》，《晦庵先生朱文公文集》卷11，《朱子全书》第20册，第598页。

3　同上，第598—599页。

4　朱熹：《己酉拟上封事》，《晦庵先生朱文公文集》卷12，《朱子全书》第20册，第619页。

5　同上，第619页。

6　朱熹：《戊申封事》，《晦庵先生朱文公文集》卷11，《朱子全书》第20册，第592页。

均秉持公理正义而行，无外戚近习乱政，从而正家人而及于左右，"有以达于朝廷而及于天下焉"[1]。

2. 治国平天下之术

在以《大学》作为帝王之学来指导帝王成圣德出圣治的封事奏劄中，朱熹结合自己担任地方官多年的政治经验与南宋的社会实践，提出了一系列的治国平天下之术，其要点如下：

（1）亲贤臣远小人而明体统。朱熹认为"小人进则君子必退，君子亲则小人必疏，未有可以兼收并蓄而不相害者也"[2]。因而君主当正心修身，循天理公圣心，从"为宗社生灵万世无穷之计"出发，而"不为燕私近习一时之计"，选拔刚明公正之人作为辅相，远离"作奸欺、植党与、纳货赂"的奸佞小人。[3]明确"人主以论相为职，宰相以正君为职"，君臣各守其职，各尽其力，不相侵夺，然后体统正而朝廷尊，天下之政必出于一而无多门之蔽。同时，"又公选天下直谅敢言之士，使为台谏给舍，以参其议论"，使帝王"腹心耳目之寄，常在于贤士大夫而不在于群小，陟罚臧否之柄，常在于廊庙而不出于私门"[4]。从而建立"乡总于县，县总于州，州总于诸路，诸路总于台省，台省总于宰相，而宰相兼统众职，以与天子相可否而出政令"的君臣共治天下，互相制衡的政治运行机制，防止君主因一己之私而朝政独断，宰相、台省、师傅、宾友、谏诤之臣皆得其守，各司其职，确保体统明而纲纪立，朝廷正而天下万事无不得正。[5]

（2）振纲纪选贤才以厉风俗。朱熹认为"四海之广，兆民至众，人各有意，欲行其私。而善为治者，乃能总摄而整齐之，使之各循其理而莫敢不如

---

1 朱熹：《戊申封事》，《晦庵先生朱文公文集》卷 11，《朱子全书》第 20 册，第 592 页。

2 朱熹：《己酉拟上封事》，《晦庵先生朱文公文集》卷 12，《朱子全书》第 20 册，第 620 页。

3 朱熹：《戊申封事》，《晦庵先生朱文公文集》卷 11，《朱子全书》第 20 册，第 599—600 页。

4 朱熹：《己酉拟上封事》，《晦庵先生朱文公文集》卷 12，《朱子全书》第 20 册，第 624 页。

5 朱熹：《庚子应诏封事》，《晦庵先生朱文公文集》卷 11，《朱子全书》第 20 册，第 586 页。

吾志之所欲者，则先有纲纪以持之于上，而后有风俗以驱之如下也"[1]。所谓振纲纪就是"辨贤否以定上下之分，核功罪以公赏罚之施也"[2]。其实质就是任贤使能，赏罚分明。因而需"宰执秉持而不敢失，台谏补察而无所私，人主又以其大公至正之心恭己于上而照临之"[3]，君臣皆以公心，各守其职，各尽其力，"是以贤者必上，不肖者必下，有功者必赏，有罪者必刑，而万事之统无所缺也"[4]。所谓"风俗"就是"使人皆知善之可慕而必为，皆知不善之可羞而必去。"[5]如果在上位者纲纪既振，则在下之人，不待"黜陟刑赏一一加于其身"，自将"各自矜奋，更相劝勉"以去恶从善，"而礼义之风、廉耻之俗已丕变矣"[6]。反之，如果"至公之道不行于上，是以宰执、台谏有不得人，黜陟刑赏多出于私意，而天下之俗遂至于靡然不知名节行检之可贵，而唯阿谀软熟、奔竞交结之为务"，风俗颓坏，士风不振。因而，朝廷纲纪以及在上位者的表率作用，依然是天下风俗转变的重要因素。[7]

（3）纾民困修军政而攘夷狄。朱熹认为，节用爱人是先圣治国之要旨。其缘由即在于"国家财用皆出于民，如有不节而用度有阙，则横赋暴敛，必将有及于民者。虽有爱人之心，而民不被其泽矣"[8]。老百姓是国家的根本，财政用度皆取之于民，因而爱人者必先节用，乃是不易之理。但是从宋代建国以来的实际情况来看，其"取于民者，比之前代已为过厚，重以熙丰变法，颇有增加"[9]。尤其是建炎以来，"地削兵多，权宜科须，又复数倍，供输日久，

1　朱熹：《己酉拟上封事》,《晦庵先生朱文公文集》卷12,《朱子全书》第20册，第623—624页。
2　同上，第624—625页。
3　同上，第625页。
4　同上，第625页。
5　同上，第625页。
6　同上，第625页。
7　同上，第625页。
8　同上，第625页。
9　同上，第626页。

民力已殚"[1]。其根源一是"诸路上供多入内帑，是致户部经费不足，遂废祖宗破分之法"，二是军费负担过重，将帅不得其人。因而要纾解民困，就必须从两个方面入手，一是"还内帑之入于版曹、复破分之法于诸路，然后大计中外冗费之可省者，悉从废罢"，从源头减轻老百姓的赋税负担；二是择将帅年核军籍，汰浮食广屯田，以节约军费，充实军储，则民力可纾，军政可修，国力日强，最终实现攘夷狄复国仇，收故土的理想。[2]

三、结语

任何一种学术思潮的兴起，均是对时代与社会问题的回应。朱熹对《大学》的创造性诠释，正是基于宋代秩序重建与南宋现实问题而寄寓的理论构想与价值追求。宋代建国之后，如何挽救世道人心，使天下重归于治，成为当时重大的时代课题。而南宋时家国的破碎，外族的入侵，吏治的腐败，百姓的困苦，深深地刺激着朱熹这样一位有着济世之志的儒家士大夫。尤其是他担任地方官的经历，使其认识到士大夫风气不振，是导致国弊民疲的重要原因，"此学不明，天下事绝无可为之理"[3]。只有以"古之大学教人之法"以教天下之士，[4] 为国家培养大量救世济民之才，方可形成强大的社会共识，实现道济天下的理想。同时，他也意识到，在当时君主专制的体制下，天下之大本在于人主之心，因而要解决南宋存在的整体性社会危机，就必须从权力的源头开始，正君心立纪纲，防止君主因个人私欲对国家正常政治生态与运行机制的破坏，方可成君德立圣治，拯万民于水火之中。然而"纲纪不能以自立，必人主之心术公平正大，无偏党反侧之私，然后纲纪有所系而立"。纲纪的树立有待于君主之心正，而"君心不能以自正"，又有待于师傅贤臣"讲

---

1 朱熹：《己酉拟上封事》，《晦庵先生朱文公文集》卷12，《朱子全书》第20册，第626页。

2 同上，第626页。

3 朱熹：《答林择之》，《晦庵先生朱文公文集》卷43，《朱子全书》第22册，第1963页。

4 朱熹：《大学章句序》，《四书章句集注》，第2页。

明义理之归，闭塞私邪之路，然后乃可得而正也"[1]。选择何种经典与学问正君心立纲纪直接关系到国家之兴衰治乱。

由于《大学》作为"古者圣帝明王之学"，承载了《六经》的经旨脉络与尧舜圣圣相传的精一、执中之道，[2]体现了"圣人做天下根本"，"明此以南面，尧之为君也；明此以北面，舜之为臣也"[3]。为帝王与世人提供了一条由内圣通向外王的修身立德、治国平天下的为学纲领与实践路径，凡是"后之君子欲修己以治人而及于天下国家者"，必不可"舍是而他求"。[4]如果帝王能够"少留圣意于此遗经"，通过"延访真儒"[5]，讲学明理，以《大学》指导其正心修身、治国理政的实践，则可以"秉本执要，酬酢从容，取是舍非，赏善罚恶，而奸言邪说无足以乱其心术"[6]，从而实现"正心以正朝廷，正朝廷以正百官，正百官以正万民"[7]的王道政治。这也是朱熹多年来一直孜孜不断地诠释《大学》，建构学术与政治思想体系的根本原因。

虽然朱熹也自知其"正心诚意"之学，"疑若迂阔陈腐而不切于用"[8]，但他之所以不计后果地向帝王进献《大学》之道，即使是"屡进不合而不敢悔者"，就在于这是他从国家长治久安出发，"竭其平日忧国之诚"而撰写的"治体之要"[9]，如能引导帝王"缉熙帝学以继跡尧、禹"[10]，"循天理、公圣心

1　朱熹：《庚子应诏封事》，《晦庵先生朱文公文集》卷11，《朱子全书》第20册，第586页。

2　朱熹：《壬午应诏封事》，《晦庵先生朱文公文集》卷11，《朱子全书》第20册，第572页。

3　黎靖德：《朱子语类》卷14，第250页。

4　朱熹：《经筵讲义》，《晦庵先生朱文公文集》卷15，《朱子全书》第20册，692页。

5　朱熹：《壬午应诏封事》，《晦庵先生朱文公文集》卷11，《朱子全书》第20册，第573页。

6　朱熹：《经筵讲义》，《晦庵先生朱文公文集》卷15，《朱子全书》第20册，第710页。

7　朱熹：《庚子应诏封事》，《晦庵先生朱文公文集》卷11，《朱子全书》第20册，第581页。

8　朱熹：《癸未垂拱奏劄二》，《晦庵先生朱文公文集》卷13，《朱子全书》第20册，第633页。

9　朱熹：《戊申封事》，《晦庵先生朱文公文集》卷11，《朱子全书》第20册，第613—614页。

10　朱熹：《壬午应诏封事》，《晦庵先生朱文公文集》卷11，《朱子全书》第20册，第579页。

以正朝廷之大体"[1]，掌握天下国家治理之要道，"上有补于圣明，下无负于所学"[2]，朱熹即使是"退伏岩穴，死无所憾"[3]。其将《大学》作为"正君心立纲纪"的思想武器，也无非是希望从为治的源头与根本出发，以儒家的价值理念引君于道，影响帝王的心性修养与政治实践，实现尧舜之治。其中，格物致知以明理是正君心之前提，诚意正心以修身是正君心之关键，齐家治国平天下之术的实施是君心正而后纲纪立的自然延伸，体现了朱熹以理学思想为内涵，以理学原则规范帝王及政治，建构理想的帝王之学的努力与追求，其实质就是以道统规范治统，限君权而出治道，具有一定的政治批判意义。同时，他又将其理想的实现寄寓于君主的道德自觉，在实际操作中缺乏制度与法律上的制约，因而又具有历史的局限性。

如果说朱熹的《大学章句》是为引导普通百姓学为圣人而作，那么《经筵讲义》则是为帝王学为尧舜而发。[4] 通过朱熹的创造性解释，《大学》被改造成了对上至帝王下至普通百姓为学修身、修己治人的普遍适用的经典，承担着"尧舜其民""尧舜其君"的教化任务[5]。因而逐渐被最高统治阶层及百姓所认可，被列为"四书"之首，成为社会普遍遵守的价值准则与行为规范，影响深远。

1　朱熹：《辛丑延和奏劄二》，《晦庵先生朱文公文集》卷 13，《朱子全书》第 20 册，第 641 页。

2　朱熹：《戊申封事》，《晦庵先生朱文公文集》卷 11，《朱子全书》第 20 册，第 614 页。

3　同上，第 590 页。

4　王琦：《从章句之学到义理之学——以朱熹〈大学章句〉与〈经筵讲义〉为例》，《西南民族大学学报》，2018 年第 5 期。

5　朱熹：《大学或问》，《四书或问》，《朱子全书》第 6 册，第 513 页。

第十章　真德秀《大学》经筵讲义对朱熹思想的发展

　　真德秀作为绍继朱子之学的南宋理学大家，世人对其护卫、传播朱学之功倍加赞誉，《宋史·真德秀传》称其："然自侂胄立伪学之名以锢善类，凡近世大儒之书，皆显禁以绝之。德秀晚出，独概然以斯文自任，讲习而服行之。党禁既开，而正学遂明于天下后世，多其力也。"[1]《正学传》曰："自濂溪而下六君子，扶持道统者，皆未得显位于时，惟公续斯道之脉。"[2] 然而同时，真德秀又为朱熹巨大的学术光环与成就所笼罩，尤其是自黄宗羲称其学术"依门傍户，不敢自出一头地，盖墨守之而已"[3] 后，学界大多依从其说，对其学术评价不高。[4] 真德秀果真是墨守朱熹成说毫无创建，还是有所发明另辟蹊径？ 如何客观地评价真德秀的学术特点呢？ 所幸的是，真德秀不仅与朱熹一样有着入侍经筵、担任"帝王师"的经历，而且都留下了《大学》经筵讲义，这就为我们梳理两者的学术关系留下了可资对比的可靠文本。

　　真德秀在经筵为理宗所讲《大学》经筵讲义，就是对朱熹《大学章句》

1　脱脱等：《真德秀传》，《宋史》卷196，北京：中华书局，1985年，第12964页。

2　周应合：《正学传》，《景定健康志》卷47，文渊阁四库全书本。

3　黄宗羲原著、全祖望补修：《西山真氏学案》，《宋元学案》卷81，中华书局，1986年，第2696页。

4　孙先英：《真德秀学术思想研究》，上海：上海人民出版社，2008年，第157—160页。

的发挥。[1] 而朱熹的《大学》经筵讲义，也是在其《大学章句》基本定型之后，为适应帝王之学的要求，专为宁宗皇帝而重新撰写的经筵讲学的讲稿。[2] 因而以《大学》经筵讲义作为切入点，无疑更有利于梳理两人之间的学术关系。虽然真德秀的《大学》经筵讲义是在全面肯定并接受朱熹的学术思想的基础上而作的发挥，但我们通过两者在诠释《大学》时在经文诠释章节、诠释重心、诠释方式、诠释倾向等方面的不同，可以勾画出真德秀的学术特点。

一、诠释章节：从详尽到简明

关于经筵讲学，朱熹有一个基本的观点："大抵解经固要简约。若告人主，须有反复开导推说处，使人主自警省。盖人主不比学者，可以令他去思量。"[3] 经筵讲学不同于普通讲学的"可以令他去思量"，而是要求解经必须尽可能地翔实详尽，让君主用最短的时间，以最快的速度掌握经典中所蕴含的修齐治平之道。因而朱熹在经筵讲义中，对《大学》所有的经文、传文进行了阐释，不仅有字词训诂、句意疏通、章旨概括，而且用"臣窃谓""臣谨按"等引语另起一段，进行义理发挥，字数从百字至上千字不等。[4]

如朱熹《经筵讲义》中对"子曰：'听讼，吾犹人也，必也使无讼乎！'无情者不得尽其辞。大畏民志，此谓知本"的诠释：

> 臣熹曰：犹人，不异于人也。情，实也。引夫子之言，而言圣人能

1　朱熹第一次序定《大学章句》的时间是淳熙四年（1177），第二次序定是在淳熙十六年（1189），其后又修改多次，在其入侍经筵进讲《大学》经筵讲义前，其主体内容已经基本确定。真德秀在其端平元年（1234）所进的《中书门下省时政记房申状》中自言"又，于今月十四日轮当进读《大学章句》"，可知其《大学经筵讲义》就是对朱熹《大学章句》所做的发挥。

2　王琦：《从章句之学到义理之学——以朱熹〈大学章句〉与〈经筵讲义〉为例》，《西南民族大学学报》，2018 年第 5 期。

3　黎靖德：《朱子语类》卷 101，第 2576 页。

4　王琦：《从章句之学到义理之学——以朱熹〈大学章句〉与〈经筵讲义〉为例》，《西南民族大学学报》，2018 年第 5 期。

使无实之人不敢尽其虚诞之辞。盖我之明德既明，自然有以畏服民之心志，故讼不待听而自无也。观于此言，可以知本末之先后矣。

臣谨按：此传之四章，释经文"物有本末"之义也。旧本脱误，今移在此。盖言圣人德盛仁熟，所以自明者皆极天下之至善，故能大有以畏服其民之心志，而使之不敢尽其无实之辞。是以虽其听讼无以异于众人，而自无讼之可听。盖己德既明而民德自新，则得其本之明效也。或不能然，而欲区区于分争辨讼之间，以求新民之效，其亦末矣。[1]

朱熹首先对"犹人""情"等字词进行了解释，然后对该句的句意与章旨进行了疏通与概括，并再用"臣谨按"的引语另起一段，对前四章传文的章旨进行小结，同时进一步阐释为何圣人能够使民无讼，以及自新新民的本末先后之序，可谓训诂与义理兼备，解释得十分细致、详尽。

真德秀则只选取他认为对人君为学修德与治国理政的最为关切的章节进行诠释，而不再对《大学》所有经文逐条逐句地进行诠释。有些是先列所抽取的经文，然后再以"臣某谓""臣某窃谓""臣（某）按"等按语引发对经旨的义理阐发，有些则直接标明章节而不列经文，直接阐发经典要义。

在真德秀的经筵讲学活动中，其《经筵讲义》仅有三次列出《大学》经文，如端平元年十月十九日的讲读，仅抽取以下经文进行诠释：

《康诰》曰："克明德。"《太甲》曰："顾諟天之明命。"《帝典》曰："克明峻德"，皆自明也。

汤之《盘铭》曰："苟日新，日日新，又日新。"《康诰》曰："作新民。"《诗》曰："周虽旧邦，其命维新。"

《诗》曰："穆穆文王，于缉熙敬止。"[2]

---

1 朱熹：《经筵讲义》，《晦庵先生朱文公文集》卷15，《朱子全书》第20册，第706—707页。

2 真德秀：《经筵讲义》，《西山文集》卷18，文渊阁四库全书本。

十二月十二日讲《大学平天下章》诠释的经文仅为：

"楚国无以为宝，惟善以为宝。"

《秦誓》曰："若有一介臣，断断兮无他技，其心休休焉，其如有容焉。人之有技，若己有之；人之彦圣，其心好之；不啻若自其口出，寔能容之，以能保我子孙黎民，尚亦有利哉。人之有技，媢疾以恶之；人之彦圣，而违之俾不通。寔不能容，以不能保我子孙黎民，亦曰殆哉。"[1]

十二月二十七日讲《大学平天下章》，则主要讲解了以下经文：

生财有大道，生之者众，食之者寡，为之者疾，用之者舒，则财恒足矣。

孟献子曰："畜马乘不察于鸡豚，伐冰之家不畜牛羊，百乘之家不畜聚敛之臣，与其有聚敛之臣，宁有盗臣。"此谓国不以利为利，以义为利也。长国家而务财用者，必自小人矣。彼为善之，小人之使为国家，灾害并至。虽有善者，亦无如之何矣！此谓国不以利为利，以义为利也。[2]

其余的几次进讲，真德秀则不再列出经文，只注明所讲章节，如"《讲筵卷子》十一月八日《大学格物致知二章》"，"《讲筵卷子》十三日《诚意章》"，"《讲筵卷子》十六日《大学致知诚意二章》《修身正其心章》《齐家在修其身章》"，"《讲筵卷子》十八日《大学修身在正其心章》《治国必先齐家》"，"《讲筵卷子》二十七日《大学絜矩章》"等，不再一一地对经文进行疏解，并完全省略了字词训诂，采取了用"臣按""臣某谨按"等形式做按语，直接阐发经旨义理，相对具有更大的自由度。

1　真德秀：《经筵讲义》，《西山文集》卷18，文渊阁四库全书本。
2　同上。

可见，与朱熹跟宁宗讲学尽可能详尽而全面地阐发《大学》经文不同，真德秀则只抽取他认为最关治道、最有利于人君为学修德治国理政的经文进行诠释。

二、诠释重心：从理论阐发到实处用力

如果说朱熹认为经筵讲学为更好地感格君心，应"反复开导推说"，重在理论阐发，建构完善的理论体系，以"发明正理，开启上心"，[1] 从理论上说服、打动君主，按照儒家的价值理想成君德立圣治，[2] 那么，真德秀则将诠释的重点放到了如何引导帝王"做"一名合格的君主上。因而，他在诠释经典时总是直接点出帝王为学修身、治国理政的关键处，突显"着力点"，以便其身体力行地切实做功夫，将理学原则运之于帝王修己治人的实践。

以对"格物致知章"的诠释为例，朱熹先引程氏之言，阐发了格物与致知的内涵，进而阐发格物致知之所以可能的原因就在于"万物各具一理，而万理同出一原，此所以可推而无不通也"。而格物致知之所以必要，是因为"以其理之同，故以一人之心而于天下之理无不能知。以其禀之异，故于其理或有所不能穷也"。如果任其发展下去，则会因理有未穷，进而导致知不尽、意不诚、心不正、身不修，而"天下国家不可得而治也"的严重后果。[3] 这样朱熹就通过理一分殊等原理，论证了为学必以"格物致知最为先务"。[4] 进而引申至王者子弟当由小学而入之大学之重要性，从理论上圆融地论证了从格物到致知之间的内在逻辑联系及为学的重要性。[5]

1　徐鹿卿：《辛酉进讲》，《清存正稿》卷 4，文渊阁四库全书本。

2　王琦：《从章句之学到义理之学——以朱熹〈大学章句〉与〈经筵讲义〉为例》，《西南民族大学学报》，2018 年第 5 期。

3　朱熹：《经筵讲义》，《晦庵先生朱文公文集》卷 15，《朱子全书》第 20 册，第 708—710 页。

4　同上。

5　王琦：《从正诚之学到尧舜之治：朱熹帝学思想探析》，《原道》第 37 辑，长沙：湖南大学出版社，2019 年。

而作为朱熹的私淑弟子，真德秀对朱熹所建构的理论建构自然从内心深处表示认同，视其为理所当然的真理加以接受。在经筵讲学时，他常常是言必称朱熹，"朱熹以为说得极好""又尝闻朱熹之说""朱熹尝言""朱熹之说当矣""熹之言至为精切"，等等。[1] 但即便如此，真德秀也并非一味地重复或墨守朱熹，而是另辟蹊径，将重心转移到引导帝王如何"做"上。他在诠释经典时，不仅点明理解其理论的关键处，而且力图将其落到实际可用功处。所以对格物致知章的诠释，真德秀开篇即言，"朱熹尝言格物者，穷理之谓也"，而其"不曰穷理，而曰格物者"的原因，就在于"理无形而物有迹"，"欲人就事物上穷究义理，则是于实处用其功"，而不要坠入佛老之空虚高远中。常人犹且不可驰心于高妙，更何况"以一身应万事万物之变"的帝王，否则就会给国家带来大惑大患，因而"此格物致知之学，所以为治国平天下之先务也"。那么，帝王应该如何格物致知呢？真德秀说："至于辅臣奏对，尤当从容访逮。政事因革，俾陈其利病之原；人材进退，必叩以贤否之实。如有未谕，反复审究，亦必再三，都俞之外，不厌吁咈。以至言官之奏论弹劾，群臣之进见对黈，率霁天威，俯加酬诘，俾摅底蕴，尽究物情如此，则于国家之事日益明习，而举措用舍之间无不适当矣！凡此皆所谓格物也。"人君如果能够于事物上穷理，则自然可做到物格、知至。接着又联系国家近日用兵失败的教训，指出其"轻举而无成"的原因就在于"缘只见得理之一偏，而未尝周思曲虑到穷极之处"，"此亦物未格、知未至之故也"。因而在政治及军国大事上，既不可轻敌，也不可畏敌，亦不可忘敌，而应"与大臣讲求策画，申儆将帅，严设堤防，谋未十全，姑务固守，执可一定，奋然必为如此，方是见得义理周尽"，理事相须，所以无弊。[2]

　　由此可见，与朱熹重在理论建构与阐发不同，真德秀将重心放在了"实处用其功"上，点明修己之人的做功夫的关键处，引导帝王学为"圣王"，将理学原则运之于成君德立圣治的实践。如在"释新民"章时，真德秀点出：

1　真德秀：《经筵讲义》，《西山文集》卷18，文渊阁四库全书本。

2　同上。

"《康诰》《帝典》两语切要处，在'克'之一字。"望理宗以"克"之一字自勉，而"毋自谓不能，则尧帝文王可及矣"。在解"诚意"章时，真德秀径直指出"自欺、自慊两言，乃此章之纲领"，而"'谨独'二字为入德之门"，人君当在一"敬"字上下功夫，"以文王为法，临朝必敬，而退居深宫，亦必敬；对群臣必敬，而退与嫔御近习处，亦必敬，如此则于谨独之道得矣"。讲"大学絜矩章"时，真德秀言："盖天下之不平，自人心不恕始。"人君之絜矩之道则是："处宫室之安，则忧民之不足于室庐；服绮绣之华，则忧民之不给于缯絮；享八珍之味，则忧民之饥馁；备六宫之奉，则忧民之旷鳏。以此心推之，使上下、尊卑、贫富、贵贱各得其所。欲有均齐而无偏陂，有方正而无颇邪，此即谓絜矩之道。"[1]诸如此类诠释比比皆是，重在凸显经义切于己者、可实行之关键处，充分发挥理学在政治及生活等方面的实际效用。

三、诠释方式：从议论说理到经史结合

真德秀与朱熹两人在经筵讲学时经典诠释的重心不同，其诠释方式自然不同。朱熹重在以"正理"启沃君心，引导帝王接受理学的思想观念与价值理想，因此他采取了议论说理的方式，通过严密的理论论证与逻辑推理，力图讲清楚为什么、是什么等问题。[2]如《大学》解题时，他以人人皆有的天理之性以及气禀物欲之蔽，阐发人以"学"去蔽复性的可能性与必要性，[3]对《大学》三纲领阐发时，对明德、明明德、亲民、至善的内涵的界定，以及如何通过自新新民而明明德于天下的路径的阐释等，[4]无不是力图通过议论说理等

1　真德秀：《经筵讲义》，《西山文集》卷18，文渊阁四库全书本。

2　王琦：《朱熹帝学思想研究——以〈经筵讲义〉为中心的考察》，湖南大学博士学位论文，2017年。

3　朱熹：《经筵讲义》，《晦庵先生朱文公文集》卷15，《朱子全书》第20册，第691—692页。

4　王琦：《朱熹理学化的帝学思想——以〈经筵讲义〉为中心的考察》，《湖南大学学报》，2018年第1期。

方式，引导帝王以《大学》为框架，以理学思想为内涵，成君德出圣治。[1]朱熹也间或引用了程颐、程颢、谢良佐、尹焞等学者的言论及《诗经》《尚书》之言，以增强说服力，但总体数量偏少，主要还是以议论说理为主。

真德秀则将诠释的重心放在了引导帝王"如何做"等问题上，因而在诠释方法上采取了经史结合的方式。真德秀认为当时学界有一种不良倾向，喜欢将儒者之学分为"性命道德之学"与"古今世变之学"。"尚评世变者，指经术为迂；喜谈性命者，诋史学为陋"，"言理而不及用，言用而弗及理"，将"经"与"史"、"理"与"事"截然两分，从而在实际中就会造成"理不达诸事，其弊为无用。事不根诸理，其失为无本"的弊端，因而真正的善学者应该是"本之以经，参之以史，所以明理而达诸用也"[2]。他所推崇与践行的就是这种经史并用、理事结合的学问。这样一种观念也深深地影响了他对经典诠释的方法。因而，在经筵讲学中，他一方面引经据典，增强论证的权威性；另一方面运用历史故事，以生动可感事例，指引人君汲取经验教训，阐发治国平天下之道，从而使得其经典诠释具有经史结合的特点。

真德秀《经筵讲义》所记共计八讲，基本每讲都援引经典或先儒议论。如其"十月十九日"的进讲，就引用了《论语》《孟子》《易》《诗经》等经典。"十一月八日"进讲，除引用《舜典》外，还引用了程颐、朱熹等先儒言论。"十一月十三日"进讲，援引了《中庸》《诗经》。"十一月十六日"进讲，主要引用了朱熹及高宗皇帝的言论。"十一月十八日"进讲，援引了《论语》《中庸》《诗经》以及朱熹的议论。"十一月二十七日"进讲，援引了杜牧《赋阿房宫》。"十二月十二日"进讲，援引了《楚语》与苏轼的言论。"十二月二十七日"进讲，援引了《易》与韩愈的《原道》、董仲舒的《对策》。真德秀援引经典的范围及频率要比朱熹宽广得多，这些对《诗经》《中庸》《论语》《孟子》等经典与先儒言论的援引，无疑可以增强理论的权威性与信服力。

1　王琦：《朱熹帝学思想研究——以〈经筵讲义〉为中心的考察》，湖南大学博士学位论文，2017年。

2　真德秀：《周敬甫晋评序》，《西山文集》卷28，文渊阁四库全书本。

此外，为增强经典的可感性、趣味性与易理解性，真德秀还较多地运用了历史故事，为宋理宗提供了生动可感的治国借鉴。如在诠释《齐家在修其身章》时，以历史上瞽叟不爱舜而爱象，姜氏不爱郑庄公而爱共叔段，唐玄宗不爱王氏而爱惠妃导致祸乱的故事，警醒人君齐家之重要性，指出不可因"爱恶一偏"而导致"善恶易位"，进而引发身不修、家不齐、国不治等一系列严重后果，生动形象地阐发了修身与齐家的关系。在阐释《治国必先齐其家章》时，真德秀援引汉高祖刘邦宠戚姬而疏吕后以致日后人彘之祸，唐太宗于事亲友兄弟而有惭德以致三百年家法不正的故事，劝诫人君以道齐家，确保国家治理秩序。而在《大学平天下章》的诠释中，真德秀将唐太宗时以房玄龄为相而能"持众美效之君"以兴唐，与唐玄宗以李林甫为相妒贤嫉能而坏唐的史事进行对比，指出人君如何选拔并观察所使用的大臣是否具有海纳百川、有容乃大的胸怀，揭示人君应该选拔具有能"容"之贤臣来辅助君主治理天下的道理。[1]

四、诠释倾向：从切己体察到经世致用

朱熹与真德秀的《经筵讲义》均为引导当世帝王成君德出治道而作。朱熹将正君心作为解决社会政治问题的根本，因而在进行经典诠释时更注重君主的"内圣"修养，要求其从切己处体察。而真德秀则将《大学》作为"君天下者之律令格例"[2]，在诠释时更注重发挥其经世致用的效能，具有"外王"的实践倾向。

同样是理论联系君主实际，朱熹会说："臣愿陛下清闲之燕从容讽味，常存于心，不使忘失，每出一言，则必反而思之曰：'此于修身得无有所害乎？'每行一事，则必反而思之曰：'此于修身得无有所害乎？'小而颦笑念虑之间，大而号令黜陟之际，无一不反而思之……念念如此，无少间断，则庶乎身修

1　真德秀：《经筵讲义》，《西山文集》卷18，文渊阁四库全书本。
2　真德秀：《〈大学衍义〉序》，《大学衍义》，第1页。

亲悦，举而措诸天下无难矣。"[1] 更为强调切己体察的"内圣"功夫，认为只要身修家齐，自然家国天下可得而治。

而真德秀更注重经世致用。在经筵进讲中，他经常会联系朝廷的政治实际，引导理宗将经典中的治国理政之道运之于朝廷政治运作。如在解"汤之《盘铭》"引申至帝王当如何日新其德时，真德秀直言不讳地直击理宗的要害："陛下昨为权臣所蔽，养晦十年，天下之人未免妄议圣德。一旦奋然更新，天下咸仰圣德，如日月之食而更也然，自今以往，日新又新之功，一或不继，则未免又失天下之望。须是常屏私欲而存天理，常守恭俭而去骄奢，常勤问学而戒游逸，常近君子而远小人，常公而不私，常正而无邪。今日如是，明日又如是，以至无日而不如是，则其德无日而不新，仰视成汤，何远之有？"希望理宗能够摈弃小人而近君子，"修明政刑，信必赏罚，崇奖廉能，汰斥贪缪"，从而新己、新民、新朝廷而新天下，实现天下大治。既针砭了时弊，又提出了具体的实施措施。又如在解"絜矩之道"时，真德秀在解释什么是君王的絜矩之道后，便直接联系当时冬日大寒，百姓"有饥冻切肤之惨"，戍边将士"有风沙眯目之悲"的社会生活实际与政治时局，希望理宗能够"以恻怛之心，施惠恤之政"，即使是"仁未能遍及"，"然能选良吏以字之，择良将以拊之，使民无剥肤之苦，士有挟纩之温"。[2] 相较朱熹而言，真德秀更注重经世致用，以实事显实功，具有"外王"的倾向。

五、结语

通过真德秀与朱熹《经筵讲义》的比较，我们发现虽同是对《大学》的诠释，但两人在经文诠释的章节选择、诠释重心、诠释方式、诠释倾向等方面各有不同：朱熹重在理论阐发，以议论说理的方式，引导帝王切己体察，具有"内圣"的特点；而真德秀则将重点放到了引导帝王"如何做"上，采

1　朱熹：《经筵讲义》，《晦庵先生朱文公文集》卷15，《朱子全书》第20册，第698—699页。
2　真德秀：《经筵讲义》，《西山文集》卷18，文渊阁四库全书本。

用经史结合的方式，点明帝王为学修身、治国理政的切要处，力图发挥理学经世致用的功能，具有"外王"的倾向。如果说朱熹是理学思想建构的集大成者，真德秀则是朱熹理论忠实的实践者。正如汉学家包弼德所言："朱熹利用《大学》来说明君主和学者该如何修身，真德秀则把《大学》作为一个参照点，作为皇帝操行的规范。"[1] 应该说，真德秀面对着朱熹所建构的庞大而精密的理学思想体系，虽然难以从理论上再次进行突破，但却另辟蹊径，将朱熹之学由高谈心性义理导向了经世致用，由理论建构导向了实践践履，由"内圣"导向了"外王"，使得朱熹的理学思想以一种更具实践性与应用性的特征而为统治阶层所认同，从而推动了理学的官学化与社会化。其"羽翼"朱熹《大学》精神所作的《大学衍义》，更是被视为能指导帝王经世治国的"帝王之学"而备受推崇。[2] 因此，从某种意义上而言，真德秀虽然没有突破朱熹的整体理论框架，但在推动理学思想向经世之学的发展方面多有创见，有补于理学的"空疏"之弊，并为明清实学的兴起奠定了理论基础。

1　包弼德：《历史上的理学》，王昌伟译，杭州：浙江大学出版社，2010年，第121页。
2　真德秀校点：《〈大学衍义〉序》，《大学衍义》，第1—3页。

第十一章　宋代《中庸》经筵进讲与帝王修己治人

在宋代儒学发展与社会秩序重建过程中，《中庸》从《礼记》中独立出来，无疑是"四书"学发展史上的标志性事件。自唐代李翱《复性书》以《中庸》为依据建构儒家心性之学以来，为应对佛道冲击，复兴儒学，挽救世道人心，《中庸》的价值在宋代被重新挖掘。范仲淹、胡瑗、李觏、张方平、陈襄、周敦颐、司马光、二程、苏轼、范祖禹、吕大临、晁说之、游酢、杨时、侯仲良、朱熹、真德秀、袁甫等均有诠释《中庸》之作，一时蔚为大观。尤其是朱熹将《中庸章句》与《大学章句》《论语集注》《孟子集注》合编为《四书章句集注》，在理宗朝受到官方推崇后，便奠定了《中庸》在"四书"中的重要地位。

《中庸》在宋代的发展与兴盛，不仅与智圆等佛教徒的提倡、士大夫的撰述与阐释密切相关，[1] 还因其适应了时代与社会发展的多种需求。[2] 然而，一

1　陈寅恪在《冯友兰〈中国哲学史下册〉审查报告》中指出："北宋之智圆提倡《中庸》，甚至以僧徒而号'中庸子'，并自为传以述其义。其年代犹在司马君实作《中庸广义》之前，似亦于宋代新儒家为先觉。"见陈寅恪：《金明馆从稿二编》，《陈寅恪先生文集》，台北：里仁书局，1982 年，第 250—252 页。

2　对宋代《中庸》学的系统研究主要有：王晓薇：《关于〈中庸〉在宋代的发展》，河北大学博士学位论文，2005 年；郑熊：《宋儒对〈中庸〉的研究》，西北大学博士学位论文，2007 年；王晓朴：《南宋理学视阈下的〈中庸〉思想研究》，河北大学博士学位论文，2015 年。

种学术思想与价值观念要成为全社会共同认可的主流意识形态，固然离不开一批批士人通过著书立说、授徒讲学等方式向社会传播，但同时还必须得到最高层的认可与推崇，方可形成引领学术发展与社会思潮的合力。目前，学界对《中庸》的研究更多集中在其作者、文本、思想等方面的探讨，而对于《中庸》如何为帝王所熟知与认可，则少有学者涉及。本文以经筵进讲为视角[1]，全面梳理《中庸》向帝王传播的情况，揭示其经义诠释与帝王修己治人之间的内在联系，探寻《中庸》兴盛与发展的另类根源。

一、《中庸》在经筵的传播

宋代帝王"无不典学"的制度安排，促进了经筵制度的完善，为士大夫向帝王进讲儒家典籍，传播儒家学术思想与价值理念，获得其认可与支持提供了有效平台。[2]《中庸》从《礼记》中独立出来，成为"四书"之一，与其在经筵的进讲与传播密切相关。

现存最早的经筵《中庸》进讲的记录，是真宗景德四年（1007），"帝宴饯侍讲学士邢昺于龙图阁，上挂《礼记·中庸篇》图，昺指'为天下国家有九经'之语，因讲述大义，序修身尊贤之理，皆有伦贯，坐者耸听，帝甚嘉纳之"。[3]邢昺以《中庸》"为天下国家有九经"的思想，劝谏真宗修身尊贤以治天下。其实真宗早在为太子之时，便已接触、学习过《中庸》。据王应麟《玉海》记载："真宗自居藩邸，升储官，命侍讲邢昺说《尚书》凡八席，《诗》《礼》《论语》《孝经》皆数四焉。"又说："邢昺在东宫及内庭侍上讲说《孝

1　经筵进讲是儒家士大夫向帝王讲解经史，传播儒学思想，提升帝王道德修养与治国理政能力的讲学与教育活动，是北宋经筵制度完善的产物。翰林侍讲学士、翰林侍读学士、侍讲、侍读、崇政殿说书、天章阁侍讲等统称为经筵官。见姜鹏：《北宋经筵与宋学的兴起》。

2　王琦：《学术与政治的互动——以真德秀与徐元杰经筵讲读为例》，《湖南大学学报》，2021年第1期。

3　范祖禹撰、陈晔校释：《帝学校释》，第82页。

经》《礼记》者二,《论语》十,《书》十三,《易》三,《诗》《左传》各一。"[1]
真宗被立为太子的时间是至道元年（995），即皇帝位时为至道三年（997）。
邢昺在东宫多次进讲《礼记》，则《中庸》必在讲读之列。可见早在太宗之
时，《中庸》便已进入帝王的视野，只是此时《中庸》还没有从《礼记》中单
篇独立出来。

　　宋仁宗时，迎来了《中庸》发展的重要时期。天圣五年（1027），仁宗
"赐新及第人闻喜燕于琼林苑，遣中使赐御诗及《中庸》篇各一轴"，并"令
张知白进读，至修身治人之道，必使反复陈之"[2]。这是宋代帝王最早以《中
庸》赐新及第进士的记载，并由当时的宰相张知白当场讲解经义，足见其对
《中庸》修己治人之道的重视。同时也说明了，至少在仁宗时《中庸》已开始
从《礼记》中独立出来。天圣八年（1030），仁宗"赐新及第进士《大学》一
篇。自后与《中庸》间赐，著为例"[3]。可知，从仁宗天圣八年开始，以《大学》
与《中庸》"间赐"新及第进士已经成为惯例，这对于《大学》《中庸》地位
的提升与影响力的扩大无疑是巨大的。

　　仁宗为什么会如此重视《中庸》等经典呢？这与经筵官多次为仁宗讲读
《礼记》密切相关。早在天圣三年（1025）三月，仁宗就"召辅臣于崇政殿西
庑观孙奭讲《曲礼》"[4]，从《礼记》第一篇开始至天圣五年"十月庚辰，以讲
《礼记》彻，燕近臣于崇政殿"[5]，共计用时两年多，《中庸》必在讲读之列，否
则就很难理解仁宗单独从《礼记》中择取《中庸》以赐新及第进士，并以之
为常例的行为。这一切应源自儒臣讲读及仁宗对《中庸》思想价值及修己治
人之道的高度认同。

　　治平二年（1065），侍讲司马光以《中庸》学、问、思、辨之语，劝诫英

1　王应麟：《玉海》卷26，文渊阁四库全书本。

2　范祖禹撰、陈晔校释：《帝学校释》，第91—92页。

3　刘琳、刁忠民、舒大刚等校点：《宋会要辑稿·选举二·贡举二》，第5268页。

4　王应麟：《玉海》卷26，文渊阁四库全书本。

5　李焘：《续资治通鉴长编》，北京：中华书局，2004年，第2452页。

宗在经筵学习时要多加询访、诘问，以神圣德。[1] 熙宁元年（1068）二月十一日，神宗召王珪、范镇等讲《礼记》。[2] 哲宗元祐四年（1089），文彦博请哲宗依例科场给赐"臣僚《儒行》《中庸》篇"[3]，以警策士行。元祐八年（1093），经筵《礼记》讲毕。[4] 可见终哲宗一朝，《中庸》也是其经筵学习的重要内容。孝宗乾道年间，"因讲《礼记》，首尾两年"，中书舍人梁克请"如元祐中范祖禹申请故事，或许择诸篇最要切者，如《王制》《学记》《中庸》《大学》之类，先次进讲，庶几有补圣德万分之一"[5]，被获准。隆兴元年（1163）四月，"起居郎胡铨兼侍讲，讲《礼记》"[6]。淳熙四年（1177）二月，孝宗幸太学，曰："《礼记·中庸篇》言'凡为天下国家有九经'，最关治道"[7]，命经筵官进讲。淳熙九年（1182），朱熹"将《大学章句》《中庸章句》《论语集注》《孟子集注》集为一编，刊刻于婺州，是为《四书集注》。经学史上'四书'之名始于此"[8]。《中庸》成为"四书"之一，而其地位的最终确立及"四书"得到官方推崇，则在理宗时才得以完成。

宝庆元年（1225），"太学正徐介进对，论《中庸》谨独之旨"，理宗深有体会曰："此是以敬存心，不愧屋漏之意。"[9] 宝庆三年（1227），理宗下诏称赞朱熹所"集注《大学》《论语》《孟子》《中庸》，发挥圣贤蕴奥，有补治道"。并对其子朱在曰："先卿《中庸序》言之甚详，朕读之不释手，恨不与之同时也。"[10] 可见理宗对朱熹学识的赞许及对《中庸》等"四书"经典的认同。端平元年（1234），真德秀为引导理宗穷理正心以成治道，进呈了自己倾十年心力

1　范祖禹撰、陈晔校释：《帝学校释》，第 139 页。
2　王应麟：《玉海》卷 26，文渊阁四库全书本。
3　李焘：《续资治通鉴长编》，第 10448 页。
4　王应麟：《玉海》卷 26，文渊阁四库全书本。
5　刘琳、刁忠民、舒大刚等校点：《宋会要辑稿·崇儒七·经筵》，第 2890—2891 页。
6　刘琳、刁忠民、舒大刚等校点：《宋会要辑稿·职官六·侍读侍讲》，第 3196 页。
7　毕沅：《续资治通鉴》，北京：中华书局，1957 年，第 3876—3877 页。
8　束景南：《朱熹年谱长编》，第 731 页。
9　毕沅：《续资治通鉴》，第 4446 页。
10　陈邦瞻：《道学崇黜》，《宋史纪事本末》卷 80，北京：中华书局，2015 年，第 879—880 页。

而作的"帝王之学"的典范《大学衍义》，该书"因《大学》之条目"，附之"六经"《论》《孟》《中庸》等经史，"纂集为书"，成为理宗"朝夕观览"之作。此外，该书选取《中庸》首章、中庸、中和、自明诚、自诚明、五达德、三达道、"道不可须臾离"等章节经文，汇聚周敦颐、二程、朱熹、吕大临等先儒论述，列入《大学衍义》各纲目之下，多次在经筵被进讲。[1] 此外，据真德秀《讲筵进读大学章句手记》记载，十一月十六日"进读《大学》忿懥章"时，曾引《中庸》"中""和"之言诠释中节、性情、体用等问题。又"因读《衍义·中庸》九经章"，[2] 十八日，"又读卷子《衍义》九经处""《中庸》至圣章"。[3] 真德秀现存《经筵讲义》中保存了"《衍义》九经节"经义原文。[4]《中庸》及"四书"等经典在经筵的进呈与讲读，必然对理宗产生了深刻的影响，不仅朱熹的《四书章句集注》得到表彰，而且周敦颐、张载、程颢、程颐、朱熹等大儒均得以从祀孔庙，[5] 从而奠定了"四书"学的官学地位，程朱理学成为宋代的"正学"。

可见，从邢昺为真宗讲《中庸》，到仁宗朝以之赐新及第进士，再到理宗朝"四书"学地位的确立，《中庸》终宋一朝，均在经筵不断地被进讲，成为帝王汲取修身立德智慧、提升治国理政能力的重要思想源泉。

1　据真德秀《中书门下省时政记房申状》记载："于今月十四日轮当进读《大学章句》。既毕，忽蒙圣训：'向所进《衍义》之书，便合今日进读'。"可知，真德秀在经筵进读朱熹《大学章句》的时候，曾经应理宗的要求进读《大学衍义》，并亲口承认："卿所进《大学衍义》一书，有补治道，朕朝夕观览。"见真德秀：《大学衍义》，第 7 页。

2　真德秀：《讲筵进读大学章句手记》，《西山文集》卷 18，文渊阁四库全书本。

3　同上。

4　同上。

5　淳祐元年（1241），理宗下诏曰："朕惟孔子之道，自孟轲后不得其传，至我朝周敦颐、张载、程颢、程颐，真见实践，深探圣域，千载绝学，始有指归。中兴以来，又得朱熹，精思明辨，折衷融会，使《大学》《论》《孟》《中庸》之旨本末洞彻，孔子之道益以大明于世。朕每观五臣论著，启沃良多。今视学有日，其令学官列诸从祀，以副朕崇奖儒先之意。"见陈邦瞻：《道学崇黜》，《宋史纪事本末》卷 80，第 880 页。

二、《中庸》诠释主旨与帝王修己治人

由于年代久远、典籍散佚的原因,《中庸》经筵讲义之作现存寥寥无几,但我们从真德秀《大学衍义》与《经筵讲义》中有关《中庸》经义的阐发,以及《宋朝诸臣奏议》之"君道"与"帝学"中汇集的士大夫们运用《中庸》思想,劝诫人君修己治人等奏札,[1] 依然可以管窥宋代士大夫与帝王对《中庸》思想资源的挖掘与运用。

1. "凡为天下国家有九经"成为士大夫与帝王最为关切的主题

通过对《中庸》进讲情况的梳理,我们可以发现"凡为天下国家有九经"章成为士大夫与帝王最为关切的主题。其间,既有士大夫主动向帝王进讲九经章的,如邢昺、真德秀等,也有帝王要求士大夫进读的,如仁宗、孝宗等。由于《中庸》九经章勾勒了从修身到尊贤亲亲,再到体恤亲爱臣民乃至于柔远人怀诸侯等平治天下的路径与纲目,为士大夫以儒家价值理想引导、教化帝王提供了诠释空间,同时又为君德成就与治道的实现奠定了理论基础与操作方法。

如真德秀在《大学衍义》中不仅将《中庸》九经章列入"帝王为治之序",而且将其思想渊源上溯至上古时代,指出《尚书·皋陶谟》所言"慎阙身修,思永。惇叙九族,庶明励翼。迩可远,在兹",乃是"九经之序"之"所祖"[2],从而提升了《中庸》在经学史与儒学史上的地位。真德秀还汇聚了吕大临、朱熹《中庸章句》《中庸或问》关于"九经之序"的阐发与议论,指出修身乃是"九经之本"。只有修身道立,"道成于己"而为民表率以"建其有极",方可推之家国天下。"凡此九经,其事不同,然总其实不出乎修身、

1　赵汝愚编《宋朝诸臣奏议》中收录了陈襄的《上神宗论人君在知道得贤务修法度》和《上神宗论诚明之学》,程颢的《上神宗论君道之大在稽古正学》、吕公著的《上神宗论人君在至诚至仁》、刘述的《上神宗五事》、李常的《上神宗论修身配天始于至诚无息》等篇目,均是对《中庸》思想的发挥与运用。

2　真德秀:《大学衍义》,第11页。

尊贤、亲亲而已。"所谓"敬大臣，体群臣"，是"自尊贤之等而推之也"；"子庶民，来百工，柔远人，怀诸侯"，则是"自亲亲之杀而推之也"；而尊贤亲亲则是"修身之至"，从而凸显了"修身"在"九经之序"中的首要地位，勾勒了由"内圣"而至"外王"的儒家王道理想实现的路径与次第，所以真德秀称赞朱熹曰："九经之说，朱熹尽之矣。"[1]并将九经章要旨归之于"一"，而以"诚""敬"贯穿始终，则《大学》之"意诚、心正在其中矣"[2]。从而贯通了《中庸》与《大学》的要义。可见，《中庸》九经章勾勒出了帝王成君德立圣治，由内圣而外王的修己治人的方向与理路，是士大夫与帝王共同关注的思想资源与治国理念。

2. 道德性命之说成为帝王修身立德的思想源泉

为应对佛道思想的冲击，重振人心世道与社会秩序，儒学复兴的当务之急就是建构一套精密的心性道德理论，为世人安身立命提供思想与理论支撑，《中庸》的性命道德之说适应了时代的这种需求。

北宋陈襄明确提出"《中庸》者，治性之书"[3]，较系统地阐发了命、道、性、情、形、气、中、庸、和、诚、善、恶等问题，开启了宋代理学体系建构的核心话题。[4]同时，他还充分运用《中庸》的思想引导帝王修身立德。如其《上神宗论诚明之学》曰："帝王之德，莫大于务学，学莫大于根诚明之性而蹈乎中庸之德。"希望神宗能够以诚立善，以明致道，守中庸之常德，成就君德帝业，并认为如此"三者立，天下之事能毕矣"[5]。又其《上神宗论人君在知道得贤务修法度》指出人君治天下首务在于明晰性情、邪正、天道、人伪之分，"养心治性，择乎中庸"，"进诚明之学"以"知至道"之要，要求君主与贤者"日与讲求性命之理、道德之源，养而充之"，然后任贤使能，修明法

1　真德秀：《大学衍义》，第15—20页。

2　同上，第20页。

3　陈襄：《礼记讲义·中庸》，曾枣庄、刘琳主编：《全宋文》第50册，第217—223页。

4　陈重：《简论陈襄〈中庸讲义〉的思想内涵》，《浙江学刊》，2013年第2期。

5　陈襄：《上神宗论诚明之学》，赵汝愚：《宋朝诸臣奏议》卷5，第45页。

度，如此君臣"相与共济"，"立民之极"，则可成"尧舜之举"。[1]刘述指出："帝王接物也，以至诚为先，权术不足任也。"[2]相对于帝王之术而言，刘述认为帝王修至诚之德才是更为根本的。李常指出"昔者子思论为天下国家有九经，所以行之者，修身而已"，而"其修身之叙，亦必始于至诚无息，而极乎高明"，"比德于唐尧之盛"。[3]欲成就尧舜之德业事功，当以"至诚"修身为先。孙觉认为"人主之学"，当"深造于道德性命之际"，"极高明而道中庸"，方可实现"度越汉、唐而比隆于三代矣"[4]的治世理想。可见，《中庸》道德性命之说是帝王学为尧舜、修身立德的重要思想资源。

真德秀《大学衍义》是为成就君德治道，建构其理想的"帝王之学"而作。为引导帝王格物致知以正心修身，真德秀选取《中庸》首章"天命之谓性，率性之谓道，修道之谓教"的经文，引朱熹之言，阐发了人人皆有的天赋仁义礼智信之性"无一不本之天而备于我"[5]，引导理宗明"天理人心之善"，并以之为"人君致知之首"，进而指出只有"知己性之善""知人性之善"，方可知"我"与"人"皆可以为尧舜，从而治己治人，"使君为尧舜之君，民为尧舜之民"，达至尧舜之治。[6]同时，他还择取《中庸》"三年之丧"的思想，[7]阐明父母之丧是人人均应遵守的人伦之本，引导人君恪守"天理人伦之正"，爱敬事亲，身为表率，"躬行于上"而"德教自形于下"，[8]收至孝治天下之效。此外，为了启沃理宗成就修德爱民之实心实事，真德秀选取了《中庸》诚者与诚之者、自诚明与自明诚、至诚与致曲、五达道与三达德等章

1 陈襄：《上神宗论人君在知道得贤务修法度》，赵汝愚：《宋朝诸臣奏议》卷2，第15—17页。

2 刘述：《上神宗五事》，《宋朝诸臣奏议》卷1，第9页。

3 李常：《上神宗论修身配天始于至诚无息》，《宋朝诸臣奏议》卷2，第18—19页。

4 孙觉：《上神宗论人主有高世之资求治之意在成之以学》，《宋朝诸臣奏议》卷5，第44页。

5 真德秀：《大学衍义》卷5，第72—74页。

6 同上，第86—87页。

7 真德秀：《大学衍义》卷6，第103—105页。

8 同上，第93页。

节，指出"诚"乃真实无妄的"天理之本然"，"致诚"之本在"尽己之性而已"，圣人"可学而至"[1]，劝诫理宗"为君必尽君道"[2]，行君臣、父子等五伦之道，成仁、智、勇之德，则可修身治人以平天下，进而参天地赞之化育。可见，《中庸》为士大夫贯通天人、性命、道德以引导帝王修身爱民，学为圣人提供了理论依据与价值源泉。

3. 执中以致和的中道思想成为帝王为治立政的根本原则

真德秀认为"人君以一身履至尊之位"，必"有天下之绝德"，立"至极之标准于天下"，而后"卓然有以立乎天下之至中"，"所以作亿兆之父母，而为天下之王"。[3] 那么，人君修身立政以致极的标准与大本是什么呢？那就是"尧舜禹汤数圣相传"的"惟一中道"。[4] 真德秀继承与发扬了程颐、朱熹的中道思想，认为人君治天下当"执中"以"致和"，育万民而参天地。所谓"中"即"不偏不倚、无过不及"的"天理之当然"与"天下之大本"，是"天命之性"，为"道之体"。"无所偏倚"描绘的是喜怒哀乐未发之时的"在中"状态，"无过不及"指的是"发而皆得其当"、得其"和"的效用，为"著情之正"的"道之用"。[5] "中"与"和"的关系是"此为彼体，彼为此用"的体用关系，执"中"以致"和"，得"和"以显"中"，人君当"深体力行之"，以收"正心"以正朝廷、百官、万民之效。[6]

同时"中"又不是固定不变的，朱熹曰："盖中无定体，随时而在是，乃平常之理也。"[7] 程颐举例曰："一厅则厅之中而为中，一家则厅非中而堂为中，一国则堂非中而国之中为中。"又如"初寒时则薄裘为中，如盛寒而用初寒之

1　真德秀：《大学衍义》卷 12，第 189—194 页。

2　同上，第 195—196 页。

3　真德秀：《大学衍义》卷 11，第 169—174 页。

4　同上，第 169 页。

5　同上，第 182—184 页。

6　同上，第 184—187 页。

7　同上，第 186 页。

裹则非中也"等。[1]"中"随着空间、时间或事情的变化而变化，执"中"以致"和"需要因时因地而采取不同的策略，所以说，"欲知中庸无如权。权须是时而为中"，"知中则知权，不知权则是不知中也"[2]。人君应"知中"而又"知权"，把握好"中"与"权"的关系，应对万物，治国理政。所谓"权以中行，中因权立"，将原则性与灵活性高度统一，"随时以取中"，因时而"执中"，进而致"中"致"和"。[3]这既是人君尧舜等圣圣相传"制治"之"准的"，人君"执中"之大本，又是"吾道源流"之正学，"范民"立政之轨范，"其体则极天理之正"，"其用则酌时措宜之宜"[4]。"中道"思想蕴含了先哲治国理政的智慧，成为历代帝王为治立政的根本原则与重要尺度。

三、《中庸》诠释的特点

吕公著曰："天子之学，与凡庶不同。夫分文析字，考治章句，此世之儒者以希禄利取科级耳，非人主所当学也。人主之所当学者，观古圣人之所用心，论历代帝王所以兴亡治乱之迹，求立政立事之要，讲爱民利物之术，自然日就月将，德及天下。"[5]经筵讲学的对象是贵为天下至尊的天子，需要围绕着国家立政立事之要，挖掘历史兴衰治乱存亡之迹，讲明古代圣人爱民利物的道理与方法，而切不可像普通学子与儒者那样分章析句以求取功名利禄。因而在诠释经义时，经筵官往往联系帝王为学为德为治的切要处，选取经文，发挥义理，力求主旨明确，说理透彻，有的放矢，指陈时事，劝谏人君。

1. 经文选取，主旨明确，修己治人

无论是陈襄、刘述、李常、孙觉、程颢、吕公著等运用《中庸》思想所

1　真德秀：《大学衍义》卷11，第186页。

2　同上，第186—187页。

3　同上，第186—187页。

4　同上，第169—170页。

5　吕公著：《上哲宗论修德为治之要十事》，《宋朝诸臣奏议》卷3，第24页。

上奏札，还是真德秀经筵进讲《中庸》，他们均是紧密围绕着人君修己治人的主旨，择取经文，诠释经义，所以《中庸》"凡为天下国家有九经章"成为士大夫为帝王讲解修己治人之道最重要，也是进讲次数最多的篇章。又如《中庸》首章，既是全篇的纲领，又是性命道德之说的源泉。真德秀为建构其"帝王之学"理论架构，并没有按照《中庸》首章经文的原有结构与秩序依次阐发，而是将其经文根据诠释主旨的需要，分拆列入《大学衍义》"格物致知之要"与"诚意正心之要"不同纲目下的细目。如将"天命之谓性，率性之谓道，修道之谓教"的经文，列入"明道术"目下的"天理人心之善"[1]；"道也者，不可须臾离也，……故君子慎其独也"，列入"崇敬畏"目下的"操存省察之功"[2]；"喜怒哀乐之未发谓之中……致中和，天地位焉，万物育焉"列入"明道术"之"吾道源流之正"。[3]从各个不同的侧面与角度，阐述帝王正心修身的经义要旨。诸如此类，不一而足。可见，在经筵讲学中，经筵官选取哪部经典的哪段经文予以讲解与阐发，均是为君德成就与国家治理服务的，有其鲜明的针对性与目的性。

2. 经义阐发，反复开陈，说理透彻

关于经筵讲经的特点与方式，朱熹说得很透彻："大抵解经固要简约。若告人主，须有反复开导推说处，使人主自警省。盖人主不比学者，可以令他去思量。"[4]对于日理万机的君主而言，经筵官应逻辑清晰地将经文中所蕴含的修身治国平天下的要旨，反复铺陈阐发，务必透彻、清晰、明白，警醒君主切身力行。如陈襄讲"人君至道之要""在乎养心治性，择乎中庸而已"时，不仅通过对命、性、中、情、欲、正、邪等关系的梳理，指出人皆有天之所命的仁义礼智信之"五善"，然其一旦"感物而动"则为情，情"有邪有正"，

1　真德秀：《大学衍义》卷 5，第 72—74 页。

2　真德秀：《大学衍义》卷 29，第 472—473 页。

3　真德秀：《大学衍义》卷 11，第 183—185 页。

4　黎靖德：《朱子语类》卷 101，第 2576 页。

因此必须择善固执，通过博学、尽心、明善、持志、养气、充体等方式进"诚明之学"，从而使"五善""七情"皆得其正，君王如能养心治性"莫不与天下共之"，"必求天下之贤者而任之"，则可君臣"相与共济"以"定民之志而立民之极"，天下自然不言而化以出治道。[1] 通过一步一步地剖析阐发，陈襄清晰透彻地讲明了人君养心治性的可能性与必要性，以及修己治人的方法，以此勉励人君成君德出治道。又如真德秀在进讲《中庸》九经章时，不仅阐释了修身为九经之本，而且指出朱熹"内外交养，而动静不违"的要语"至为精切"，将其要义归结为一"敬"字，言简意赅地阐明了人君修身为治的切入点。[2] 而真德秀对《中庸》"诚"的经文选取及阐释，不仅揭示了"诚"的内涵是"真实无妄"的"天理之本然"，圣人"得诚之名"，常人因其私欲须择善固执以诚之，而且指明"博学、审问、慎思、明辨、笃行，此诚之目"，明示为学修身做功夫的途径与方法，最后之落脚处则在于劝诫人君将修德爱民之"实心"，落到治国理政的实际处，以实德成实政。[3]

3. 有的放矢，指陈时政，劝谏君王

经筵不仅是帝王接受儒家文化教育之地，而且为士大夫"得君行道"，建言朝廷时政，参政议政提供了重要渠道。[4] 因而在儒家经典解读与经义阐释的背后，往往寄寓了士大夫们匡正时政、致君尧舜的理想。[5]

据《玉海》记载，邢昺在为真宗讲经时，经常"据传疏敷引之外，多引时事为喻，深被嘉奖"[6]。真德秀在进讲《中庸》九经章时，特重"续绝世，举废国，为怀诸侯之首"经义的阐发，意在劝诫神宗"重骨肉之恩"，为功臣

1 陈襄：《上神宗论人君在知道得贤务修法度》，《宋朝诸臣奏议》卷 2，第 15—17 页。

2 真德秀：《经筵讲义》，《西山文集》卷 18，文渊阁四库全书本。

3 真德秀：《大学衍义》卷 11，第 190—195 页。

4 王琦：《学术与政治的互动——以真德秀、徐元杰经筵讲读为例》，《湖南大学学报》，2021 年第 1 期。

5 王琦：《论宋代经筵讲义的兴起》，《中国哲学史》，2018 年第 2 期。

6 王应麟：《玉海》卷 26，文渊阁四库全书本。

立后。为增强劝说的信服力，真德秀首先引用孔子《尧曰》篇之言，将《中庸》"续绝世，举废国"之意上溯至《尚书》，将其定位为"自昔帝王相传之法也"，认为"《中庸》之言盖祖乎此"，从而增强其言说的权威性。[1] 接着历数春秋时齐桓公存三亡国的典故；汉成帝感杜业之言，"复绍萧何之世"并"增曹参、周勃之后"的"美事"；唐德宗念李怀光之"前功"为之立后的仁德；本朝"每大赦令，辄取昭宪太后子孙，或及赵普之徒"等生动可感的故事，增强论说的感染力与说服力，进而针对南宋外有强敌虎视眈眈，内则吏治腐败民不聊生的现实，提出"当此兵事方兴之时，谓宜访问，加以存录，至于骨肉之恩，析而不殊绝也，尤仁圣所宜哀恻也。故因《九经》之义推而及之，以赞陛下矜恤之仁云"[2]。希望理宗能够于国家存亡治乱之际，普施仁义恩德，抚恤功臣之后，凝聚人心，可谓借经义以阐时事，积极为人君出谋划策，具有强烈的现实关怀。进读完毕后，真德秀进而奏云："大抵续人之祀者，乃盛德事，天之所予也。绝人之祀者，非盛德事，天之所恶也。"将"续绝世"之意，上升到"天"之好恶的高度，从而收到了经筵进讲之效："上意亦觉悚动。退而李正言甚称开陈之善，谓其言切而不露也。"[3] 理宗后来对朱熹、二程等道学人物的表彰与对其后人的嘉奖，跟真德秀为代表的士大夫不断地劝谏、上奏不无关系。

四、结语

《中庸》从《礼记》中独立出来单独成"篇"到成为"四书"之一，经历了一个在经筵不断被进讲及向最高层传播的过程。尤其是仁宗时以《中庸》赐新及第进士，与理宗对"四书"的表彰，对《中庸》地位的提升起到了重要作用。为实现秩序重建与儒学复兴的重任，经筵官们充分挖掘与运用《中

1　真德秀：《经筵讲义》，《西山文集》卷18，文渊阁四库全书本。

2　同上。

3　同上。

庸》"凡为天下国家有九经"及道德性命之说，执中以致和的中道思想，切近人君实际选取经文，围绕着人君修己治人的主旨，阐发经义，反复开陈，有的放矢，指陈时政，劝诫君王，从而引导帝王按照儒家的价值理想与思想观念，修身立德，治国理政，学为尧舜，进而加深帝王对《中庸》的认同与理解，获得了官方的认可与推崇。同时在君主制国家，"人君一身实天下国家之本"[1]，其言行举止皆影响着天下之风向。《中庸》成为帝王经筵学习与经筵官进讲的重要篇章，无疑提升了《中庸》在士大夫及百姓心目中的分量，有利于推动《中庸》官学化、社会化与普及化，进而奠定了其在宋代学术思想、人心世道与国家治理中的影响力。《中庸》经筵进讲及帝王对其思想价值的认同与理解，既是宋代《中庸》地位提升的关键推动力量，又是研究宋代《中庸》学兴盛发展中不可或缺的重要环节，呈现了学术、思想、政治与社会之间的互动。

1　真德秀：《大学衍义》，第 11 页。

第四部分

《论语》《孟子》经筵讲义

第十二章　宋代《论语》经筵讲义研究

《论语》作为记录"圣人之格言，为君之要道"[1]的经典，是经筵官经筵讲学、教化帝王最重要的思想资源之一，其在宋代经筵进讲情况如何？

一、《论语》在经筵的进讲

《论语》在汉文帝时便有博士传授，汉昭帝、汉宣帝、汉明帝都曾学习过《论语》，但总体而言，从汉至唐，《论语》并未成为帝王教育的必备典籍，留下的史籍记录也不多。[2]真正将《论语》作为帝王教育教材并开展全面学习的是宋代。

真宗早在做太子时便已多次学习《论语》，他曾回忆道："朕在东宫讲《尚书》凡七遍，《论语》《孝经》亦皆数四。"[3]邢昺曾"在东宫及内庭侍讲，说《孝经》《礼记》者二，《论语》十"[4]。这表明，早在太宗时《论语》至少已成为皇太子教育的重要教材。乾兴元年（1022），仁宗登基，开经筵，召

1　李焘：《续资治通鉴长编》，第 9872 页。

2　王琦：《朱熹帝学思想研究》，新北：花木兰文化事业有限公司，2020 年，第 34—36 页。

3　李焘：《续资治通鉴长编》卷 72，第 1635 页。

4　同上，第 1675 页。

冯元、孙奭讲《论语》。[1] 天圣二年（1024），仁宗幸国子监，令马龟符讲《论语》。[2] 天圣四年（1026），皇太后命经筵官录《论语》等有利于"资孝养、补政治"等要言以备"帝览"。[3] 庆历七年（1047）从三月至九月，杨安国等为仁宗讲《论语》多篇。[4] 可见，在仁宗时《论语》已成为经筵讲读的重要典籍。嘉祐八年（1063），英宗即位，始御迩英阁，召吕公著讲《论语》，并延续至治平元年（1064）。[5] 元丰八年（1085）哲宗初即位，"御迩英阁，讲《论语》"，至"元祐二年（1087）九月十五日讲《论语》终篇，赐宴东宫"[6]，共用去了两年多的时间。其间程颐入侍经筵讲《论语》，范纯仁、傅尧俞、黄履、孙觉、范祖禹等也曾为哲宗讲《论语》。[7] 杨时在宋徽宗、宋钦宗时，进讲《论语》多章。[8] 由此可知，从仁宗之后，《论语》已成为经筵必学经典，并为历代诸帝所遵守与传承。

宋室南渡，政权稍稍稳定之际，高宗即于建炎二年（1128）开经筵，召"侍讲王宾讲《论语》首篇"[9]。绍兴元年（1131），除程俱为中书舍人兼侍讲，进讲《论语》《孟子》。[10] 绍兴五年（1135）召"孙近、唐怿仍讲《论语》《孟子》"[11]。绍兴七年（1137），高宗召尹焞为崇政殿说书，"首解《论语》以进，

1　范祖禹撰、陈晔校释：《帝学校释》，第 89 页。

2　李焘：《续资治通鉴长编》，第 2366 页。

3　范祖禹撰、陈晔校释：《帝学校释》，第 90—91 页。

4　同上，第 105—112 页。

5　同上，第 133—135 页。

6　王应麟：《帝学》，见《玉海》卷 26，文渊阁四库全书本。

7　吴国武：《程颐入侍经筵考——兼谈朱熹的讲读活动及程朱系谱的形成》，载《人文与价值：朱子学国际学术研讨会暨朱熹诞辰 800 周年纪念论文集》，上海：华东师范大学出版社，2011 年，第 98—112 页。

8　徽宗时杨时曾为迩英殿说书；钦宗时除杨时为谏议大夫兼侍讲。今《杨时集》《全宋文》存其《论语》经筵讲义九章。其生平事迹可参看《宋史》卷 428《杨时传》，第 12738—12743 页。

9　毕沅：《续资治通鉴》，北京：中华书局，1957 年，第 2662 页。

10　程俱生平事迹可见《宋史》卷 445《程俱传》，第 13136—13138 页。其《北山集·进讲》中存有《孟子》《论语》经筵讲义。

11　刘时举：《续宋中兴编年资治通鉴》，北京：中华书局，2014 年，第 81 页。

继解《孟子》",可惜"甫及终篇而卒"。[1] 绍兴九年（1139）七月，"讲《论语》终篇"[2]。绍兴十三年（1143），高宗亲写《论语》之书，"刊石于国子监，仍颁墨本赐诸路州学"[3]，体现了对《论语》浓厚的兴趣。绍兴三十年（1160），王十鹏为建王（孝宗）府小学教授，为皇子皇孙讲授《论语》。[4] 可见，在高宗时《论语》不仅在经筵被反复进讲多次，而且成为全体皇室成员的必读典籍。孝宗淳熙七年（1180），陈龟年以"伴读皇孙《孝经》《论语》终篇，迁秩"[5]。庆元元年（1195），袁说友权户部尚书兼侍讲，[6] 为宁宗讲《论语》。[7] 理宗绍定四年（1231）三月，"以经筵进讲《论语》终篇，召辅臣听讲"[8]，并赐宴。端平元年（1234），侍讲徐侨奏请理宗，"《论语》一书，先圣格言，乞以《鲁经》为名，升为早讲。"[9] 被采纳。淳祐四年（1244）"经筵进讲《论语》终篇"，依例赐宴，"进讲读、侍立官一秩"[10]。此外，徐元杰、袁甫、刘克庄均曾为理宗讲《论语》。[11] 可见理宗朝《论语》讲习之盛。咸淳五年（1269），方逢辰任兼侍读，为度宗进读《论语》。[12] 终宋一朝，《论语》都是帝王必学经典，尤其以仁宗、高宗、理宗朝最为典型。宋代诸帝研读时间之长、次数之多大

1　朱彝尊：《经义考》卷 234，文渊阁四库全书本。

2　刘琳、刁忠民、舒大刚等校点：《宋会要辑稿·崇儒七·经筵》，第 2887 页。

3　刘琳、刁忠民、舒大刚等校点：《宋会要辑稿·崇儒一·太学》，第 2747 页。

4　脱脱等：《宋史》卷 162《职官二》，第 3825 页。王十鹏等生平事迹可参看《宋史》卷 387《王十鹏传》，第 11882—11887 页。其《梅溪后集》今存《小学讲论语》三则。

5　刘琳、刁忠民、舒大刚等校点：《宋会要辑稿·崇儒一·宗学》，第 2734 页。

6　贾超：《南宋诗人袁说友行年考》，《新国学》，2017 年第 2 期。

7　袁说友：《东塘集》卷 11《讲义》即是其为宋宁宗经筵讲《论语》的讲稿。

8　毕沅：《续资治通鉴》，第 4499 页。

9　朱彝尊：《经义考》卷 211，文渊阁四库全书本。

10　毕沅：《续资治通鉴》，第 4653 页。

11　徐元杰于淳祐元年（1241），拜左郎官兼崇政殿说书，其《楳埜集》存有《（论语）经筵讲义》与《进讲日记》。袁甫在理宗亲政后，曾迁起居舍人兼崇政殿说书，其《蒙斋集》存有《（论语）经筵讲义》六章。刘克庄曾任崇政殿说书，于淳祐十一年（1251）为理宗讲《论语》，今存《后村先生大全集》与《全宋文》中。

12　钟信昌：《宋代〈论语〉经筵讲义研究》，台北：台北市立大学博士学位论文，2014 年，第 136—140 页。

大超越了前代诸朝，无疑《论语》对宋代帝王的道德修养、政治生活与学术思想产生了重要影响。

二、致君尧舜：《论语》经筵讲义诠释的理想追求

虽然《论语》在经筵屡次被进讲，但通过对《四库全书》《全宋文》等史籍的检索与整理，仅有吕公著、杨时、程俱、王十朋、袁甫、刘克庄、徐元杰、袁说友、方逢辰等留有《论语》经筵讲义之作，主要为《学而》《为政》《述而》《阳货》《微子》《子张》《八佾》《雍也》《颜渊》《子罕》等篇章经文的义理阐发，其中除吕公著、王十朋的"学而时习之"章，杨时、刘克庄的"巧言令色"章，袁说友、程俱、方逢辰的"贤哉回也"章等所进讲的篇章相同外，其余皆不同，经义诠释也各有偏重，但这并不妨碍经筵官在其中寄寓某种相似或相同的思想理念与价值理想。由于宋朝"国初人便已崇礼义，尊经术，欲复二帝三代，已自胜如唐人"[1]，通过"创通"经义，取法尧舜，回向三代之治已经成为宋人的一种普遍意识。因此，士大夫们在君主集权制度下，认为要实现"必期致世如三代之隆而后已"[2]的政治理想，最有效的方式莫过于从权力的源头出发，为帝国培养德位相称并符合儒家理想的圣王。因而，如何通过经筵讲学与经义阐释，引导帝王学为尧舜，成就君德帝业成为经筵官的重大责任与教育理想。因此，在经筵讲学中，经筵官均以致君尧舜为旨归，围绕君主之"学""德""治"等主题展开经义阐发与诠释。

（一）为政必先为学

范祖禹认为帝王"今日学与不学，系天下他日之治乱"[3]。帝王作为国家最高权力的掌控者，其品德修养、学识涵养与思想观念决定了天下之兴衰治

---

1 黎靖德：《朱子语类》卷 129，第 3085 页。

2 程颢：《上神宗论君道之大在稽古正学》，赵汝愚编：《宋朝诸臣奏议》卷 5，第 45—46 页。

3 范祖禹：《上哲宗论学本于正心》，《宋朝诸臣奏议》卷 5，第 47 页。

乱。帝王为政治国当先明晰帝王之"学"与"政"的关系及其特点。

1. **帝王之"学"与"政"**。鉴于帝王特殊的身份，帝王之"学"自然有其不同的要求与特点。吕公著在解《论语》首章"学而时习之"时便特别强调："然则人君之学，当观自古圣贤之君，如尧舜禹汤文武之所用心，以求治天下国家之要道。非若博士诸生治章句，解训诂而已。"[1]与书生之学以分章析句为重点不同，帝王之学当以尧舜为法，力求治国平天下之要道。同时"学与政非二物，顾所学者如何尔？学帝王仁义之术，则为德政；学霸者刑名之术，则为刑政"[2]。"学"与"政"关系密切，是以仁义德治之道引导帝王，还是以管商刑名之术教育人君，将直接决定国家的政治走向与治国方略，牵涉王道与霸道之别，故帝王之"学"不可不慎。此外，"古之学者为己，非止乎为己也。学既足乎己，行其所学，斯可以为人。故先之以学，次之以为政"[3]。帝王为政必先为学，学不仅是为提升其道德修养，更应是心怀天下，学以行之，成己成人，惠泽百姓。

2. **学以明理去蔽**。"自古圣主临政，愿治身致太平未有一事不由于学"[4]，然"学"当从何而入？王十朋曰："昔孔子以天纵之圣，讲道洙泗之间，群天下英才而教育之，盖三千人。弟子记其善言善行，谓之《论语》，垂诸后世，与六经并传"，该书乃"造道入德之门户，穷理尽性之本原"，凡欲修身、事亲、事君、治天下国家者，均"不可不知是书"[5]。徐元杰认为："求道莫切于求心，求心莫切于求仁"，《论语》中蕴含着"圣人心法之传"以及"帝王相传为学切要处"，故程颐以《论语》经筵进讲，力求"仿先儒之言，发明求心之旨，以助圣学端本行仁之万一，庶几正心以正朝廷，使百官万民、四方远近莫不一于正，人皆有士君子之行，不徒以言语视《论语》"[6]。《论语》对帝王

1　吕公著：《论语讲义》，见曾枣庄，刘琳主编：《全宋文》第50册，第265页。

2　王十朋：《小学讲论语》，《梅溪后集》卷27，文渊阁四库全书本。

3　同上。

4　袁说友：《讲义》，见《东塘集》卷11，文渊阁四库全书本。

5　王十朋：《小学讲论语》，《梅溪后集》卷27，文渊阁四库全书本。

6　徐元杰：《经筵讲义》，《全宋文》第336册，第291—292页。

修身立德理政具有重要的意义，为学为政当从《论语》而入。刘克庄解《论语》"六言六蔽"经义曰："夫曰仁、曰知、曰信、曰直、曰勇、曰刚皆美德，上而人君、下而士君子之所当好，然不学以明其理，则各有所蔽，学所以去其蔽也。"[1] 无论是帝王还是普通士人，《论语》都具备学以明理去蔽的普适性意义，在不同的社会阶层均可发挥其维系世道人心与社会秩序的作用。所以《四库全书总目》说："故《论语》始于言学，终于尧舜禹汤武之政，尊美屏恶之训。"[2]《论语》中深刻的思想内涵与价值理念，是经筵官们引导帝王"学"以明"理"成"德"致"治"的经典依据与价值源泉，为帝王学为圣王提供了为学路径与榜样。

（二）君德成就之要

程颐曰："天下治乱系宰相，君德成就责经筵。"[3] 欲成就君德当始于正心修身而推之家国天下。

1. **正心修身。** 为引导帝王修身立德，经筵官十分重视《论语》中"心""性"思想资源的挖掘。如王十鹏言学《论语》"当自正心诚意始"，"正其身而天下自归"。[4] 徐元杰说"《鲁论》言出心字只有三处，然句句字字无往而非求心"，"学问之道无他，求其放心而已"，以求心为帝王"为学最切要处"[5]。并运用理、心、性等理学思想阐发"政者正也"的经义，指出心为身之北辰，当"正一心以为万化之原"，"为人上者可不兢兢而存省之哉！"[6] 以正心为修身理政的根本。方逢辰认为"才禀于气而性原于理"，"夫为学之道，内明五常之理，外尽五伦之事，变气质于有生之初，绝物欲于有知之后，必资师友之

---

1 刘克庄：《论语讲义》，《全宋文》卷 330 册，第 125—126 页。

2 四库全书研究所整理：《钦定四库全书总目》卷 36，北京：中华书局，1997 年，第 475 页。

3 程颢、程颐：《二程集》，北京：中华书局，1981 年，第 540 页。

4 王十鹏：《小学讲论语》，《梅溪后集》卷 27，文渊阁四库全书本。

5 徐元杰：《经筵讲义》，《全宋文》第 336 册，第 291—292 页。

6 同上，第 293 页。

讲明，方册之诵习，然后能开其心术"，认为只有洞悉"人伦日用之道"，做"诚笃切实之功"，方可"明物察伦，治心修身"，"消磨其物欲，变化其气质，而为圣贤君子之归"[1]。指出帝王为学重心在于体认伦理纲常，摈弃物欲，笃实力行，变化气质，学为圣人君子。

2. **孝悌爱亲**。在以宗法血缘关系为中心的家国同构社会中，孝悌被认为是"百行之先"，对维护国家治理与伦常秩序意义重大。王十鹏指出："事亲孝，故忠可移于君；事兄弟，故顺可移于长。扩而充之，至于格上下，通神明，准四海，未有不本于此者。"自古尧舜之"道"与"功"不过是"以孝弟扩而充之"的"理一而已"。反之，不孝悌者"在家则为贼子，在国则为乱臣"，"亦理之必然也"[2]。孝悌是家族和睦、社会和谐、国家稳定的基石。徐元杰进讲《论语》经义九则，就选用了"孟懿子问孝""孟武伯问孝""子游问孝""子夏问孝"四章，指出"欲求尽孝者，要必合四章而并观，反吾身而密察圣人之所以告四子者，斯能备其道于一身，否则或亏其一，皆不得谓之孝矣"[3]。孝亲之道不仅包括以礼事亲、敬以爱之、色愉容婉，还应为亲自爱其身，才可谓真正的"尽孝"。杨时则通过讲"慎终追远"章劝诫人君当以舜为法，终身慕父母，以诚敬养生送死。[4] 足见孝悌在儒家思想中的重要地位。

3. **仁爱天下**。"仁"在《论语》中既是一种德目，又是众德之总名，还是一种高尚的道德境界。培养仁爱之君是经筵官的理想追求。方逢辰、程俱、杨时、袁甫、徐元杰等十分注重在经义讲说中以"仁"引导君王。方逢辰曰"人之本心，天理具足"，人人均有"恻隐、羞恶、辞让、是非之心"的"圣贤之镠基"，但却"弃之如敝屣"而不知珍惜与护持，从而导致"见物不见道"，未能学而乐道至圣。[5] 程俱更是一针见血地指出，人君德业未成的原因

1　方逢辰：《讲义》，《蛟峰文集》卷7，文渊阁四库全书本。

2　王十鹏：《小学讲论语》，《梅溪后集》卷27，文渊阁四库全书本。

3　徐元杰：《经筵讲义》，《全宋文》第336册，第295—296页。

4　杨时：《论语经筵讲义》，《全宋文》第124册，第282页。

5　方逢辰：《讲义》，《蛟峰文集》卷7，文渊阁四库全书本。

并非"不能"，而是"不为"。[1] 而之所以会产生"事至于不欲为"的根源，袁说友认为是由于"志弗坚"[2]，缺乏坚强的意志而导致的结果。又杨时以舜为例，提出人君当志于道，像古之圣人一样"以天下为心"，其"食而饱，必思天下之有未饱者；居而安，必思天下之有未安者"[3]，以苍生为念，仁爱天下万民。袁甫"从天地一体的角度"对"克己复礼为仁"章、"仲弓问仁"章进行了诠释，指出"己与天地万物本无隔也"，礼本"周流贯通乎天地万物之间"而"无不周徧"，但因"人惟认八尺之躯为己"，故"与天地万物始隔矣"，因而需要通过"克己复礼"，才能实现"洞然大公"。仁礼本是一源，"礼在是，仁即在是矣"，只有去己、去私、去欲，"通人己为一"，学会换位思考，方可做到"人即己也，己即人也"，视民如己，则"天下归仁焉"。[4]

（三）治国理政之道

如果说在宋代士大夫的观念中君德养成是儒家王道理想实现的前提条件，那么，王朝的施政理念与措施则是重建"三代之治"的重要保障。因而需以仁爱之心行仁爱之政，以德治天下，德礼并用，君臣正位，亲贤远佞，节用爱人。

1. **为政以德，德主刑辅**。《论语》中"为政以德"，"道之以德，齐之以礼"等章节，是经筵官经常选取用来阐发为政理想，引导君王以德治国的重要思想资源。如王十鹏说"为政以德，是帝王仁义之学也。非修德于为政之时，行所学于为政之时耳。正其身，而天下自归，故譬之北辰。北辰尝居其所，而众星咸拱。人君以德为政，无为而治，而天下共尊。古之人有行之者，尧、舜、禹、汤、文、武是也"。[5] 以德治天下，不仅劳少功多，成效显著，而且是尧舜等圣王所遵循的治国方略。徐元杰将此视为"执要御详之机括也"，

1 程俱：《进讲》，《北山集》卷29，文渊阁四库全书本。
2 袁说友：《讲义》，《东塘集》卷11，文渊阁四库全书本。
3 杨时：《论语经筵讲义》，《全宋文》第124册，第283页。
4 袁甫：《经筵讲义》，《蒙斋集》卷1，文渊阁四库全书本
5 王十鹏：《小学讲论语》，《梅溪后集》卷27，文渊阁四库全书本。

并引程颐之言曰："为政以德，然后无为"，人主常以"道心"驾驭"人心"，"自有以致天下心悦而诚服之"。[1] 从为治为政之大本与功效的角度而言，政刑为为治之具，德礼为为治之本。"人主之治天下"，如以政刑"使民有惧心"，不若"使民有愧心"，"驱之而后从，不若化之而不忍犯"，[2] 以德礼化民从善。袁甫以"良心善性，人人固有，导之以仁义，齐之以礼乐，自可使之迁善远罪"，认为不可随意以刑杀人，如"以生道杀民，虽死不怨"等思想，[3] 体现了儒家以仁政德治为核心的王道理想。

2. 举贤授能，亲贤远佞。《中庸》曰："为政在人"，"其人存，则其政举；其人亡，则其政息"[4]。人才之进退直接关系到国家政权与社会治理体系的正常运行，因而关于君子小人之辨、如何举贤用贤成为经筵官讲学时最为重要的话题。刘克庄经筵讲《论语》共十六章，就有十二章涉及小人"色厉内荏""乡愿""巧言令色"等表现与危害，以及微子、箕子、比干、周公等贤才的进退出入，并将贤人隐逸视为"礼乐散亡"、国家衰弱的标志。[5] 吕公著解"有朋自远方来"时，从士人之朋引申至天子当以贤为朋，不仅应"致当世之贤者"以燕见劝讲，而且应访贤举才、广搜遗佚，使得"怀道抱德之士，皆不远千里而至"[6]。杨时指出："盖君子小人之用舍，治乱之所由分也"，人君欲安民当以"知人为先"，[7] 警戒"谗人之言常巧矣，故能变乱是非之实，中伤善类，以蔽惑人主之听"。[8] 袁说友提出人君当不拘于一格选拔人才，其才"或小或大而皆适于用，用之各得其地，则小用而小，大用而大，随其分量以成就其功用"。因材施用，量才授官，这既是尧舜用人之准则，也是"人主用人之要道也"。并称"尧、舜之知人，则以巧言令色为必畏；夫子之论道，则

---

1 徐元杰：《经筵讲义》，《全宋文》第 336 册，第 292—293 页。

2 同上，第 293—294 页。

3 袁甫：《经筵讲义》，《蒙斋集》卷 1，文渊阁四库全书本。

4 朱熹：《四书章句集注》，北京：中华书局，2011 年，第 29 页。

5 刘克庄：《论语讲义》，《全宋文》第 330 册，第 126—132 页。

6 吕公著：《论语讲义》，《全宋文》第 50 册，第 265—266 页。

7 杨时：《论语经筵讲义》，《全宋文》第 124 册，第 284—285 页。

8 同上，第 279 页。

以巧言令色为不仁","恶直丑正为衰世之风，去佞嫉邪为治世之事"，劝诫人君亲贤臣远小人。[1] 袁甫、徐元杰、程俱等均有类似的言论。

3. **君臣正位，以礼相待**。为维护国家政治生态与社会秩序的稳定，孔子特别强调"正名"，要求"君君，臣臣，父父，子子"，各正其位，各尽其职。[2] 对此，方逢辰进一步引申道："彝伦者，人道之大纲，政事之根本也。第彝伦之在人，内而至尊者无出乎父子，外而至大者无出乎君臣。苟在家，父焉而能尽父之慈，子焉而能尽子之孝，则必有以正伦理，笃恩义，小大咸得其宜，而家道齐矣。在国君焉而能尽君之道，臣焉而能尽臣之忠，则必有以正朝廷，平庶务，上下咸得其所，而国体治矣。然则为政之本，又岂有出于君臣父子之外者哉？"[3] 将君臣之分与为君为臣之道上升到人道大纲与为政根本的高度。程俱借"贤哉回也"经义的阐发，指出其心目中理想的君臣相处之道是：臣以"道"事君而非"有自衒自鬻图利于其君之心"，君待臣以"礼"而"不可以爵禄宠利"拘之。[4] 吕公著指出如果人君不见知于下者，"则反身修德，而不以蕴怒加之"[5]，换位思考，将心比心，令人信服。从中可见，儒家之忠君并非无条件地愚忠愚孝，而是强调彼此对等，相互尊重，以礼相待。

4. **施政本"理"，节用爱人**。在现实的政治运行中，应该遵循什么样的为政原则呢？袁说友曰："古之圣人，所以上而临人，内以修己，外以应物，以理为本，以本为用，不敢轻用以悖理，不敢忘理以废本。"[6] 无论是治理国家，还是应事接物都要"循理而行"，凡"不合于道者"，皆是"不由于正理"的原因造成的。[7] 那么，又如何衡量施政是否合"理"顺"道"呢？程俱给出了答案，那就是"施之当而已"。如"孔子与公西赤之粟寡而不为吝，与原宪之

1　袁说友：《讲义》，《东塘集》卷 11，文渊阁四库全书本。
2　朱熹：《四书章句集注》，第 129 页。
3　方逢辰：《讲义》，《蛟峰文集》卷 7，文渊阁四库全书本。
4　程俱：《进讲》，《北山集》卷 29，文渊阁四库全书本。
5　吕公著：《论语讲义》，《全宋文》第 50 册，第 266 页。
6　袁说友：《讲义》，《东塘集》卷 11，文渊阁四库全书本。
7　同上。

粟多而不为汰"[1]。济贫不继富，损有余而补不足。杨时认为治国无论是"钦事而信为先"，还是"爱人必先节用"，抑或是"理财"，均需一本于"制度"："其取之有道，用之有节，而各当于义"，"岁终制国用，则量入而为出"，"春析夏因，秋夷冬陬，各以其时"，这才是真正的"爱人之道"。[2]所谓人君之为人谋，应该是"为之正经界而授之田，制里庐而与之居，植桑麻于墙下，畜鸡彘于其间，使之衣帛食肉、养生送死而无憾"。反之，"若夫征求无艺，擅天下之利而有之，以为己私，坐视民之流亡冻馁而莫之恤，非为人谋而忠也"[3]。从中可见，儒家士大夫对国计民谟的关切，以及对君王的殷切期望。

三、《论语》经筵讲义的诠释特点

相对汉唐章句训诂之学，宋代经筵讲官不再拘泥于经文之"原意"与字词句的注释，而是更注重经典中修己治人之道的"义理"阐发，力图借助经典诠释的"主导权"与经义的创造性诠释，阐发自己对时代社会问题的思索与政治理想追求，以此致君尧舜，道济天下。[4]所以南宋卫泾说："自昔帝王莫不以学为本。然学有小大，分章析句，牵制文义，此书生之学也；究圣贤之用心，明古今之大致，识安危治乱之体，察善恶消长之机，斯为帝王之大学。"[5]帝王之学的这种"究圣贤之用心"以明古今治乱的要求，使得经筵讲学具有发挥义理，出之己意，规谏君王；形式自由，议论说理，明白晓畅；引经据典，博采故事，关切现实等特点。

1. **发挥义理，出之己意，规谏君王。**每位经筵官因学术旨趣、性格特征、人生际遇等不同，其解经时所选取的经文不尽相同，即使是同样的经文，

1　程俱：《进讲》，《北山集》卷29，文渊阁四库全书本。

2　杨时：《论语经筵讲义》，《全宋文》第124册，第280—281页。

3　同上，第280页。

4　王琦，朱汉民：《以道学建构帝学——朱熹诠释〈大学〉的另一种理路》，《社会科学》，2018年第4期。

5　卫泾：《论圣学劄子》，《后乐集》卷11，文渊阁四库全书本。

其诠释也是各具特色，带有浓郁的个人主观色彩，融汇了生平学术思想与社会政治观念，具有有为而发，义理阐释，出之己意，规谏君王的特点。如同样是对"贤哉回也"章的阐释，袁说友通过颜回之乐在"道"与常人之乐在"欲"不同，引申至"则尧舜所忧所乐者，盖在于诛乱以求贤，得贤以致治"，[1] 劝谏在上位者不当以位为忧乐，而应以得贤为忧乐。程俱重在阐发人君观贤举才待臣之道，指出像颜回这种"以道自任"，不为贫贱富贵所移的圣贤君子，方可"任天下之重"，人君对其可以"礼致"而不可以富贵利禄诱之并有骄士之心。[2] 方逢辰重在阐发孔子、颜回、尧舜之所以圣的根本原因就在于其"处人情所大不能堪处"，仍能扩充天理所赋于人之恻隐、羞恶、辞让、是非之心，"见道而不见物"，不像大多数众人"见物而不见道"，以富贵声色为乐，从而引导人君以兢兢护持"圣贤之镃基"为乐，学为圣人。[3]

2.形式自由，议论说理，明白晓畅。关于经筵讲学方式，徐鹿卿曰："人主之学与经生学士异，执经入侍者，必有发明正理，开启上心。"[4] 宋高宗曰："儒臣讲读，若其说不明，则如梦中语耳，何以启迪朕意？"[5] 这就意味着经筵讲学必须采取灵活多样的形式与通俗易懂的语言，将经典中的义理清晰地阐发出来，以达到启迪君心，成就君德圣治的目的。因此经筵讲义的体例不拘一格，形式自由。或先列经文原文，再以"臣以谓""臣观""臣闻"等按语阐发经义，如程俱、袁说友等；或先列经文原文，不下按语，直接另起一段，阐发义理，如王十鹏、袁甫、方逢辰；或采取"巧言令色章"等形式概括经文，再进行义理阐发，如吕公著、杨时；或融经文与诠释为一体直接进行阐发，如徐元杰。经义阐发篇幅长短不一，完全服务于论说主旨的需要，并以议论说理等方式层层推进，明白晓畅。如杨时在阐发"吾日三省吾身章"时，先阐明常人"三省"之表现，再联系人君修身治国之实际，阐发人君之"三

1　袁说友：《讲义》，《东塘集》卷11，文渊阁四库全书本。

2　程俱：《进讲》，《北山集》卷29，文渊阁四库全书本。

3　方逢辰：《讲义》，《蛟峰文集》卷7，文渊阁四库全书本

4　徐鹿卿：《辛酉进讲》，《清正存稿》卷4，文渊阁四库全书本。

5　刘琳、刁忠民、舒大刚等校点：《宋会要辑稿·崇儒七·经筵》，第2885页。

省"在于使百姓安居乐业，亲亲友贤，尊德进贤。[1]可谓由远及近，逻辑清晰，说理透彻。又如袁甫阐发"君子以文会友，以友辅仁"经义时，先对什么是"文"进行了解释，接着话锋一转："既曰文，而又曰仁，同乎？异乎？"对"文"与"仁"的关系进行了追问与解答，指出"文者其所著见，而仁者其根本，名异而实同也。会之以文，盖所以辅吾之仁也"。而"为仁专在乎反己"，只有"用力在已而又得良辅，则切磋琢磨之益日增"，不应"雕虫篆刻、破碎经旨"以为"文"，进而指出"君不仁而在高位"所带来的危害，警醒人主当以"修明师友讲习之学"为急务。[2]可谓循循善诱，步步推进，逻辑谨严，语言流畅，通俗易懂。

3. 引经据典，博采故事，关切现实。为避免空洞的理论说教，增强经筵讲学的生动性与趣味性，经筵官还会采取引经据典、穿插故事等方式，阐发经义，关切时政，启发君主。纵观宋代《论语》经筵讲义，其所引之经典涉及了《尚书》《诗经》《礼记》《周官》《周易》《左传》《孝经》《大学》《中庸》《孟子》《论语》等"四书五经"，且其经义阐发引用"四书"逐渐增多：如杨时、刘克庄、程俱、徐元杰引用《中庸》，方逢辰引《大学》；杨时、王十鹏、袁说友、袁甫、程俱引《孟子》；杨时、袁说友、袁甫、程俱、徐元杰、方逢辰引《论语》等，既有以它经证《论语》经义，也有引《论语》自证，呈现出融会贯通"四书"经旨义理的倾向，透露了宋代理学的兴起与新经典体系逐渐形成的学术动向。同时，在经义诠释中，经筵官往往借历史人物或故事为人君提供行为规范与治国借鉴。如刘克庄释"六言六蔽"时，运用历史故事分别从"君"与"士"两个对比角度阐发"不学以明其理"而造成的各种弊病："臣谓'好仁不好学，其蔽也愚'，以士言之，宰我所问入并求仁之类是也；以君言之，徐偃王以仁失国是也。'好知不好学，其蔽也荡'，以士言之，惠施、公孙龙之徒是也；以君言之，周穆王知足以知车卫马足之所至而

1　杨时：《论语经筵讲义》，《全宋文》第124册，第279—280页。
2　袁甫：《经筵讲义》，《蒙斋集》卷1，文渊阁四库全书本。

不足以知《祈招》之诗是也。"等等 [1]。袁说友为说明"小人儒"的危害，列举了"小则如汉张禹、孔光之徒，大则为唐许敬宗、柳璨之辈"等故事，以警醒"君天下者，其于用人之际，庸可忽诸"？[2] 用人当明辨君子与小人，等等。无论是引经据典，还是博采故事，抑或是议论说理，诠释的落脚点仍然是现实社会生活与人君修身治国的实际，所以在讲义中，劝诫君王的拳拳之言比比皆是。如"人君所宜取法者，舍舜何以哉？"[3]"此自古圣人之所深戒者也"[4]；"今欲于期月之间，一天下、返旧都、致太平、兴礼乐，是则力不足矣，是挟泰山以超北海之类也，今欲勤听断、明政刑、节财用、慎举措、修军政、纾民力、进贤能，以驯致中兴之功，此则可为之事也，苟不为焉，是则画也，是为长者折枝，而自以为不能之类也"[5]。无不立足于君王之实际，以治道重建与君德养成为目标，具有强烈的现实关照性。

四、结语

关于宋学精神，钱穆认为"厥有两端：一曰革新政令，二曰创通经义"[6]。面对着唐末及五代十国末年的政治动乱、世道沦丧，宋代士大夫们力图回到原始儒典，通过对儒家思想资源的重新挖掘与诠释，建构"明体达用"之学，以重振伦理纲常与社会政治秩序。尤其是范仲淹与王安石"得君行道"而发动的庆历新政与熙宁变法，让众多的知识分子看到了"经术正所以经世务"的重大作用，[7] 将"得以学术进说于人主之前，言信则志行"[8]，使天下蒙其利视为儒者的"非常之遇"。而经筵制度的成熟与完善，经筵官讲学时的"从容

1　刘克庄：《论语讲义》，《全宋文》第 330 册，第 125—126 页

2　袁说友：《讲义》，《东塘集》卷 11，文渊阁四库全书本。

3　杨时：《论语经筵讲义》，《全宋文》第 124 册，第 282 页。

4　袁说友：《讲义》，《东塘集》卷 11，文渊阁四库全书本。

5　程俱：《进讲》，《北山集》卷 29，文渊阁四库全书本

6　钱穆：《中国近三百年学术史》，北京：九州出版社，2011 年，第 6 页。

7　脱脱等：《王安石传》，《宋史》卷 327，第 10544 页。

8　程颢、程颐：《二程集》，第 540 页。

敷绎，以伸论议"，君臣间叩问治乱本原的"反复问难"与"开沃启导"等，[1]
为士大夫以经义影响帝王，陶冶君德，参政议政提供了重要渠道。如果说在
哲宗之前，经筵教育更偏重于国家兴衰治乱的经验借鉴与总结，那么程颐入
侍经筵所提出的"君德成就责经筵"，则是对王安石过于注重以富国强兵之
"术"影响神宗而导致与民争利、变法失败的反思，标志着经筵教育重心向
"内圣"的转向，将君德视为"外王"功业成就的前提保证。经筵成为士大夫
引导帝王以"学"明"道"成"德"致"治"的重要平台，促进了"学术"
与"政治"的互动，"创通经义"与"革新政令"的贯通，从而造就了宋代独
特的思想学术风貌与士大夫政治。

《论语》作为承载着儒家修己治人之道的经典，从仁宗时便已成为经筵讲
学的必读典籍，终宋一朝，历代诸帝无不研习《论语》，尤其在高宗、理宗朝，
《论语》多次被进讲，其间所蕴含的为学明道、正心修身、孝悌爱亲、仁政德
治、节用爱人、学为圣人等思想，成为经筵官用以教导帝王、成就君德、寄
寓理想、建构治道的经典依据与价值来源。而经筵讲学的"帝学"性质，又
促使经筵官解经时多注重义理阐发，从而形成了以己意释经，规谏君王，形
式自由，议论说理，明白晓畅，引经据典，博采故事，关照现实等特点。通
过经筵讲学，不仅增强了君主对儒家思想价值的认同与理解，为君臣在为政
理念与思想意识上达成共识提供了契机，奠定了君臣共治格局的思想基础，
而且促进了儒学向最高层的渗透及官学化。此外，经筵官大多为当世名臣硕
儒与学界政界代表人物，为天下人所瞩目，《论语》在经筵的进讲与"义理"
解经方式，促进了《论语》的社会化、普及化，推动了北宋经学由章句之学
向义理之学的转型，呈现了帝王之"学""德""治"之间的互动与贯通。

1　袁说友：《讲义》，《东塘集》卷 11，文渊阁四库全书本。

第十三章　经筵进讲与孟子升格运动

孟子升格运动，作为宋代儒学复兴及"四书"新理学经典体系建构过程中的重要事件，徐洪兴、周淑萍、郭畑等学者对之进行了较深入的研究，认为其兴起、发展不仅与《孟子》思想内涵及时代需求等密切相关，而且得益于士大夫与帝王的合力推动。[1] 然而，对于这种合力形成背后的内在动因则少有学者涉及，更没有学者注意到《孟子》经筵进讲与帝王"尊孟""升孟"之间的内在联系。经筵作为专门的帝王经史教育之地，[2] 为经筵官通过讲学活动中的经典诠释与互动交流，促进君臣在思想意识与价值理念上达成共识，影响帝王及政治提供了契机。[3] 通过对《孟子》在经筵进讲过程的全面梳理，可以发现，帝王出台系列"尊孟""升孟"措施的背后，离不开其对孟子思想的理解与认同。而经筵《孟子》讲读，则是帝王与士大夫合力推动孟子升格运动完成的关键环节。

1　徐洪兴：《唐宋间的孟子升格运动》，《中国社会科学》，1993 年第 5 期；周淑萍：《宋代孟子升格运动中的四种关键力量》，《史学理论研究》，2006 年第 4 期；郭畑：《唐宋孟子诠释之演进与孟子升格运动》，2016 年第 5 期；武勇：《宋型文化背景下的宋代孟子升格运动》，《现代哲学》，2016 年第 2 期；宋冬梅：《儒家道统中的孟子升格与孔孟之道》，《中国文化论衡》，2017 年第 2 期。

2　邹贺、陈峰：《中国古代经筵制度沿革考论》，《求索》，2009 年第 9 期。

3　王琦：《学术与政治的互动——以真德秀与徐元杰经筵讲读为例》，《湖南大学学报》，2021 年第 1 期。

一、北宋帝王对《孟子》的重视及其经筵进讲

宋代出于秩序重建及儒学复兴的需要，孟子的思想资源被重新认识与挖掘，在士大夫的推动下，掀起了一股"尊孟"思潮，并在神宗时获得了回应与支持。哲宗时《孟子》开始在经筵进讲，各项"尊孟"措施相继出台，《孟子》逐渐普及化、社会化。

1. 真宗至神宗之"尊孟"与孟子地位的提升

由唐代杨绾、韩愈、皮日休开其端的孟子升格运动，在宋初虽有柳开等续其绪，但影响并不大。真宗时，《孟子》开始进入帝王的视野。大中祥符五年（1012），真宗"诏国子监校勘《孟子》。直讲马龟符、冯元，说书吴易直同校勘"，孙奭等负责编撰《孟子音义》，同年书成，送国子监"镂板"。[1] 从而为研读《孟子》提供了标准版本。大中祥符七年（1014）正月，真宗又将新印的《孟子》赐辅臣，[2] 开帝王重视《孟子》之端绪。仁宗时随着庆历新政的浪潮迭起，在范仲淹、欧阳修、孙复、石介等推崇下，孟子升格运动被重新唤起。嘉祐八年（1063），仁宗从夏国之请，"以国子监所印《九经》及正义、《孟子》、医书赐夏国"[3]。从中可见《孟子》社会影响力的逐渐提升，以至夏国等外邦也有耳闻，并请赐书。

在程颢、程颐、张载、王安石等学派领袖的推动下，孟子升格运动获得了神宗皇帝的大力支持，进入勃兴期。随着新学代表人物王安石入侍经筵、位至宰执，《孟子》地位提升步入实质性阶段。熙宁四年（1071），神宗从王安石之议，改革科举，"罢诗赋、帖经、墨义，士各占治《易》《诗》《书》《周礼》《礼记》一经，兼《论语》《孟子》。每试四场，初本经，次兼经，大

1　刘琳、刁忠民、舒大刚等校点：《宋会要辑稿·崇儒四·勘书》，第 2817 页。
2　李焘：《续资治通鉴长编》卷 82，第 1862 页。
3　李焘：《续资治通鉴长编》卷 198，第 4802 页。

义凡十道"[1]。《孟子》与《论语》并为兼经，成为科举科目。熙宁五年（1072）规定科举考试"试法分四场，除第三、第四场策论如旧，其第一场试本经五道，第二场《论语》《孟子》各三道试"[2]。元丰二年（1079），又诏"宗室大将军以下愿试者，本经及《论语》《孟子》大义共六道，论一首"[3]。使得《孟子》成为下至士子，上至宗室的必读、必考科目，无疑促进了《孟子》的普及与地位提升。元丰六年（1083）神宗诏封孟子为邹国公。[4] 元丰七年（1083），诏"自今春秋释奠，以邹国公孟轲配食文宣王，设位于兖国公之次"[5]，孟子配享孔庙，与颜回同爵，一跃成为"亚圣之次"。虽然其间司马光、苏轼、晁说之等人"非孟"声不断，但在王安石、陆长愈、林希等士大夫的推动与神宗的支持下，孟子升格运动蓬勃发展。[6] 从真宗至神宗，孟子升格运动是由士大夫首先发动，并伴随着政治改革运动而终获帝王支持。

2.哲宗朝《孟子》经筵进讲与徽宗之尊孟

神宗去世后，年幼的哲宗即位，太皇太后高氏"垂帘听政"，起用司马光等"旧党"，全面废除"新政"，《孟子》升格运动遭遇了短暂挫折。元祐元年（1086）司马光奏请改革科举，立《论语》为"九经"之一，而以《孟子》"止为诸子，更不试大义，应举者听自占习"[7]，主张将孟子由"兼经"贬为"诸子"，且不列入科举必考科目。司马光去世之后，元祐二年（1087），三省奏请"考试进士分为四场，第一场试本经义二道、《论语》或《孟子》义一道"[8]。以《孟子》入选考之列。

之后，随着《孟子》在经筵进讲及哲宗对《孟子》的研习，《孟子》再

1　陈邦瞻：《学校科举之制》,《宋史纪事本末》卷38,北京：中华书局,2015年,第372页。

2　李焘：《续资治通鉴长编》卷234,第5677页。

3　李焘：《续资治通鉴长编》卷296,第7198页。

4　李焘：《续资治通鉴长编》卷340,第8186页。

5　李焘：《续资治通鉴长编》卷345,第8291页。

6　徐洪兴：《唐宋间的孟子升格运动》,《中国社会科学》,1993年第5期。

7　李焘：《续资治通鉴长编》卷371,第8976页。

8　李焘：《续资治通鉴长编》卷407,第9899页

次回到科举必考科目。元祐四年（1089），司马康上书哲宗：《孟子》书最醇正，陈王道明白。诏进讲，讲官为节解十四卷。"[1] 请以《孟子》进讲，并编写《孟子节解》作为经筵教材。范祖禹进割子曰："臣等准入内供奉官徐湜传宣奉圣旨，令讲读官编修《孟子节解》一十四卷进呈，臣司马康、吴安诗、范祖禹、赵彦若、范百禄。"[2] 元祐六年（1091），哲宗诏侍讲吴安诗、侍读冯京赴经筵，"讲官讲《孟子》不为管、晏事"，并令中书、密院、执政等侍听。[3] 经筵官们对《孟子》的讲解与推崇，加深了哲宗对《孟子》思想的理解与认同。其以一国之尊研习《孟子》，无疑对天下人读孟、尊孟具有引领作用。在此背景下，元祐七年（1092），哲宗诏"秘阁试制科论题，于《九经》兼正史、《孟子》《扬子》《荀子》《国语》并注内出，其正义内毋得出题"[4]。要求科举考试从《孟子》中出题，可见经筵进读对哲宗产生的影响。哲宗亲政后，将表彰孟子视为绍续神宗未竟之业的重要内容。绍圣元年（1094）诏："进士罢试诗赋，专治经术，各专大经一、中经一，愿专二大经者听。第一场试大经义三道，《论语》义一道；第二场试中经义三道，《孟子》义一道。"[5] 绍圣二年（1095），从国子司业龚原之请，命取王安石之子"王雱所撰《论语》、《孟子义》"，下国子监"雕印颁行"。[6] 元符元年（1098），从太学录邓琬之议："选官刊正《五经》《论语》《孟子》音义，诏《三经新义》与旧音不同者，令本经讲官编纂音义"[7]，表彰"新学"与孟子。可见，至哲宗时《孟子》开始与"五经""九经"、《论语》并列成为科举考试及世人研习书目，而官方对《孟子》等经典诠释著作的选择、刊正与编撰，实则体现了官方以何种"学术"指导"政治"之动向。

1　王应麟：《元祐绍兴讲孟子》，《玉海》卷 26，文渊阁四库全书本。

2　朱彝尊：《司马氏等孟子节解》，《经义考》卷 233，文渊阁四库全书本。

3　李焘：《续资治通鉴长编》卷 455，第 10901 页。

4　李焘：《续资治通鉴长编》卷 473，第 11284 页。

5　刘琳、刁忠民、舒大刚等：《宋会要辑稿·选举三·贡举杂录一》，第 5314 页。

6　刘琳、刁忠民、舒大刚等：《宋会要辑稿·崇儒五·校勘经籍》，第 2851 页。

7　李焘：《续资治通鉴长编》卷 503，第 11981 页。

宋徽宗时，大力推动《孟子》的社会化与普及化。大观三年（1109），提举黔南路学事戴安仁言："今欲乞立劝沮之法，分为上、中、下三等。上等为能诵《孝经》《论语》《孟子》及一经略通义理者，特与推恩。中等为能诵《孝经》《论语》《孟子》者，与赐帛及给冠带。下等为能诵《孝经》《论语》或《孟子》者，给予纸笔砚墨之费。"[1] 请求依据对《孟子》等经典的背诵及理解程度，将学子分为上中下三等，获得了徽宗支持。政和四年（1114），徽宗诏从国子监状："检承小学令，诸学并分上、中、下三等，能通经为文者，为上；日诵本经二百字、《论语》或《孟子》一百字以上，为中；若本经一百字，《论语》或《孟子》五十字者，为下。"[2] 提倡并鼓励小学生研习《孟子》等儒家经典。重和元年（1118）徽宗又诏"自今学道之士，许入州县学教养；所习经以《黄帝内经》《道德经》为大经，《庄子》《列子》为小经外，兼通儒书，俾合为一道，大经《周易》，小经《孟子》。其在学中选人，增置士名，分入官品。"[3] 将《孟子》列为"小经"，即使是"学道之士"也必须研习。经过徽宗的推动，《孟子》成为下至小学上至帝王乃至学道之士，都必须学习的经典，大大推动了其社会化。但总体而言，此时孟子还未能完全取代颜回"亚圣"的地位，[4] 其地位的巩固与最终确立，有待南宋诸帝的支持与表彰。

二、南宋《孟子》经筵进讲及孟子升格运动的完成

南宋随着经筵《孟子》进讲次数的增多，帝王对孟子的认同不断加深，不仅从政治与政策上"尊孟"，而且借助皇权对"非孟"之士予以打击。尤其是高宗时形成了"以孔孟为师"的圣训，为其后帝王所遵从，孟子地位进一

1　刘琳、刁忠民、舒大刚等校点：《宋会要辑稿·崇儒二·郡县学》，第 2769 页。

2　同上，第 2774 页。

3　毕沅：《续资治通鉴》卷 93，第 2401 页。

4　赵宇：《儒家"亚圣"名号变迁考：关于宋元政治与理学道统论之互动研究》，《历史研究》，2017 年第 4 期。

步稳固。

1.《孟子》经筵进读与高宗以孔孟为师

高宗曾自言"幼习《孟子》书,至成诵在口"[1]。在南宋政权还未完全稳固之时,高宗即于建炎元年(1127)诏"以侍从四员充讲读官"。[2]十二月,置讲读官,并"取《孟子》论治道之语,书之坐右"[3]。绍兴元年(1131),除程俱为中书舍人兼侍讲,讲《孟子》。[4]绍兴五年(1135)开讲筵,以"孙近、唐恽仍讲《论语》《孟子》"[5]。绍兴七年(1137),高宗以崇政殿说书召尹焞侍讲经筵,"首解《论语》以进,继解《孟子》,甫及终篇而卒"[6]。绍兴八年(1138),高宗命"侍讲吴表臣讲《孟子》"[7],拉开了历时八年之久的经筵讲《孟子》的序幕。其间,中书舍人王鈇曾于绍兴十年(1140)"进讲《孟子》"[8]。绍兴十六年(1146),经筵《孟子》进讲终篇,高宗"特遣中使赐讲官段拂鞍马、牙笏、金砚、水瓶、笔墨等。越三日,赐讲读官御筵于皇城司,遣中使宣敕,第赐香茶"[9]。可见高宗对经筵讲《孟子》的重视。

随着经筵进讲的深入,高宗对《孟子》喜爱与认同的加深,他不惜借助皇权对"非孟"人士进行排斥与打击。如晁说之对太子先学《孟子》而后《论语》,"设科以《孟子》配六经"等提出非议后,[10]高宗不满地说:"孟子发

---

1 李心传:《建炎以来系年要录》卷17,第354页。

2 李心传:《建炎以来系年要录》卷11,第247页。

3 刘时举:《续宋中兴编年资治通鉴》卷1,北京:中华书局,2014年,第12页。

4 程瑀:《宋左中奉大夫徽猷阁待制新安县开国伯食邑九百户致仕赠左通奉大夫程公行状》,《新安文献志》卷94,文渊阁四库全书本。程俱《北山集》卷29《进讲》,今存《孟子》《论语》经筵讲义。

5 刘时举:《续宋中兴编年资治通鉴》卷4,第81—82页。

6 朱彝尊:《尹氏孟子解》,《经义考》卷234,文渊阁四库全书本。

7 李心传:《建炎以来系年要录》卷121,第1960页。

8 刘琳、刁忠民、舒大刚等校点:《宋会要辑稿·职官六·侍读侍讲》,第3194页。

9 刘琳、刁忠民、舒大刚等校点:《宋会要辑稿·崇儒七·经筵》,第2888页。

10 《右晁以道奏审皇太子读孟子》,邵博:《闻见后录》卷13,文渊阁四库全书本。

挥王道，说之何人，乃敢非之。"勒令其致仕。[1] 而对郑厚，高宗将其诋孟之作《艺圃折衷》"诏建州毁板，其已传播者皆焚之"，令其"自今不得差充试官及堂除"[2]。同时，高宗还确立了"以孔孟为师"的原则，以平息各派纷争。绍兴六年（1136）陈公辅请禁程学，主张士人读书当"参考众说，研究至理，各以己之所长而折中焉"，为朝廷所用，防止党争。高宗下旨布告中外："士大夫之学，宜以孔孟为师。"[3] 这一"圣训"成为南宋一朝诸帝遵循的"祖宗家法"。如绍兴二十六年（1156），叶谦亨请开学禁说："程、王之学，时有所长，皆有所短，取其合于孔孟者，去其不合于孔孟者，皆可以为学矣，又何拘乎？"高宗宣谕曰："赵鼎主程颐，秦桧尚王安石，诚为偏曲，卿所言极是。"[4] 在庆元党禁时，"以孔孟为师"的圣训依然是道学与反道学人士灵活运用的理论武器。[5] 绍兴十三年（1143），高宗诏曰："第一场大经义三道，《论语》《孟子》义各一道；第二场以诗赋；第三场以子史论并时策一道。永为定式。"[6] 确定了《孟子》在科举中的永久性地位。同年，高宗将自己所书写的《孟子》诸经"刊石于国子监，仍颁墨本赐诸路州学"[7]。这些"尊孟"措施背后，折射的是经筵《孟子》进讲对高宗的影响，以及高宗对孟子思想与价值的认识与理解。高宗成为南宋诸帝尊孟、崇孟的典范，进一步提升了孟子的地位。

1　罗大经：《鹤林玉露》卷 7，文渊阁四库全书本。

2　李心传：《建炎以来系年要录》卷 149，第 2394 页。

3　李心传：《陈公辅谕伊川之学祸乱天下乞屏绝》，《道命录》卷 3，上海：上海古籍出版社，2016 年，第 25—26 页。

4　刘琳、刁忠民、舒大刚等校点：《宋会要辑稿·选举四·贡举杂录二》，第 5332—5333 页。

5　关于南宋时期各学派与党派之间运用"以孔孟为师"的圣训进行斗争的事例，可参看赵宇：《儒家"亚圣"名号变迁考：关于宋元政治与理学道统论之互动研究》，《历史研究》，2017 年第 4 期。

6　毕沅：《续资治通鉴》卷 139，第 3229 页。

7　李心传：《建炎以来系年要录》卷 150，第 2416 页。

2. 孝宗至理宗时孟子升格运动的完成

高宗之后的帝王们也十分重视对《孟子》的研习。如孝宗曾请魏杞为皇太子讲授《孟子》，[1] 并在经筵赞扬"孟子之言最切近（孔子）"[2]。宁宗做太子时也曾研读过《孟子》，登基后更是诏经筵官两读两讲《孟子》。"《孟子》一书，自绍熙五年（1194）八月十七日，诏读潜邸所讲之章，至今年（嘉泰元年，即公元1201年）十一月三日讲彻"[3]，共计历时七年。宁宗是继高宗之后，在经筵学习《孟子》时间最长的帝王。嘉定五年（1212），宁宗诏从国子司业刘爚之请"以朱熹《论语》《孟子集注》立学"。[4] 宝庆三年（1227），理宗表彰朱熹："朕每观朱熹《论语》《中庸》《大学》《孟子》注解，发挥圣贤之蕴，羽翼斯文，有补治道。"[5] 在士大夫所著《孟子》中，宁宗与理宗最终选择了朱熹的《孟子集注》作为士子们学习的钦定版本，程朱理学也逐渐成为官方的主流意识形态。理宗曾亲撰《道统十三赞》，称孟子为"亚圣之贤"，而颜回则变成了"步趋圣师"[6]，其中措辞的微妙变化，透露出了南宋之时孟子取代颜回而成为"亚圣"的信息。其时陈振孙《直斋书录解题》开始以《论语》《孟子》同入经类，曰："自韩文公称孔子传之孟轲，轲死不得其传，天下学者咸曰孔孟。《孟子》之书，固非荀、扬以降所可同日而语。今国家设科，《语》《孟》并列于经，而程氏诸儒训解二书常相表里，故今合为一类。"[7] 从中可见《孟子》"经书"地位在南宋的稳固，且成为"四书"之一，至此孟子升格运动基本完成。至顺元年（1330），元文宗封颜回为兖国复圣公，孟子为邹国亚圣公，[8] 从此孟子"亚圣"的地位完全确立。

1　毕沅：《续资治通鉴》卷139，第3712页。

2　毕沅：《续资治通鉴》卷145，第3888—3889页。

3　刘琳、刁忠民、舒大刚等校点：《宋会要辑稿·崇儒七·经筵》，第2898—2899页。

4　毕沅：《续资治通鉴》卷159，第4316页。

5　毕沅：《续资治通鉴》卷164，第4458页。

6　赵昀：《御制御书道统十三赞并序》，潜说友：《咸淳临安志》卷11，文渊阁四库全书本。

7　朱彝尊：《孟子》，《经义考》卷231，文渊阁四库全书。

8　毕沅：《续资治通鉴》卷206，第5599—5600页。

如果说从真宗至神宗时孟子升格运动的勃兴是由士大夫首先发动而获得了帝王的支持，那么哲宗时经筵进讲《孟子》则开启了帝王研习之先河，不仅为天下读书人学习《孟子》做出了表率，而且加深了帝王对《孟子》思想内涵的认识与理解。高宗时确立了以孔孟为师的"圣训"，为孝宗、宁宗、理宗等诸帝谨守，从而促进了孟子地位的稳固与升格运动的基本完成。

三、经筵进讲与孟子升格运动的关系

宋代经筵官通过对《孟子》的诠释与讲解，深化了帝王们对孟子思想与价值的认同和理解，从而使得君臣"尊孟"意识与合力的形成。同时，这种发自内心对孟子的认可，则又成为帝王尊崇、维护孟子的内在意识与动因。可以说，经筵进讲是孟子升格运动发展与完成的关键环节，这与经筵设立的目的、经筵官的职责与经筵讲学的特点密切相关。

1. 经筵设立的目的："学"以求"治"。经筵之设，本就是在宋代以文治国政策下，帝王"无不典学"的产物，[1] 寄寓了他们崇儒重道，学以求治的理想。太平兴国八年（983），太宗出于"听政之暇，日阅经史，求人以备顾问"[2] 的需要，任命了宋代第一位侍读吕文仲。真宗时又置侍讲、侍读学士以质问经义、"召对询访"[3]。仁宗"日御经筵"，"于是崇政殿始置说书，天章阁始制侍读，中丞始预讲席，宰相始预劝讲，旧相始入经筵以观讲，史官始入经筵以侍立。而经筵之上，文物宪度始大备矣"[4]。经筵制度至此基本完备，既为帝王学以求治提供了制度与组织保障，又为士大夫以学术介入政治提供了有效平台。仁宗在位四十多年，其任命的经筵官有姓名考者就多达七十余人。[5] 神

1　脱脱等：《文苑传》，《宋史》卷 439，北京：中华书局，1985 年，第 12997 页。

2　范祖禹撰、陈晔校释：《帝学校释》，第 74—75 页。

3　同上，第 78—80 页。

4　吕中：《仁宗皇帝》，《宋大事记讲义》卷 8，文渊阁四库全书本。

5　姜鹏：《北宋经筵与宋学的兴起》，第 67—107 页。

宗元丰时，允许"侍讲官于进读书内或有所见，许读毕具劄子奏陈"，[1]进一步拓展了经筵的政治功能，使之成为与"内朝""外朝"并重的政治空间。[2]经筵往往成为士大夫们争夺发言权以影响时局的重要场域。如熙宁变法时，为确保改革的顺利推行，了解神宗的动向，王安石将自己的姻亲及学生王雱、沈季长、吕惠卿、陆佃等引入经筵。南宋后期权相辈出，其中一个重要原因就是"每除言路，必预经筵。朝廷动息，台谏常与之相表里焉"[3]。宰执通过操纵参预经筵人选来控制言论导向，并进而影响帝王的价值理念与政治决策。[4]

2. 经筵官的职责：成君德立圣治。宋人认为帝王"今日学与不学，系天下他日之治乱"[5]，"经者所以载道，而道者适治之路也"[6]。要实现三代之治的理想，重构政治社会秩序，就必须以正确的"学问"指导"政治"，引君于道。经筵制度的定型，则给了经筵官们通过经筵讲学，借助诠释经典影响帝王与政治的机会。[7]由于"学与政非二物，顾所学者如何尔。学帝王仁义之术，则为德政；学霸者刑名之术，则为刑政"[8]。要确保儒家王道理想与治道的实现，就必须以仁义之道教化帝王，成就君德圣治，致君尧舜，也即程颐所谓"天下治乱系宰相，君德成就则经筵"[9]。君德成就乃是经筵官最重要的职责，所以朱熹在经筵不愿"碌碌随群，解释文义"[10]，而是希望通过讲学以

1 刘琳、刁忠民、舒大刚等校点：《宋会要辑稿·职官六·侍读侍讲》，第 3193 页。

2 吕中：《宋大事记讲义》，见李心传：《建炎以来系年要录》卷 156，第 2529 页。

3 脱脱等：《职官志二》，《宋史》卷 162，第 3813 页

4 董文静：《南宋台谏"必预经筵"政治模式的形成——以董德元为线索的考察》，《浙江学刊》，2012 年第 5 期。

5 范祖禹：《上哲宗论学本于正心》，赵汝愚：《宋朝诸臣奏议》卷 5，第 47 页。

6 吕陶：《策问》，《净德集》卷 20，文渊阁四库全书本。

7 王琦：《论宋代经筵讲义的兴起》，《中国哲学史》，2018 年第 2 期。

8 王十朋：《经筵讲义》，《梅溪后集》卷 27，文渊阁四库全书本。

9 程颐：《论经筵第三劄子》，《二程集》，第 540 页。

10 朱熹：《经筵留身面陈四事劄子》，《晦庵先生朱文公文集》卷 14，《朱子全书》第 20 册，第 679 页。

正君心立纲纪，[1]引君"跻之尧舜之盛"[2]，"仰裨圣治万分之一"[3]。同时经筵官作为帝王师，"非天下第一流不在兹选"[4]。入侍经筵，往往被认为是士大夫得君行道最重要的机会，备受世人瞩目，并受到士大夫群体的支持。如张栻在任侍讲时，常与朱熹有书信往来，讨论如何感悟君心，革新政局。张栻向孝宗进言的内容，吕祖谦也曾参与讨论。[5]因而经筵经义的诠释与阐发，往往代表了士大夫群体的集体意识。此外，经筵官们多为某个学派的领袖或代表人物，如程颐、司马光、王安石、苏轼、杨时、胡安国、张栻、朱熹、真德秀等，在学界拥有巨大的影响力，因而《孟子》在经筵的进讲，无论是帝王还是经筵官，均会对天下人读孟、尊孟起到示范与带动作用。

3. 经筵讲学的特点：义理解经，关切时政。[6]帝王学以求治的政治诉求，决定了经筵官在讲学时，不能仅限于字词章句等知识传授，而是要"发明正理，开启上心"[7]，以经典中所蕴含的修齐治平之道启沃君心[8]，以经义劝诫帝王、针砭时弊，"有为"而发。如绍熙五年（1194），陈傅良任中书舍人兼侍读，利用为宋宁宗讲《孟子》之际，[9]通过"杨氏为我，是无君也；墨氏兼爱，是无父也"的经文诠释，[10]凸显尊君父之义，强调"人所以相群而不乱者，以其有君父也。有君在，则上下、尊卑、贵贱之分定；有父在，则长幼、嫡庶、亲疏之分定，定则不乱矣。苟无君父，则凡有血气者，皆有争心；苟有争心，

1 朱熹：《庚子应诏封事》，《晦庵先生朱文公文集》卷11，《朱子全书》第20册，第580页。

2 朱熹：《壬午应诏封事》，《晦庵先生朱文公文集》卷11，《朱子全书》第20册，第571页。

3 朱熹：《经筵留身面陈四事劄子》，《晦庵先生朱文公文集》卷14，《朱子全书》第20册，第679页。

4 吕中：《仁宗皇帝》，《宋大事记讲义》卷8，文渊阁四库全书本。

5 关于张栻在经筵进讲的事迹及与朱熹、吕祖谦的讨论，参看余英时：《朱熹的历史世界》，第442—451页。

6 王琦：《论宋代经筵讲义的兴起》，《中国哲学史》，2018年第2期。

7 徐鹿卿：《辛酉进讲》，《清正存稿》卷4，文渊阁四库全书本。

8 王琦：《从章句之学到义理之学——以朱熹〈大学章句〉与〈经筵讲义〉为例》，《西南民族大学学报》，2018年第5期。

9 脱脱等：《陈傅良传》，《宋史》卷434，第12888页。

10 方勇译注：《孟子·滕文公下》，北京：中华书局，2010年，第121页。

不夺不餍，是人心与禽兽无择也”[1]，警醒宁宗汲取光宗不敬孝宗，以至失去皇位的经验教训，劝其恪守君臣父子之伦而为天下之典范。同时，在经筵讲学中，经筵官与帝王之间存在着有问有答，相互切磋交流的互动机制。如英宗在经筵“未尝发言有所询问”，司马光即“乞赐诘问”[2]。真德秀在经筵讲读之际，也多次请求理宗，凡“有切于身心，关于政治者，时发玉音质问所疑，俾臣等得悉心以对。如有未谕，即乞再三诘难，必圣心洞然无疑而后已”[3]。经筵讲学因其有固定的时间与场域，使得帝王与士大夫可以就学术与政治等问题进行比较充分的交流与探讨，有利于君臣在思想观念、价值理想与治国理念等方面达成共识，进而影响其政治选择与决策。《孟子》在经筵的进讲，无疑加深了帝王对孟子的认同与理解，从而“尊孟”“升孟”。

四、结语

顺应帝王学以求治需要产生的经筵制度，不仅为帝王在固定的时间与地点学习经史提供了制度与组织保障，而且为经筵官借助经典诠释，以学术影响政治，感格君心，得君行道提供了平台。[4]帝王在经筵对《孟子》的研习，无疑会对天下士子起到示范与引领作用；而经筵官对《孟子》的经义诠释，则加深了帝王对孟子思想与价值的认同，有利于君臣之间“尊孟”共识的形成，进而促进了《孟子》的官学化与社会化。可以说，经筵进讲是推动孟子升格运动发展与完成的关键环节。肇始于唐而成于宋的孟子升格运动，在帝王的大力支持与士大夫的共同推动下，至南宋末年基本完成。孟子开始配享孔庙，成为“亚圣”，得以“孔孟”并称；《孟子》其书由“子”入“经”，成为“四书”之一。其尊道统辟异端、言性善扬王道等思想也成为历代王朝及

---

1 陈傅良：《经筵孟子讲义》，《止斋集》卷28，文渊阁四库全书本。
2 范祖禹撰、陈晔校释：《帝学校释》，第139页。
3 真德秀：《经筵讲义》，《西山文集》卷18，文渊阁四库全书本。
4 王琦、朱汉民：《论宋代儒家新帝学的兴起》，《鹅湖月刊》2019年第12期。

知识分子治国理政、建构学术思想与文化体系的珍贵宝藏，深深地影响了中国人的政治建构、文化心理与生活方式。

第十四章　程俱《论语》《孟子》经筵讲义研究

程俱作为南北宋之际以文才而闻名的士大夫，[1] 不仅"诗章兼得唐中叶以前名士众体"[2]，"为南渡词臣称首"[3]，而且曾"为天子掌制命"[4]，文辞典雅宏奥，备受推崇，其所撰《麟台故事》被视为"中国古代第一部概论性的图书馆学著作"[5]。因之学界对其研究多侧重于其生平、年谱、诗文、《麟台故事》等领域，[6] 而对其在经筵侍讲之时所撰的《论语》《孟子》讲义鲜有

1　程俱（1078—1144），字致道，衢州开化（今属浙江）人。以外祖尚书左丞邓润甫恩荫入仕，历哲宗、徽宗、钦宗、高宗四朝，曾任著作佐郎、秘书少监、中书舍人、侍讲等职，为人刚介敢言，多次因言被罢职。其一生博览群书，工诗词，勤著述，曾为天子制诰而令朝野文士所重。今存《北山集》《麟台故事》等。生平事迹可参见《宋史·程俱传》；程珌：《宋左中奉大夫徽猷阁待制新安县开国伯食邑九百户致仕赠左通奉大夫程公行状》等。

2　叶梦得：《北山集序》，《北山集》，文渊阁四库全书本。

3　程敏政：《先贤事略上》，《新安文献志》卷首，文渊阁四库全书本。

4　叶梦得：《北山集序》，《北山集》，文渊阁四库全书本。

5　陈林：《程俱与郑樵图书馆学思想之比较》，《福州大学学报》，2000 年第 4 期。

6　学界对程俱的研究主要可分为三大类：一是其生平事迹与年谱研究。如李欣、王兆鹏：《程俱年谱》上、下，《中国韵文学刊》，2006 年第 2 期、第 3 期；罗玉梅、王照年：《程俱生平考述》，《龙岩学院学报》，2011 年第 6 期；徐建华：《程俱家世新考》，《浙江树人大学学报》，2018 年第 3 期；二是其诗文研究。如赵静：《程俱诗校注》，广西大学 2014 年硕士学位论文；夏莹莹：《程俱及其诗歌研究》，南京师范大学 2014 年硕士学位论文；徐晓慧：《程俱及其诗歌研究》，山东师范大学 2015 年硕士学位论文；徐建华、廖秋华：《程俱近体诗用韵研究》，《浙江树人大学学报》，2017 年第 3 期；三是《麟台故事》研究。如张富祥：《程俱〈麟台故事〉考略》，《山东大学学报》，1993 年第 5 期；王照年：《程俱及其〈麟台故事〉考论》，西北师范大学 2008 年博士学位论文，等等。

研究。[1]

据《宋史》等资料记载，程俱在绍兴元年（1131）"擢中书舍人兼侍讲"[2]，于十月十二日、十九日、二十三日，绍兴二年（1132）二月二十一日，为高宗讲《论语》《孟子》。其经筵进讲的讲义现存于《北山集》卷廿九《进讲》中，所讲内容为《孟子·梁惠王》及《论语·雍也》部分章节。与其他经筵官每次一般只讲一经不同，程俱同时进讲两经，先《论语》而后《孟子》。[3] 通过对程俱经筵讲义的探讨，我们可以管窥他对理想君王与政治的期望，进而把握经筵讲义不同于书生之学的"帝学"特征，更好地了解程俱其人其事其学。

一、经筵讲义诠释要旨

面对着秩序重建的历史任务，宋代士大夫们普遍相信"经者所以载道，而道者适治之路"[4]。经典中保存着尧舜圣王千古相传修身治国之大道，人君之学与不学，所学内容为何直接关系到国家的兴衰存亡。[5] 王十朋曰："学与政非二物，顾所学者如何尔。学帝王仁义之术，则为德政；学霸者刑名之术，则为刑政。"[6] 以何种思想与治国理念引导帝王，往往影响着国家治理模式与政治决策的走向。尤其是对于经历北宋灭亡与南宋风雨飘摇之苦的程俱，亲眼目睹了外族的兵戈铁马与百姓的流离失所，他始终坚持以其所学经世济民的理想，其"稍任州县，即能遇事引义，慷慨论列利害"；身处朝堂，刚直耿

1 关于经筵讲义研究之现状，可参看王琦《经筵讲义研究综述》，《历史文献研究》总第40辑，上海：华东师范大学出版社，2018年。
2 脱脱等：《程俱传》，《宋史》卷445，第13136页。
3 程俱：《进讲》，《北山集》卷29，文渊阁四库全书本。
4 吕陶：《策问》，《净德集》卷20，文渊阁四库全书本。
5 范祖禹：《上哲宗论学本于正心》，赵汝愚编：《宋朝诸臣奏议》卷5，第47页。
6 王十朋：《经筵讲义》，《梅溪后集》卷27，文渊阁四库全书本。

介，屡次被罢，而"气益坚刚"[1]。绍兴元年，程俱入侍经筵为"帝王师"，更是给了他近距离接触君王，借经义陈说政治理想与学术思想的机会。虽每次经筵讲学均同时开讲《论语》《孟子》两经，但程俱从为国家培养理想君王的立场出发，围绕着"王道""仁政""用贤""君德"等要旨，择取《孟子·梁惠王上》《论语·雍也》的部分经文，通过经义阐发影响帝王。[2]

（一）为政之本：仁政王道，施之于当

作为深受儒家思想浸润的士大夫，程俱向往的政治理想就是以儒家仁政王道思想致君尧舜，救民于水火之中。因此他借孟子与梁惠王"移民于河东以就粟，移粟于河内以救荒"等问题的讨论，指出为政应抓住根本，将"爱民之意"施之于政，而不是采取"移民""移粟"等一时之权宜措施来安顿百姓，而应从国家可持续发展、百姓安居乐业等全局出发，采取系列措施，心怀天下，实行王道政治："如春省耕、秋省敛，凡起徒役家，毋过一人，用民之力，岁不过三日"，"不违农时，民皆得以尽力于稼穑"，"不使密网入于洿池"，"鱼鳖则与民同其利者，未尝有竭泽之忧焉"，"斧斤以时入山林"，"仲冬斩阳木，仲夏斩阴木"，使得粮食、鱼鳖与材木"皆有余而不匮"，百姓养生丧死而无憾。即使有"凶荒之岁"，对其基本生计也不会造成太大影响。并以郑国子产为政，"以其乘舆济人于溱洧"解小部分人过河之困，而不知架设桥梁以纾大众之难，被孟子嘲笑为"不知为政"的故事，阐明为政者不可局限于施小恩小惠于民，而应胸怀高远，运筹帷幄，博施于民，解决百姓民生问题，才可实现"既安且治"的理想社会秩序，这就是"王道之始"，也即为政之本。而为政的原则则是"合于天道，当于物理"，符合天道与民情，"施之当而已"。[3]

1　程瑀：《宋左中奉大夫徽猷阁待制新安县开国伯食邑九百户致仕赠左通奉大夫程公行状》，《新安文献志》卷94，文渊阁四库全书本。

2　王琦：《从正诚之学到尧舜之治：朱熹帝学思想探析》，《原道》第37辑，长沙：湖南大学出版社，2019年。

3　以上所引均见程俱：《进讲》，《北山集》卷29，文渊阁四库全书本。

（二）为政之要：制器创物，慎始思终

程俱认为"政之所及者广"，在制定政治制度、"制器创物"及出台措施之时，应"慎其始而思其终"，否则一有不慎，就有可能产生"为祸深且久"的"苛政之害"，以致"民有饥色，野有饿莩"，"率兽而食人"。并"以人食食马畜"的问题为例，指出为政者最初并不是"有意于使民饥而死也"，只是由于"吴越之地，菽麦之生者寡"，"比者行军所过州县，皆敛稻谷以食马"，而"二石之谷，一石之米也"，如"敛万石之谷以食马，则民间无五千石之米矣"。一旦普遍地采用以谷食马的方式，就会导致"民转而为饿莩者"的灾难。可见，只要与政治有关，哪怕只是马食"粟"与"谷"等小事情，稍有不慎，就有可能导致饿莩满地等大问题，进而对国家政治与社会稳定造成影响。就如同"古者用偶人以从葬"，最初只因陶俑像人而用之殉葬，最终却发展为以人殉葬的情况。为此孔子批评说："始作俑者，其无后乎？为其象人而用之也。"更何况那些因苛政导致百姓流离失所"饥而死"的君王呢？因此，为政以"杀人"更甚于以"刃"与"梃"杀人。一器一物之制作之不慎，犹可导致百姓之死生，更何况国家政治制度及政策之出台，故人君为政当思虑长远，考虑后果，以人为本，慎始虑终。[1]

（三）用人之道：选贤授能，以礼相待

《中庸》曰："其人存，则其政举；其人亡，则其政息。"[2] 在君主专制国家，人君虽拥有至高无上的政治权利，但国家治理并非君主一人所能独任，还需要选贤授能、群策群力，方可实现国家政治、社会的有序运行。程俱借《论语·雍也》季康子问仲由、子贡、冉有"可使从政也与"章、"贤哉回也"章的经义发挥，阐发为政用人之道与君臣相处之原则。

（1）官职授受，以才不以恩。为政者在任命官员时，应当遵循"知其可使从政，而后与之从政也"的原则，先有从政之才而后授之以政，切不可因

1　程俱：《进讲》，《北山集》卷29，文渊阁四库全书本。

2　朱熹：《中庸章句》，《四书章句集注》，第29页。

私爱私恩随意授官，使其往"学"而制之，这就好比"犹未能操刀而使割也"，其伤必多，于个人于国家都非益事。[1]

（2）举贤授能，量才授官。程俱指出为政举才，当从"箪食、瓢饮之间"等日用常行处，"观人之得道浅深与夫志之小大"，并以颜回为例，认为只有"能不陨获于贫贱，则能不充诎于富贵；能不为贫贱之所移，则能不为富贵之所淫"等品性的儒者与"大丈夫"，方能"以道事君"，不为贫贱富贵易其操守，辅助君王成就经世治国之大业。同时，由于人的能力大小各异，又当因其长而用其才。如鲁国"以季路之果敢，子贡之通达，冉有之才艺"而授之以政，最终仲由为季氏宰而助孔子堕三都以强公室，冉有"为季氏将帅，以与齐战于郎而克之"，子贡一出而"存鲁强晋而霸越"，各守其职，各尽其才，收其"果、达、艺之明效"，安定国家，保存社稷，经邦治国。[2]

（3）臣以道事君，君以礼待臣。关于君臣之间理想的相处之道，程俱以历史上伊尹、傅说等贤士为例，指出汤成"有商之业"，高宗成"中兴之功"，就在于任用了一批"以天下弗顾也，系马千驷弗视也"的贤才，因此君欲用"以道自任"的贤才为臣，绝"不可以爵禄宠利拘而可以礼致也"。可惜三代而下，为人臣者"往往有自衒自鬻"，有"图利于其君之心"，而人君则往往有"有骄士之心"，用"爵禄宠利"以诱士，"待士之礼亦薄"，从而导致"上下胥失"，内无贤才辅助，外有敌国之患，国家上下失序，政治混乱。此外，程俱还借《论语》"不有祝鲀之佞而有宋朝之美"章的诠释，通过阐发卫灵公虽无道，但因有"仲叔圉治宾客，祝鲀治宗庙，王孙贾治军旅"而"能免于斯世"的事例，进一步佐证人君任贤使能对国家政治治理的重要性。[3]

（四）君王之德：以仁存心，惠泽百姓

在秩序重建的过程中，宋代士大夫们往往将"内圣"视为"外王"的根

---

1 程俱：《进讲》，《北山集》卷29，文渊阁四库全书本。

2 同上。

3 同上。

本与前提，因而君德成就被视为经筵官最重要的职责。[1] 程俱通过对孟子批评梁襄王"望之不似人君"的经义诠释，指出君主最重要的品质与"一天下"的武器就是"仁"。并以齐宣王不能视牛之将就死地的故事，阐发人皆有不忍之心，这种"不忍之心"乃是"仁之端也"，如能"推是心而广之，则仁不可胜用矣"。然而为什么人君虽有"仁心"，但却"不能推是心，以恩加于百姓"呢？这并非能力不够，而是"不为"的原因。就好比"力足以举百钧而不举一羽，明足以察秋毫之末而不见舆薪"，进而指出"夫以千里之国，诸侯之位，有可为之势，推不忍之心，而行王政以成王业，此非不可能之事也，然不为焉"，所以"人主患无求治之志，而不患治之不成；患无可为之资，而不患行之不至"。人君求治的关键就在于能否以"仁心仁闻"而"达于天下"，以仁存心，推而广之，惠泽百姓。所以"为国之存亡"，君德之成就，一言概之曰："仁与不仁而已矣。"[2]

综上可知，程俱无论是言王道政治、为政之要，还是谈用人之道、君德养成，均是希望培养内圣外王合一、德位相称的理想帝王，从而确保政治社会秩序的稳定与百姓安居乐业。

二、经筵讲义诠释特点

经筵讲义是宋代帝王之学的产物，[3] 承载着宋代士大夫通过儒家经典教育，"神圣德，究治体"[4]，提升人君道德修养与治国理政能力的功能，这就决定了经筵官在诠释经典时，不能像书生之学那样侧重于字词章句的疏解，而是要

1　程颐在《论经筵第三劄子》中提出"天下治乱系宰相，君德成就责经筵"，将君德成就作为经筵官的重要职责。见《二程集》，第 540 页。

2　以上所引均见程俱：《进讲》，《北山集》卷 29，文渊阁四库全书本。

3　参见王琦、朱汉民：《宋代儒家新帝学的兴起》，《鹅湖月刊》第 45 卷第 6 期。

4　脱脱等：《周必大传》，《宋史》卷 294，第 11965 页。

从国家治理与君德成就的角度出发进行诠释，[1] 具有阐发经义、出之己意、讽喻时政、劝谏君王、经世济民等特点。

（一）阐发经义，启迪君心

关于帝王之学与书生之学的区别，吕公著曾说："人君之学，当观自古圣贤之君，如尧、舜、禹、汤、文、武之所用心，以求治天下国家之要道，非若博士诸生治章句、解训诂而已。"[2] 如果说书生之学解说的重点在于字词训诂与分章析句，那么人君之学则重在阐发经典中的修身治国平天下之道。因而与普通"书生之学"的文本先列经文，再注解字词、疏通句意不同，程俱的经筵讲义则依据所要阐发的主旨，选择经文，然后以"臣以谓""臣闻""臣窃以谓"等按语，另起一段，围绕着君"德"与为"治"，阐发经义，启迪君心。同时，为保证思想与言说的连贯性，全篇无一字词训诂，而着重于义理发挥，行文流畅通达，气韵连贯。

如以程俱《孟子讲义第一·讲义第五授》为例，文中先列孟子与梁惠王讨论"杀人以梃与刃""以刃与政，有以异乎"等经文，接着以"臣观孟子告梁惠王"等语，直接阐明观点，指出"夫刃之与政，其杀人无以异，犹梃之与刃也"，然后话锋一转，用"然臣以谓政之杀人有甚于刃者"之言，表明自己的观点与立场，指出这是由于"政之所及者广，而其为祸深且久故也"，"此苛政之害，孔子所以知其甚于猛虎者也"。进而以"季文子相鲁而家无衣帛之妾与食粟之马"的故事，指出"夫初以人食食马畜，非有意于使民饥而死也，而驯致于使民转而为饿殍者，是始作俑而终必至于用人之类也"，警醒高宗为政当"慎其始而思其终也"。[3] 其经义阐发，不为经文所限，逻辑清晰，环环相扣，无一不关切人君为政要旨，具有浓厚的个人价值取向与主观意识。其他章节的诠释亦具有同样的特征。

1　参见王琦、朱汉民：《从章句之学到义理之学——以朱熹〈大学章句〉与〈经筵讲义〉为例》，《西南民族大学学报》，2018 年第 5 期。
2　范祖禹撰、陈晔校释：《帝学校释》，第 134 页。
3　以上所引均见程俱：《进讲》，《北山集》卷 29，文渊阁四库全书本。

（二）针砭时弊，劝诫君主

经筵既是对帝王进行经史教育的场所，[1] 又为经筵官借助经义阐释，针砭时弊，讽谏帝王，提供了有效平台。面对南宋风雨飘摇的政局与百姓的困苦，程俱特重什么是"王道之始"的经义诠释。他从人君的视域入手，提出应统筹兼顾农业农时、渔业林业、生态环境、民力民生等问题，采取切实可行的措施将王道理想落实到政治实践当中，并联系实际指出："今夫天下之民，其穷困至于生无以养，死无以葬，则其夺攘矫虔之事，生于憔悴无聊之心，盖将无所不至矣。虽欲安且治得乎？"进而强调"养生丧死无憾，其为王道之始也，明矣"[2]，告诫君主以仁政王道治国泽民。程俱经筵进讲总计四次，他每次均会在经义阐发中，联系人君修身治国的实际，拳拳劝诫君王"勤听断、明政刑、节财用、慎举措、修军政、纾民力、进贤能，以驯致中兴之功"[3]。其爱国忧民、诲君勉君之心，溢于言表。

又如针对当时朝堂武功大夫不经磨勘迁转以开侥幸之门的弊病，程俱上《缴苏易转行横行奏状》，劝谏高宗"夫官职轻重在朝廷，朝廷爱重官职，不妄与人，则官职重；反是则轻，轻则得者不以为恩，未得者常怀觖望，此安危治乱之所关也"[4]。反对朝廷不尊祖宗法度而随意授官。同时他还利用讲《论语·雍也》季康子问仲由等三人是否"可使从政"章经文，以子产反对子皮任用没有从政经验的尹何为邑宰的故事，警醒人君当"将知其可使从政，而后与之从政也，岂大官大邑而肯使之学制乎"？[5] 指出官职乃朝廷公器，切不可因"私爱"而随意授官，劝谏人君选贤任能，量才授官。其经义所指，乃是针对时局，有为而发。这种关切现实、针砭时弊、劝诫君王的特点，是"书生之学"逐词逐句逐章疏通经典原文大义所不具备的。

1　邹贺、陈峰：《中国古代经筵制度沿革考论》，《求索》，2009 年第 9 期。

2　程俱：《进讲》，《北山集》卷 29，文渊阁四库全书本。

3　同上。

4　同上。

5　脱脱等：《程俱传》，《宋史》卷 445，北京：中华书局，1985 年，第 13137 页。

（三）引经据典，参之故事

为更好地启迪人君，感发人心，实现经筵讲学的教育目的，程俱在阐发经义时，一方面引经据典，以增强论说的权威性与说服力；另一方面参之以故事，使经筵讲经更为生动可感。每讲程俱都借助经典的权威佐证自己的观点。如"十月十二日"进讲，程俱引《左传》曰："天之道，其犹张弓乎？高者抑之，下者举之，有余者损之，不足者补之。"阐明为政应"合于天道，当于物理"，必须要施之有当，不可厚敛于民而济富。"十月十九日"进讲引《诗经·黄鸟》《礼记·檀弓》之言强调为政当慎始思终。"十月二十三日"进讲引《礼记·曲礼》《史记》来证明人君之威仪与品质在于"仁"。"二月十二日"进讲引《左传》之言论证选贤授能之重要性，等等。此外，程俱还运用例举故事的方式，增强讲学的生动性与感染力。如以子产"以其乘舆济人于溱洧"，而不知架设桥梁以济众人的故事，说明为政不可只施小恩小惠，而应高瞻远瞩，博施于民而济众。以子产阻止子皮以"尹何为邑"的故事阐明官职不可因私恩轻授，而应量才授官。以"季文子相鲁"的故事，强调为政不可不慎始思终。以《左传》哀公十一年五月"孟之反为之殿"、定公十四年"卫蒯聩之出奔"、定公十五年卫灵公与夫人南子同车使孔子为次乘的故事证明"人君莫强于用人也"，劝诫君王重视对人才的任用与选拔。[1]可谓是融说理与故事于一炉，论说生动形象，避免了空洞说教，使人君更易于接受。

三、结语

《论语》《孟子》经筵讲义是程俱专为高宗讲学而作，寄寓了其以仁政王道，施之于当；制器创物，慎始思终；选贤授能，以礼相待；以仁存心，惠泽百姓的政治理想与治国方略。同时，由于经筵讲义承载着宋代士大夫以道致君、成君德出治道的理想，其经义诠释与一般"书生之学"不同，具有依

1　以上所引均见程俱：《进讲》，《北山集》卷29，文渊阁四库全书本。

据诠释需要，从人君角度出发，阐发经义，启迪君心；联系实际，针砭时弊，劝诫君主；引经据典，参之故事，生动可感等特点，呈现了宋代士大夫通过经典诠释，力图用学术影响政治，拓展参政议政渠道的努力。

第十五章　陈傅良《经筵孟子讲义》刍议

陈傅良作为上承薛季宣、下启叶适的永嘉学派的中坚人物，清儒孙锵鸣对其作出了高度评价："乾淳之间儒术之盛，实基于此，而陈止斋氏尤为永嘉学者之冠。当是时，朱学盛于闽，吕学盛于婺，而吾乡二郑、陈、薛诸儒自为永嘉之学，讨论古今经制治法，纲领条目，兼综毕贯，务使坐而言者，可以起而行，与朱子、东莱鼎足而立。"[1] 将陈傅良视为"永嘉学者之冠"，并指出永嘉学派因重实事实功而与闽学、婺学成鼎足之势。然对于同出于洛学而自成一家的永嘉之学，朱熹却甚为"不喜"，"目之为功利之学"[2]，批评道："江西之学只是禅，浙学却专是功利"[3]，"陆氏之学虽是偏，尚是要去做个人。若永嘉、永康之说，大不成学问"[4]，甚至对包括永嘉、永康在内的整个浙学持全盘否定的态度。

以陈傅良为代表的永嘉学派是否只言"功利"而不言性理？朱熹对其评价是否公允？这需要我们对陈傅良的学术思想进行再考察与再认识。有幸的是，绍熙五年（1194），陈傅良曾以中书舍人兼侍讲的身份入侍经筵，为宁宗

1　孙锵鸣：《瑞安重建先师庙碑记》，《孙锵鸣集》卷 7，上海：上海社会科学院出版社，2003 年，第 110 页。

2　黄宗羲、全祖望：《良斋学案》，《宋元学案》卷 52，北京：中华书局，1986 年，第 1691 页。

3　黎靖德：《朱子语类》卷 123，第 2967 页

4　黎靖德：《朱子语类》卷 122，第 2957 页。

讲《孟子》，并撰有《经筵孟子讲义》。¹由于担任"帝王师"是儒者的最高荣耀，经筵讲学往往浓缩了其一生的学术思想精髓，²因而通过对陈傅良《经筵孟子讲义》文本思想内容与诠释特点的分析，无疑可更好地管窥其学术特点，并对永嘉之学做出客观评价。

一、《经筵孟子讲义》的思想内涵

陈傅良作为一名"苟神社稷，奋不顾身"、始终以忧国忧民为己任的儒家士大夫，其仕于外则"事无细巨，一裁以义，劝善革奸，缩用薄利"，惠泽百姓；在朝则"正色谠论，直前极陈，扶翊大政，匡持君德"³，无时无刻不以国计民瘼、朝政纲常为念，"其于君德内治，则欲内朝外廷为人主一体，群臣庶民并询迭谏，而无雍塞不通之情"⁴。因而当他有机会经筵进讲《孟子》之际，便将自己的理想倾注到经义诠释之中，始终紧扣辟邪说——学术明教化、尊君父扶纲常、正人心成圣王的主旨，力图引导宁宗以尧舜圣王为法，成就君德帝业。

1. 辟邪说—学术明教化。孟子所处的时代"圣王不作，诸侯放恣，处士横议，杨朱、墨翟之言盈天下"⁵，王政衰微，异说、邪说、诐行流行，陈傅良认为根源在于圣王失位、王权式微，诸侯皆得"自便纵欲而专利"，"自天子至于诸侯皆失其道，不复以明教化为务"，导致"天下荡然，学术无统纪，而

1 《宋史·陈傅良传》称，宁宗即位后，召陈傅良为中书舍人兼侍读，但据楼钥《宋故宝谟阁待制赠通议大夫陈公神道碑》、蔡幼学《宋故宝谟阁待制致仕赠通议大夫陈公行状》等史料记载，当为"侍讲"，对此，当今学界周梦江先生进行过详细的考证，可参看周梦江：《〈宋史·陈傅良传〉补正》，《河南大学学报》，1955 年第 1 期；脱脱等：《宋史》卷 434《陈傅良传》，第 12886—12888 页；陈傅良：《陈傅良先生文集》附录 2，杭州：浙江大学出版社，1999 年，第 682—703 页。

2 王琦：《论宋代经筵义的兴起》，《中国哲学史》，2018 年第 2 期。

3 王瓒：《止斋陈先生文集序》，见陈傅良：《陈傅良先生文集》附录 2，第 706—707 页。

4 叶适：《宋故通议大夫宝谟阁待制陈公墓志铭》，《陈傅良先生文集》附录 2，第 699 页。

5 方勇译注：《孟子·滕文公下》，第 121 页。

世之处士各横为议论,人自为一说,家自为一书也"[1]。其中尤以杨墨之言最为天下害。这种淫辞邪说初看起来好像影响甚微,不过是"其门人弟子转相传授,以为可行而深信之焉耳",但是它却能根植于"人心","苟见之行事,则必害及于其事。不施之于有政,斯已矣;苟施之于有政,则必害及于其政"[2],会产生一系列的连锁反应,最终导致人心沦丧,风俗颓败,社会失序,政治混乱。学术与人心、教化与政治等问题紧密相连,不可不慎。

从历史经验来看,只要有"圣王在上",就会采取措施,"教明而禁令,虽有邪说而不得行耳"。对异端学说予以禁止,统一思想。如唐虞三代时就曾出现过"反道败德,侮慢自贤"的"苗氏之邪说","威侮五行,怠弃三正"的"有扈氏之邪说","谓祭无益,谓暴无伤,谓己有天命,谓敬不足行"的"商纣之邪说",导致"道术分裂,间为异端",虞舜、夏启、周武及时将其"迁之""征之""灭之",使得这些邪说"卒不足以干大中至正之统者",未能对国家政治与社会和谐造成冲击。[3]因而能否统一思想与学术,是一个国家能否维持统一与稳定,帝王是否有圣德甚至成为圣王的重要标志。故"圣王不作,则教不明,禁不立。教不明,则曲学之论兴;禁不立,则朋邪之类胜。及其末流,而莫之救也"。陈傅良进而提出:"凡不本于孔子而敢为异说者,岂不甚可畏哉!有圣王者作,岂可不深察哉!"[4]大有董仲舒"诸不在六艺之列孔子之术者,皆绝其道,勿使并进。邪辟之说灭息,然后统纪可一而法度可明,民知所从矣"[5]之势。其实质就是力图用孔子之道统一思想,维护政权稳定与社会秩序,体现了宋代士大夫面对佛老冲击,高举辟异端学术——明教化的大旗,致力于儒学复兴与政治社会秩序重建的努力。

2.正人伦尊君父扶纲常。关于"杨氏为我,是无君也;墨氏兼爱,是无

1　陈傅良:《经筵孟子讲义》,《陈傅良先生文集》卷28,第370页。

2　同上,第372页。

3　同上,第372—373页。

4　同上,第372—373页。

5　班固:《董仲舒传》,《汉书》卷56,北京:中华书局,1962年,第2523页。

父也。无父无君，是禽兽也"等经文诠释，[1]陈傅良运用了理、欲、心、性等理学概念与理论，从国家治理、社会人伦、天理纲常等角度进行了诠释。

首先，从国家治理角度而言，"惟天生民，有欲无主则乱。故人主者，天之所置，非天下徒尊之也"。陈傅良借助天的权威，以人欲放任对国家与社会造成的冲击，为君王统治的合法性与必要性提供了论证。并指出君王至高无上的地位与导人情性以出治道的使命，乃天是之所定，就好像"葵藿之于太阳，江汉之于海，鸟兽之于麟凤"一样，不可移易。如果"世之学者，皆操杨朱之心，虽损一毛而不以利物"，则是"是无与事君者也"，故曰"是无君也"。因为国家的建立与社会的发展，必然有超越于个人利欲的东西，也即所谓"天下之士，忘身以为主，忘家以徇国，非直苟利禄也"[2]。需要有超越个人之私欲私利的利人利物与公利公理。可见，陈傅良虽言"功利"，但他所言之"利"并非是个人之私利，而是符合国家社会发展道义之"公利"，也即薛季宣所谓"利者为义之和"[3]，实则涉及儒家义利之辩的问题。

其次，从社会人伦的角度而言，"天之生物也，使之一本父母是也"[4]。父母是人伦关系的根本，夫妇、父子、兄弟等关系均是建立在此基础之上，因而儒家特别强调爱由亲始，并将这种真挚的爱亲之情推己及人，倡导"己欲立而立人，己欲达而达人"[5]，"己所不欲勿施于人"[6]，从而在社会建立"四海之内皆兄弟"的和谐秩序。[7]同样君主如果将这种对待亲人的真情实感施之于民，就有可能实现德治仁政的王道理想。而墨翟的"爱无差等"，看似平等，实际是无源之水，无根之木，在现实生活中是难以实现的，将会导致"人人而父"的局面。所谓"天无二日，土无二王，国无二主，家无二尊，以一治

1　方勇译注：《孟子·滕文公下》，第 121 页。

2　陈傅良：《经筵孟子讲义》，《陈傅良先生文集》卷 28，第 371 页。

3　薛季宣：《大学解》，《薛季宣集》卷 29，上海：上海社会科学院出版社，2003 年，第 409 页。

4　陈傅良：《经筵孟子讲义》，《陈傅良先生文集》卷 28，第 371 页。

5　朱熹：《论语集注·雍也第六》，《四书章句集注》，第 88—89 页。

6　朱熹：《论语集注·颜渊第十二》，《四书章句集注》，第 126 页。

7　同上，第 127 页。

之也"。墨翟的兼爱，不仅与大一统政治格局的形成、现实人伦生活的实际背道而驰，而且与先王立教，"每为之差而独隆于父"的意图相违背，因而是"无父"。[1]

再次，从整体社会发展的角度而言，"人所以相群而不乱者，以其有君父也。有君在，则上下尊卑贵贱之分定；有父在，则长幼嫡庶亲疏之分定，定则不乱矣"。君父是社会有序运行与纲常伦理存在的象征性符号，所谓尊卑贵贱有等，长幼嫡庶亲疏有分等礼义教化与身份职责之间的分别不可不明。"无君则不义，无父则不仁矣"，不仁不义，人将沦为禽兽。因为人生天地之间，除了天理之性外，还有"血气"之心。"苟无君父，则凡有血气者，皆有争心"。如果没有君父等以礼义之分、人伦之常导人之性情，止人之"争心"，将会导致人人"不夺不餍"，"私欲横流，弱者之肉，强者之食尔"，从而揭示任由杨墨无君无父之言发展下去，将会导致"仁义充塞""与禽兽无异"的严重后果。[2]

最后，从天理角度确立了"三纲五常"与孔子之道至高无上的地位。在层层剖析杨朱无君无父之言对国家、社会、人伦所造成的巨大危害之后，陈傅良进一步提出"且夫孔子之道，所以尊信于万世者，非儒者能强之也，诚以三纲五常不可一日殄灭故也。三纲五常不明而殄灭，则天地不位，万物不育矣。自古及今，天地无不位之理，万物无不育之理，则三纲五常无绝灭之理。三纲五常无绝灭之理，则孔子之道无不足尊信之理"[3]。将孔子之道与儒家的伦理纲常提升到了天理、真理高度，并认为"今夫人之所以老者相共养，幼者相抚字，敌己者相往来，以其本诸仁义之心也"，有赖于孔子之道对人心人伦的规范与影响，并进而肯定孟子的"卫道"之功。[4]其对孔子之道与君父权威的肯定，寄寓了陈傅良力图以孔子之道统一学术以正人伦，尊君父而成

1　陈傅良：《经筵孟子讲义》，《陈傅良先生文集》卷28，第371页。

2　同上，第371—372页。

3　同上，第372页。

4　同上，第372页。

圣治的理想追求。

3. **正人心法圣王任天下**。在诠释"昔者禹抑洪水而天下平，周公兼夷狄驱猛兽而百姓宁，孔子成《春秋》而乱臣贼子惧"等经文时，[1] 陈傅良借经义诠释，阐发了自己心目中理想的"圣人"与"圣王"形象：

> 圣贤之生斯世，必以天下为己任。当尧之时，洪水为天下害；商之末，夷狄禽兽为天下害；周之衰，乱臣贼子为天下害；战国之际，邪说诐行为天下害。洪水夷狄之害，则生人不得安其居，不得安其居，则不得适其性矣。乱臣贼子之害，则生人不得定其分，不得定其分，则不得适其性矣。邪说诐行之害，则生人不得修其学，不得修其学，则亦不得适其性矣。是皆人心之所由纷乱而昏蔽也。圣贤者，天民之先觉，将使之启迪人心而归于正者也。则以生人为己任者，圣贤之责。此正人心以承三圣，孟子所以不得辞也。[2]

陈傅良认为"洪水"等自然灾害、"夷狄禽兽"等外族入侵、"乱臣贼子"造成的纲常名分混乱、"邪说诐行"等异说流行乃是天下之大害，将会使得"生人不得安其居""不得定其分""不得修其学"，进而导致人人"不得适其性"的严重后果。而其根源皆由"人心之所由纷乱而昏蔽也"，乃是人心不正的结果。因而圣贤的职责在于"必以天下为己任"，以先觉觉后觉，启迪人心，使人安其居、定其分、修其学、适其性而归于正，这既是成为圣人，也是成为圣王的标准。是故禹抑洪水，周公兼夷狄驱猛兽而使人"脱于不安其生之患"；孔子"明乱臣贼子之罪，使斯人脱于不定其分之患"，孟子"辩邪说诐行之非，使斯人知所学"。[3] 无论是禹、周公"得君以行其道，则见之立功"，还是孔孟"不得君以行其道，则见之立言"，他们均在为人臣、为布衣

---

1 方勇译注：《孟子·滕文公下》，第 121 页。
2 陈傅良：《经筵孟子讲义》，《陈傅良先生文集》卷 28，第 373 页。
3 同上，第 373—374 页。

的不同地位，"尽圣之责"，完成了自己应负的责任与义务。既然"夫为人臣为布衣，不敢不以天下为己任"，那么作为"富有四海之内"的天子，更"当以天下为己任，而不敢以位为乐"，承担自己的责任与义务，以尧舜禹等圣王及孔孟为法，超凡入圣。[1] 这种人人均当以天下为己任的精神，既体现了宋代士大夫忧以天下乐以天下的政治主体意识，又体现了陈傅良引导宁宗以三代为法学而为圣王的殷切期望。

二、《经筵孟子讲义》的诠释特点

《孟子》经筵讲义是陈傅良专为宋宁宗经筵讲学而作，寄寓了其以经义诠释引导帝王—学术明教化成圣王的学术旨趣与政治理想，具有典型的"帝王之学"的特点，[2] 因而其解经"非若博士诸生治章句、解训诂"，重在引导帝王"当观自古圣贤之君，如尧、舜、禹、汤、文、武之所用心，以求治天下国家之要道"[3]，通过阐发经文中的微言大义，引导宁宗成就君德帝业，并形成以下特点：

1. **义理解经，彰显理想**。在诠释《孟子》时，陈傅良采取了先列经文，再义理发挥的形式展开经义解说。虽然在释"昔者禹抑洪水而天下平，周公兼夷狄驱猛兽而百姓宁，孔子成《春秋》而乱臣贼子惧。《诗》云：'戎狄是膺，荆舒是惩，则莫我敢承。'无父无君，是周公所膺也，我亦欲正人心，息邪说，距诐行，放淫辞，以承三圣者，岂好辩哉？予不得已也。能言距杨墨者，圣人之徒也"[4] 等经文时，除对"抑""兼""膺""惩""承"等字词进行了训诂外，其余各章节均是直接阐发义理，以己意解经，引导宁宗以学术明人伦，正人心成圣王。整篇《孟子》经义的诠释，起于"圣王之不作"，而终

1　陈傅良：《经筵孟子讲义》，《陈傅良先生文集》卷28，第374页。

2　王琦：《论宋代经筵讲义的兴起》，《中国哲学史》，2018年第2期。

3　范祖禹撰、陈晔校释：《帝学校释》，第134页。

4　方勇译注：《孟子·滕文公下》，第121页。

于"尽圣之责",期待帝王当以"以天下为己任,而不敢以位为乐"。其间对圣王不作的阐释,意在点明学、道、治之间的关系,揭示中央权力下移而导致上下失道、教化不明、学术荡然无统纪、思想混乱等后果,进而辟杨墨尊孔子扶纲常,引导帝王尽圣之责,学为圣王。借经义诠释,寄寓其成君德出治道泽万民的理想。

2.**逻辑严密,说理透彻**。由于"人主之学与经生学士异,执经入侍者,必有发明正理,开启上心"[1]。因而在经义解说时,就必须以严密的推理与充分的论证,增强经义阐发的感染力与说服力,启沃君心,打动帝王。如在批驳杨朱、墨翟之"为我""兼爱"之言时,陈傅良首先借助天理的权威,立定根本,指出"且夫惟天生民,有欲无主乃乱。故人主者,天之所置,非天下徒尊之也";又曰"且天之生物也,使之一本父母是也",将天下"一本"归之于君父。[2]并从国家治理、人伦纲常、社会发展等角度剖析杨朱、墨翟无君无父之言的实质,以及给国家与社会带来的巨大冲击,进而将孔子之道统与"三纲五常"确立为万古"不可绝灭"之理。[3]可谓层层剖析,论证充分,具有较强的理论说服力。其他经文的诠释同样具有逻辑谨严、说理透彻的特点。

3.**劝诚帝王,经世致用**。关于学术与政治、世务的关系,陈傅良认为"所贵于儒者,谓其能通世务,以其所学见之事功"[4]。力图发挥以经治世的功能。其《经筵孟子讲义》经文诠释,无不体现陈傅良对现实问题的思考与探索。其辟杨墨尊孔子的思想,折射出宋代士大夫辟佛老以重建儒学与社会政治秩序的使命担当。其对无君无父之言的批驳与对一本于君父的推崇,和南宋内忧外患、政出多门、权相弄权、主威下移不无关系。其对君臣父子等"三纲五常"的强调,实则是对光宗不过重华宫朝孝宗而导致帝位转移的

1　徐鹿卿:《辛酉进讲》,《清正存稿》卷4,文渊阁四库全书本。

2　陈傅良:《经筵孟子讲义》,《陈傅良先生文集》卷28,第371—372页。

3　同上,第372页。

4　陈傅良:《大理寺主簿王宁新知信阳军刘崇之并除太府寺丞》,《陈傅良先生文集》卷14,第190页。

反思，以此警戒宁宗恪守儒家的伦理纲常正心正家以正朝廷正天下。[1] 而文末对圣贤之责的阐述，意在引导宁宗直面当世政治社会的真实状况："今敌国之为患大矣，播迁我祖宗，丘墟我陵庙，羶腥我中原，左衽我生灵，自开辟以来，夷狄乱华未有甚于此者也。高宗崎岖百战，抚定江左，将以讨贼而沮于议和。孝宗忧勤十闰，经营富强，将以雪耻而屈于孝养。二圣人之责，至今犹未塞也。陛下以仁圣之资，嗣有神器，岂得一日而忘此耶！"激励宁宗，不忘国耻，奋发有为，"当以天下为己任，而不敢以位为乐"，"每行一事，每用一人，必自警曰：'得无为敌国所侮乎！吾民困穷如此，吾士卒骄惰如此，吾内外之臣背公营私如此，吾父子之间欢意未洽如此，吾将何以待敌国也。'"处处以民生家国为念，"常持此心，常定此计"，时时警励，励精图治，则"大义可明，大功可立矣"，收复国土，成就圣治。[2] 其经典诠释背后，时时体现的是对朝廷时政的关注、对国计民谟的思考以及对经世致用的期盼。

三、言事功而不废性理：陈傅良的学术特质

由于陈傅良师事郑伯熊与薛季宣，而郑氏、薛氏又分别得程门周行己、袁溉之学，故其经典诠释中，对心性义理、正人心成君德等经义发挥，体现了其程门理学的学术渊源；而其对经世与事功的强调，实则是对程颐"穷经将以致用"思想的继承，[3] 以及薛季宣"求经学之正，讲明时务，本末利害必周知之，无为空言，无戾于行"[4] 理念的发展，所谓"所贵于儒者，谓其能通世务，以其所学见之事功"[5]，真正的儒者，应以学术指导政治，经世济民，安邦定国。所以学者称"永嘉之学，必弥纶以通世变者，薛经其始而陈纬其终

1 脱脱等：《陈傅良传》，《宋史》卷434，第12887—12888页。

2 陈傅良：《经筵孟子讲义》，《陈傅良先生文集》卷28，第373—374页。

3 程颢、程颐：《二程集》，第71页。

4 薛季宣：《答象先侄书》，《薛季宣集》卷25，第329页。

5 陈傅良：《大理寺主簿王宁新知信阳军刘崇之并除太府寺丞》，《陈傅良文集》卷14，第190页。

也"[1]。以陈傅良为代表的永嘉学者，不仅继承了洛学的理学思想，而且重点发扬了程学中的"经世"思想，并呈现出与朱熹重在"心性义理"的为学路径不同的发展理路，因而被朱熹视为"大敌"，目之为"功利之学"，欲批之而后快。这种现象的产生与学术旨趣不同及学派之争不无关系。

首先，从学术旨趣的追求而言，陈傅良虽也谈"性理"，但却更偏重于"事功"与"外王"；朱熹虽不忘"外王"，却以"内圣"与"性理"为根本与前提。作为绍熙五年同入经筵为宁宗讲学的道友，同样是"正君心"，朱熹更偏重于其格物致知、诚意正心之学的心性修养，力图以理学的原则约束帝王修身立德，将内圣的成就视为外王的根本；[2]而陈傅良则认为"人主心术，必有所尚。何谓所尚？先定其志而后力行之者是也"[3]，虽也谈人主心术，但重在"力行"，即所谓"王者之学，经世为重"[4]，以解决实际问题为导向，外王的倾向更为明显。两人的讲学效果也大为不同。对于朱熹之言，宁宗认为"多不可用"。[5]而对于陈傅良之言，"上雅敬公，每对必虚己以听"[6]。甚至连朱熹自己也不得不承认："君举在上前陈说极详缓勤恳，其所长自不可及。区区实敬爱之，非但如来教所云也。"[7]同时，关于义利问题，朱熹认为，"凡事不可先有个利心，才说着利，必害于义"[8]，"盖凡做事只循这道理做去，利自在其中矣"[9]。强调义在利先，先义后利。而陈傅良则强调"六艺之学，兢业为本"[10]，

1　叶适：《温州新修学记》，《叶适集·水心文集》卷10，北京：中华书局，1961年，第178页。

2　王琦：《朱熹理学化的帝学思想——以〈经筵讲义〉为中心的考察》，《湖南大学学报》，2018年第1期。

3　陈傅良：《请对劄子》，《陈傅良先生文集》卷26，第353页。

4　蔡幼学：《宋故宝谟阁待制致仕赠通议大夫陈公行状》，《陈傅良先生文集》附录2，第692页。

5　佚名编，汝企和点校：《续编两朝纲目备要》，北京：中华书局，1995年，第51页。

6　蔡幼学：《宋故宝谟阁待制致仕赠通议大夫陈公》，《陈傅良先生文集》附录2，第695页。

7　朱熹：《答蔡季通》，《晦庵先生朱文公文集》卷44，《朱子全书》第22册，第1998页。

8　黎靖德：《朱子语类》卷51，第1218页。

9　黎靖德：《朱子语类》卷36，第948页。

10　陈傅良：《答刘公度二》，《陈傅良先生文集》卷38，第479页。

"六经之义，兢业为本"，[1]为学为事更注重实行实效。从施行效果而言，永嘉学派言"事功"而不废"性理"的特点，相对于重在强调内圣修养的"道学"，更具备解决现实问题的能力，对为政者及学人也更具有吸引力。所以朱熹说："若功利，则学者习之，便可见效，此意甚可忧"，而不像"禅学后来学者摸索一上，自会转去"[2]。所以朱熹对事功之学的攻击比对禅学、心学更甚。

其次，从学派的发展而言，永嘉之学与朱熹虽同出洛学一脉，然发展各有偏重，甚至成为竞争对手。据楼钥《陈公神道碑》记载："伊洛之学，东南之士，自龟山杨公时、建安游公酢之外，惟永嘉许公景衡、周公行己数公，亲见伊川先生，得其传以归。中兴以来，言性理之学者宗永嘉。"[3]伊洛之学除杨时、游酢一脉传至东南外，还由周行己、袁溉等传入永嘉，号为一时之盛。"季宣既得道洁（袁溉）之传，加以考订千载，凡夫礼乐兵农莫不该通委曲，真可施之实用。又得陈傅良继之，其徒益盛，此亦一时灿然学问之区也。"[4]至薛季宣与陈傅良在继承洛学的同时，将其导向了见实事实功实用的"事功"之学，且有补于"道学"空疏之弊。黄宗羲云："永嘉之学，教人就事上理会，步步著实，言之必使可行，足以开物成务。盖亦鉴一种闭眉合眼，矇瞳精神，自附道学者，于古今事物之变，不知为何等也。"[5]面对着永嘉事功之学之"其徒益盛"，日益壮大，对于一心构建"道统"谱系，欲争学术"正统"的朱熹而言无疑是有巨大压力的。因而朱熹鉴于学术旨趣的不同与学派竞争的压力，抨击永嘉之学为"功利之学"，虽抓住了其学派的主要特点，但同时又抹杀了陈傅良学术中的"性理"色彩，是有失公允并带有门户之见的。正如吕思勉所言："理学何学也？谈心说性，初不切于实际，而其徒自视甚高。世之言学问者，苟其所言，与理学家小有出入，则理学家必斥为俗学，与之

1　陈傅良：《与吕子约二》，《陈傅良先生文集》卷37，第470页。

2　黎靖德：《朱子语类》卷123，第2967页。

3　楼钥：《宋故宝谟阁待制赠通议大夫陈公神道碑》，《陈傅良先生文集》附录2，第683页。

4　黄宗羲、全祖望：《艮斋学案》，《宋元学案》卷52，第1691页。

5　同上，第1696页。

斤斤争辩。"[1]

　　然而面对南宋之世的新学、洛学、道学与反道学之争，以及朱熹的好辩，陈傅良则显得更为平和与平实，因而他能够超越于学派或党派之争，不拘泥于一家一派之说而博采众长。对此叶适评价道："公之从郑、薛也，以克己兢畏为主。敬德集义，于张公尽心焉。至古人经制，三代治法，又与薛公反复论之。而吕公为言本朝文献相承所以垂世立国者，然后学之本末内外备矣。"[2]其学术汲取程学、湖湘学、婺学等各派之长，具有言事功而不废性理，重外王而不失内圣，经世致用、兼容并包的特点。清儒王瓒称其："儒者之所难，曰德曰功曰言而已。三者克具，斯为儒者之盛。远而有以恢宏鲁邹所传之绪，近而有昭阐濂洛未启之机，尚论其世有足征者，此止斋陈文公所以不可及也。"[3]陈傅良以其博大精深的学术品格、经世济国的事功追求，不仅为叶适以"内外交相成之道"整合永嘉之学奠定了理论基础，[4]而且为明清实学的兴起提供了思想资源。

1　吕思勉：《从宋明理学到阳明心学》，北京：新世界出版社，2017年，第156页。

2　叶适：《宋故通议大夫宝谟阁待制陈公墓志铭》，《陈傅良先生文集》附录2，第699页。

3　王瓒：《止斋陈先生文集序》，《陈傅良先生文集》附录2，第706页。

4　叶适：《习学记言序目》，北京：中华书局，1977年，第207页。

第十六章　徐元杰《论语》经筵讲义探析

徐元杰，字仁伯，江西上饶人，曾经师事陈文蔚，后从学真德秀。作为一名儒家士大夫，无论是任职一方，差知安吉州、南剑州，还是出入朝堂，兼崇政殿说书，拜工部侍郎，他都始终恪守着程朱正君心成君德泽万民的理想与学说，[1]或擒寇贼安百姓平民讼，或讲学延平以理化民，或经筵正君心论时政，或几谏史嵩之起复，均不避个人福祸得失，正道直行。在郡县则"阖郡德之"，其去则"众遮道跪留"；在朝堂则"朝野传诵"，帝"每从容访天下事"，名动天下。而对其不幸暴死，"三学诸生相继叩阍讼冤，台谏交疏论奏，监学宫亦合辞闻于朝"；理宗"悼念不已"，"赐谥忠愍"[2]。明代被列入《江右

1　王琦：《朱熹帝学思想研究——以〈经筵讲义〉为中心的考察》，湖南大学博士学位论文，2017 年。

2　徐元杰，幼颖悟，诵书日数千言，每冥思精索。闻陈文蔚讲书铅山，实朱熹门人，往师之。后师事真德秀。绍定五年（1232）进士第一，签书镇东军节度判官厅公事。曾差知安吉州、南剑州。淳祐元年（1241），拜左郎官，兼崇政殿说书，讲学经筵，语多切宫壶。累官国子祭酒、权中书舍人、拜工部侍郎。淳祐四年（1245）六月，谒左丞相范钟、刘应起归后，俄热大作，指爪忽裂以死。疑为中毒而死，因而引起了太学生与朝臣为其诉冤的运动，最终无果而终。今存《楳埜集》12 卷。事迹详见脱脱等：《宋史·徐元杰传》，北京：中华书局，2015 年版，第 12660—12662 页；赵汝腾《〈楳埜集〉原序》，文渊阁四库全书本等。而关于其生年，有 1185、1193、1194、1196 年四种说法，详见张明会：《徐元杰诗歌研究》，西南大学硕士学位论文，2015 年，第 5 页。

名贤编》《秩官名宦》，¹ 清代入上饶茶山"五贤祠"，² 被后人不断地崇敬与怀念。

然而，对于这样一位耿介正直、曾为"帝王师"的朱子后学，学界对其研究甚少，³ 更未有学者对其《论语》经筵讲义进行过系统研究。徐元杰《论语》经筵讲义，是其在淳祐年间担任崇政殿说书时，为宋理宗经筵讲学而作的帝学教材。从其经筵《进讲日记》中所记录的关于"史嵩之起复"问题与理宗的多次对话，⁴ 可以推断出其《论语》经筵讲义进讲的时间当为淳祐四年（1244）。由于经筵讲义是儒家士大夫诠释经旨义理并对帝王进行教育的经筵讲稿与教材，往往寄寓了其致君尧舜的政治理想，也是其一生学术思想精髓的体现，并为当时学林及士子所关注。⁵ 因而，通过对徐元杰《论语》经筵讲义的诠释主旨与特点的分析，可以管窥其如何借助经典诠释，在程朱所奠定的理学理论框架下，建构学术思想，寄寓政治理想，向最高层阐释、传播理学，进一步促进理学的官学化与社会化。

一、《论语》经筵讲义的诠释主旨

自从程颐倡言"天下治乱系宰相，君德成就则经筵"后，⁶ 以君德成就为中心，确保儒家王道理想的实现，逐渐成为宋代经筵官们的普遍追求。⁷ 徐元杰高扬程朱理学正君心成君德的精神，"凡于正主庇民处"，有裨益于君德以

1　周方璞：《徐元杰德政思想研究》，南昌大学硕士学位论文，2018 年，第 3 页。

2　据《江西通志》卷 109 记载："五贤祠在上饶茶山，旧为二贤祠，祀曾几、吕文清本中，有韩元吉记，后增祀陆鸿渐、徐楳埜、辛稼轩，改今名。"见文渊阁四库全书本。

3　学界对徐元杰的研究主要有：周方璞《徐元杰德政思想研究》，南昌大学硕士学位论文，2018 年；张明会《徐元杰诗歌研究》，西南大学硕士学位论文，2015 年；王伟民《陈文蔚、徐元杰和会朱陆的倾向》，《江西社会科学》，1994 年第 10 期；廖寅、赵晨《徐元杰〈楳埜集〉卷九误录李曾伯〈可斋杂稿〉书信》，《古籍整理研究学刊》，2014 年第 3 期。

4　关于右丞相兼枢密使史嵩之因父丧期间为理宗下诏起复而引发的士林议论等事情，可参看史美珩《史嵩之起复问题探》，《宁波大学学报》，2003 年第 4 期。

5　王琦：《论宋代经筵讲义的兴起》，《中国哲学史》，2018 年第 2 期。

6　程颢、程颐：《论经筵第三劄子》，《二程集》，第 540 页。

7　王琦、朱汉民：《论宋代儒家新帝学的兴起》，《鹅湖月刊》，2019 年第 12 期。

及国家政治、黎民百姓者，"日夜切心"，在经筵"不敢不极思而言"[1]。

1.以学求心，即道出治。徐元杰认为："求帝王之治者，当求帝王之道；求帝王之道者，当求帝王之心。心法明则道法著矣，道法立则治法举矣。"[2]帝王欲成其"治"，当求其"道"；欲求其"道"，当求其"心"；欲求其心，当求其"学"。因而在首讲《论语》之时，徐元杰即点出"学问之道无他，求其放心而已。求于心者，合下必自源头理会"。并进一步指出《论语》"言出心字只有三处，然句句字字无往而非求心"，这是"古帝王相传为学切要处"。所谓"盖求道莫切于求心，求心莫切于求仁。仁为心之全德，故曰：'仁，人心也，合而言之，道也。'言道无越于《鲁论》，故曰：'五经之管辖，六艺之喉衿也。'"因而由《论语》而入，抓住其"求心之旨"，既是掌握儒家经典要义的关键处，也是"助圣学端本行仁之万一，庶几正心以正朝廷，使百官万民四方远近，莫不一于正，人皆有士君子之行"的重要途径。纵观《论语》首章与末章，"无非学者之事。学者求为君子，君子则求在我者也"。因而帝王要成君德立圣治，同样需从"我"之自身做起，通过讲"学"求"心"，进"德"入"道"而出"治"。[3]这样便为其诠释《论语》奠定了基本基调与铺垫。

2.正心修己，明德新民。徐元杰认为"求道有本原，行道有功用，自本原而达之功用，则天下之治，可以不劳而举矣。"[4]帝王为治的本原就在于帝王之心。所谓"政者，正也，所以正人之不正也"。帝王之治国理政当"正一心以为万化之原"[5]。这是因为"太极之理，流行散见于万类之殊常，人得之、由之而不知者也"。天地万物同出一理，然而普通人却不自知，"故必有待于超出乎亿兆人之上者，为之君师焉。以一人之心，融天地之心，以天地之心觉天下之心，"这是"帝之所以为帝，王之所以为王"存在的根本意义。[6]然而

1 徐元杰：《经筵讲义》，《楳埜集》卷1，文渊阁四库全书本。
2 徐元杰：《绍定壬辰御试对策》，《楳埜集》卷5，文渊阁四库全书本。
3 徐元杰：《经筵讲义》，《楳埜集》卷1，文渊阁四库全书本。
4 徐元杰：《绍定壬辰御试对策》，《楳埜集》卷5，文渊阁四库全书本。
5 徐元杰：《经筵讲义》，《楳埜集》卷1，文渊阁四库全书本。
6 徐元杰：《绍定壬辰御试对策》，《楳埜集》卷5，文渊阁四库全书本。

帝王也不是天生的圣人，尤其是"人主一心，攻者甚众"，所以要时时精察道心、人心之分，"主乎道心之一，而人心为之听命，终之以允厥中而不容易"，"一道心之运乎中，世道之枢纽系焉，天下虽大，将见如身之百体禀于一心矣"，所以说"心者，身之北辰"，人君当"以一心运量乎天下，使惟吾政之所统，则在乎主宰于中者，一出于正而已"。人君只要抓住正心这个本原，"尽已尽人，必于至善乎止"，"为政而先之以德"，便可以"自然默感人心，使皆不失其同然之善，故能尊居皇极五位之中"，"自正心朝廷达于百官万民，四方远近莫敢不一于正"，从而恭己正南面，"不动而化，不言而信，无为而成"，劳少而功多，由本达用，明德新民而天下治。[1]

3. 德主刑辅，格民心善民俗。关于《论语》中德礼与政刑的问题，徐元杰十分赞同朱熹的看法："政者，为治之具。刑者，辅治之法。德礼则所以出治之本，而德又礼之本也。"[2] 并紧扣为政之本末先后及天理人心展开诠释。徐元杰曰："政者，法制禁令之谓；刑者，所以诛奸慝而威暴乱也。"虽然"政刑乃为治之具，固不可一日弛"，但仅靠政刑，仅能让百姓免于刑罚而"未必有愧耻改过之心，盖虽不敢为恶，而为恶之心实未尝忘也"，比不上"德礼动民之效"。因为从天理人性的角度而言，"羞恶之心，人皆有之"，与其让百姓"知所畏避，而不至自罹于谴呵之域"，不如因势利导其"本然之善"，使"民耻于不善，而有以至乎善"。所以"人主之治天下，使民有惧心，不若使民有愧心，驱之而后从，不若化之而不忍犯。礼者皆天秩之自然，分之所由定，国之所与立者也。格之为言至也，所以使民日迁善远罪而不知为之者"。为政当分其本末先后，德礼并用以"格民心善民俗"，乃是更具有根本性与重要性的治国方略。从现实情况来看，"世降俗末，政弊于琐碎，刑困于苛虐"，而所谓修身谨行之德，"未免诱于外而动于内，纵欲有时而败度"，难以终始惟一而日新之，"礼之为礼始荡然矣"，国弊民疲，礼义流荡，人心沦丧。因而要解决当前的危机，就必须"君臣上下，不徒恃政刑以为道齐之具，而必

1　徐元杰：《经筵讲义》，《楳埜集》卷1，文渊阁四库全书本。
2　朱熹：《论语集注》，《四书章句集注》，第55页。

交修其德以为政刑之本"，德主刑辅，德礼并用。"人主端本于深宫隐微之间，表正于四方远近之众"，君臣同心，实下功夫，引导百姓敬而尊礼，化民成俗，德泽天下。[1]

4. **博文约礼，德盛仁熟。**帝王为政当以正心修德为本，那么，具体又该如何进德呢？徐元杰通过对《论语》中孔子赞叹颜回之语，以及颜回"问仁之目"等经义发挥，指出"夫德行贵乎不言而自得宜矣"。颜回之所以被"夫子独称其好学"，就在于其"闻夫子之言，默契于心"，"深知笃好，自得于心胸之间"，遵循着博文约礼的原则，非礼勿视听言动，不言而行，不违如愚，扎扎实实，身体力行地做成德的功夫。而所谓的"博文者，致知格物之学；约礼者，克己复礼之仁也"，从而将孔子的思想与朱熹的理学原则相贯通，使得博文约礼、格物致知、克己复礼相统一。至于"进德之序"，徐元杰则选取了《论语》"吾十有五而志于学"章予以诠解。从十五岁入大学而立志，当"自源头理会，直将透彻到底，则念念在此，为之不厌，积十五年之功，遂能真见乎道而卓然自立，利害得丧无所动摇，而所守者益固"；"又十五年而至乎事物之理"；"又十年而遂极于天命之能知，盖其穷理尽性而至于命"，洞晓事物之"所当然"与"所以然"；"又十年而耳顺，事物之理融会于心，声入心通无所违逆，知之之至，不思而得，声为律而身为度，至于七十而从心所欲不逾矩。"通过持之以恒、真积力久的践履功夫，由"学"而求"心"，由"心"而体"道"，由"道"而见"理"，由"理"而尽"性"知"命"，最终达致心所欲不逾矩的"德盛仁熟"之境，"随心所发动"，"安行自得，不勉而中"，天理流行，私欲净尽，"心存而不，自不逾矩"。[2]

5. **依分尊礼，敬爱父母。**在《论语》的诠释中，徐元杰特别重视对"孝"的阐发，并选取了《论语》孟懿子问孝、孟武伯问孝、子游问孝、子夏问孝章，提出了"尽孝"的标准：（1）尊"礼"依"分"。徐元杰指出，孔子之

1　徐元杰：《经筵讲义》，《楳埜集》卷1，文渊阁四库全书本。

2　同上。

所以用"无违"答孟懿子，就是因为孟懿子乃"鲁三家之僭礼者也"[1]，不仅以《雍》彻"，而且曾以"八佾舞于庭"[2]，在丧生送死中均未能符合礼制。"人子爱亲，心虽无穷"，但"分则有限"，每个人都有自己相应的名分、职分，一旦越出了本有之"分"，"苟得为而不为"与"不当为而为之"，都属于陷其亲于不仁不义，并不是真正的"孝"。以此阐明所谓真"孝"，应依"分"尊礼而行，当为而为，不当为而不为。[3]（2）为亲自爱。"父母爱子，其所忧者，惟疾病之为切"，为人子者，当"以父母之心为心，所以自爱其身"，学会换位思考，以敬谨的态度对待自己，不让父母担心。（3）敬以爱亲。对父母的孝，不能仅限于"口体之养"，而应"本乎中心之敬"。如无发自内心的"敬"以"爱"之，则养父母之道与养犬马就"无所分别矣"，因而也就不能称之为"孝"。[4]（4）色愉容婉。侍奉父母，并不只是"服劳奉养"地履行义务，有事子代父，弟代兄，有酒食长辈优先，这些都是"职分之所当为，事之所易，能稍知义理者皆能为之，故未足以为孝"。真正的孝应该是"爱深而后气和，气和而后色愉，色愉而后容婉"，从内心深处自然而然地发之于外，体现于容貌气色、言行举止之中，内外一致，表里如一。由此可见，徐元杰强调的"孝"既要符合社会之礼义规范，又需个体换位思考，爱惜自身；既要发自内心地敬爱父母，又要自然而然地体现在言语动作之间。以上四者，"或亏其一，皆不得谓之孝矣"[5]。徐元杰所主张的"尽孝"，乃是一种恭己而行，彻头彻尾、内外合一、真心实意之孝。

综上可知，徐元杰在经筵为理宗讲学时，以理学思想为内涵，借助《论语》经义的诠释，通过对学、道、治、心关系的梳理，正心化民之本原的分析，德礼与刑政、修身进德、父母之"孝"等问题的解答，力图正主庇民，成君德立圣治，福泽天下苍生。

1　徐元杰：《经筵讲义》，《楳埜集》卷1，文渊阁四库全书本。

2　朱熹：《论语集注》，《四书章句集注》，北京：中华书局，2011年，第61页。

3　徐元杰：《经筵讲义》，《楳埜集》卷1，文渊阁四库全书本。

4　同上。

5　同上。

二、《论语》经筵讲义的诠释特点

徐元杰的《论语》经筵讲义专为指导宋理宗正己修德、治国理政而发，其帝王之学的特点，决定了经筵讲说不可能像普通书生之学那样以章句训诂为事。[1] 吕公著曰："人君之学，当观自古圣贤之君，如尧、舜、禹、汤、文、武之所用心，以求治天下国家之要道，非若博士诸生治章句、解训诂而已。"[2] 从而揭示了帝王之学与书生之学诠释重心的不同。因而，为更好地启沃君心，实现正主庇民、成君德出圣治的理想，徐元杰采取了以己意说经、议论说理、关切时政、语含劝诫等形式进行了经典诠释，形成了自己的诠释方式。

1. 以己意说经，形式自由。与朱熹等前辈学者先列经文，再下按语进行义理阐发等形式不同，徐元杰在诠释经典时是根据自己的诠释目的与需要，往往合《论语》多章而阐发之，且不再列出原始经文，而是将经文与义理阐发融合为一，断之以己意，阐发说理，形式自由，统一于所要诠释的经旨。如解《论语》"发明学问之道，求放心须自源头理会"[3] 时，徐元杰并未先列经文，而只是笼统地指出：《鲁论》言出心字只有三处，然句句字字无往而非求心。"[4] 从其经筵《进讲日记》所记载的君臣对话中可知，正是因为徐元杰在讲读时，并未首先点明所要解读的经典原文，而是直接阐发经义，以至于理宗只好发问道："三处如何？"徐元杰奏云："第一处'夫子七十而从心所欲不逾矩'，此是圣人之心；第二处'回也，其心三月不违仁'，此是贤者之心；第三处'饱食终日，无所用心，难矣哉'，此是愚不肖之心。"[5] 可见，徐元杰根据诠释的目的与主题，合经与义，以己意说之，从而确保诠释时思路的连贯与语言的流畅。其解经的篇幅可长可短，随意而发，意尽而止，完全

1　王琦、朱汉民：《从章句之学到义理之学——以朱熹〈大学章句〉与〈经筵讲义〉为例》，《西南民族大学学报》（人文社科版），2018 年第 5 期。

2　范祖禹撰、陈晔校释：《帝学校释》，第 134 页。

3　徐元杰：《进讲日记》，《楳埜集》卷 2，文渊阁四库全书本。

4　徐元杰：《经筵讲义》，《楳埜集》卷 1，文渊阁四库全书本。

5　同上。

服从于阐释的需要。

2. **引先儒议论，论证说理。**为更好地启发理宗，徐元杰采取了议论说理的形式，层层深入，开展论证说理，并引用程颐或朱熹之言，增强说理的可感性与说服性。如在言"正心"为什么是为政之大本时，徐元杰运用了"道心""人心""天理""人欲"等理学概念与理论，以人人"同得乎天，虚灵不昧，以具众理而应万事"的天理之性，指出"为政而先之以德""正一心以为万化之原"的可能性，同时又以"道心""人心"之分，指出帝王正心以正万民的必要性，从而使得论证有理有据。并引"伊川程颐曰：'为政以德，然后无为'"等言论，加以佐证，增强论证的权威性与理论的说服力。其他类似的引用"晦庵朱熹曰""伊川程颐尝曰"等语多处可见。[1]

3. **致知力行，真体实践。**徐元杰认为："凡《六经》所载，得之于经筵之所诵讲者，诚非徒以讲诵为也。口以诵之，必反心而载。惟学以讲之，必闻义而力徙。"经筵讲《论语》并非是徒为诵说，而是要落实到帝王真体实践中去。[2]因此，他在《论语》经筵讲义中反复强调其"发明求心之旨"的目的在于"以助圣学端本行仁之万一"，正心以正朝廷、百官、万民，使之"莫不一于正，人皆有士君子之行，不徒以言语视《论语》"；而在强调治国以礼的时候，徐元杰指出"礼"的实质乃"敬而已矣"，要求"彻上彻下惟一敬"；在阐发"进德之序"时，则特别强调"工夫积累""直将透彻到底""念念在此，为之不厌""利害得丧无所动摇"等，均要求帝王真知力行、切实践履。[3]从其经筵《进讲日记》中，徐元杰反复劝诫理宗"务修实德""应天以实""须是真实取法""凡事顺理皆是靠实""充圣心之真敬""作新圣化实""综核名实""必真体实践，以充其四德之全"等对"实"之一字的强调，我们亦可以管窥到徐元杰诠经的真实意图，是要用理学的思想与原则来指导帝王修德理

1　徐元杰：《经筵讲义》，《楳埜集》卷1，文渊阁四库全书本。
2　徐元杰：《绍定壬辰御试对策》，《楳埜集》卷5，文渊阁四库全书本。
3　徐元杰：《经筵讲义》，《楳埜集》卷1，文渊阁四库全书本。

政的实践。[1]

4. 关切时政，语含劝诫。经筵讲学在宋代被视为士大夫"得君行道"的重要途径。经筵官在阐发经义时，一般都会"有为"而发，或直陈政治之得失利弊，或借经义隐谕政治，劝诫帝王。如在阐发《论语》何谓"尽孝"时，徐元杰言"然则欲求尽孝者"，当合孟懿子问孝、孟武伯问孝、子游问孝、子夏问孝章等"四章而并观，反吾身而密察圣人之所以告四子者，斯能备其道于一身，否则或亏其一，皆不得谓之孝矣"[2]。为什么"孝"的标准会如此之高，且需反身而深察？如果联系当时史嵩之起复等问题，就不难明白其中的原因。淳祐四年（1244），史嵩之在父丧期间，理宗因国家正处于多事之秋而下诏起复嵩之，从而引发了宋代历史上最大的一次"学潮"，[3]导致士林议论纷纷。关于此事，在徐元杰经筵进讲时，理宗与其多有讨论。徐元杰经筵《进讲日记》"甲辰九月十六日进讲""十月内进讲"对此皆有详细记载。由于丧生送死乃家之大事，史嵩之于父丧期间起复，既不合天理，又不符合礼制，徐元杰认为帝王"为四海纲常之主"，而"大臣身任道揆，扶翼纲常者也"，无论是人君还是大臣，其一言一行，均对天下伦理纲常的建立与维持具有重要的示范作用，因此他劝谏理宗"陛下自尽陛下之礼，大臣自尽大臣之礼"，当"爱惜民彝，为大臣爱惜名节"[4]。由此可知，徐元杰在经筵讲学时，为什么如此强调合礼依分等"尽孝"问题，其目的就是要引导理宗思索何谓真爱真孝，何为当为与不当为，从而做出明智的决定。最终在徐元杰等人的努力下，"未几，夜降御笔黜四不才台谏，起复之命遂寝"[5]。借助经筵讲学的经义诠释，达到了劝诫帝王，裨益君德，规范政治的目的。又如，在"慎终追远"章讲毕后，

1　徐元杰：《进讲日记》，《楳埜集》卷1、卷2，文渊阁四库全书本。

2　徐元杰：《经筵讲义》，《楳埜集》卷1，文渊阁四库全书本。

3　古时官员遭父母丧应守孝三年，尚未期满而应召任职称起复。关于史嵩之起复问题始末，请参看史美珩：《史嵩之起复问题探》，《宁波大学学报》，2003年第4期。

4　脱脱等：《徐元杰传》，《宋史》卷424，第12661－12662页；徐元杰：《进讲日记》，《楳埜集》卷1、卷2，文渊阁四库全书本。

5　脱脱等：《徐元杰传》，《宋史》卷424，第12662页。

徐元杰奏云：“在人主则为继志述事之孝。近闻玉音俞讲臣之请，将追配宁考于明堂，此其事也。”由经义阐发直接引入当时朝政，并进而指出：“宁考有敬、仁、勤、俭四德，终始如一，贯彻天地。”劝诫理宗“陛下既知追配，又知取法，必真体实践，以充其四德之全”。以宁宗为法，扎扎实实做克己复礼、真敬、真仁、真勤、真俭等功夫，从而使得“追配之典，名实俱称”[1]，以成君德。

三、结语

入侍经筵，为理宗讲解《论语》，为徐元杰提供了以学术介入政治，影响帝王的心性修养与政治实践的机会，[2]因而“他日夜措心积虑，惟欲随所读诵，凡可以为陛下圣德广充者，不敢讳避而不之告”[3]。其经典诠释具有以己意说经，形式自由；引先儒议论，论证说理；致知力行，真体实践；关切时政，语含劝诫等特点。

宋代出于帝王为学求治的需要而产生的经筵制度，为帝王学习儒家经史提供了固定的场所、时间、内容与人员等保障，[4]从而使得经筵官能够有比较充足的时间向帝王讲解经史，并就经义或时政问题与帝王切磋交流。如果帝王在听讲的过程中，没有发问，经筵官就会质疑，主动要求帝王提问。如治平元年（1064）英宗“御迩英阁，未尝发言有所询问”，司马光便上言“乞赐诘问”，以“成日新之益”[5]。神宗元丰时，允许“侍读官于所读书内或有所见，许读毕具札子奏陈”[6]，进一步拓展了经筵的文化教育与政治功能。从徐

1　徐元杰：《进讲日记》，《楳埜集》卷1、卷2，文渊阁四库全书本。

2　王琦：《朱熹理学化的帝学思想——以〈经筵讲义〉为中心的考察》，《湖南大学学报》，2018年第1期。

3　徐元杰：《进讲日记》，《楳埜集》卷2，文渊阁四库全书本。

4　邹贺、陈峰：《中国古代经筵制度沿革考论》，《求索》，2009年第9期；陈东：《中国古代经筵概论》，《齐鲁学刊》，2008年第1期。

5　范祖禹撰、陈晔校释：《帝学校释》，第139页。

6　刘琳、刁忠民、舒大刚等校点：《宋会要辑稿·职官六·侍读侍讲》，第3193页。

元杰在经筵讲《论语》时所记的《进讲日记》中，可以看到他与理宗在经筵所讨论、交流的问题，不仅有学术及雷雨天时等问题的讨论，更涉及楮币会价、盐米价格、土地经界、赋税和买、军事边备、使者朝见、朝廷人事等问题。根据《宋史》及其《进讲日记》，我们可以知道在史嵩之起复、谕边臣严边备、赙赠银绢安葬刘汉弼等事情上，理宗听取了徐元杰的意见并施之于政治实践。[1] 在其《进讲日记》中，理宗言"如此极是""此诚不可缓""当如此"等对徐元杰的赞同之言随处可见。[2] 可见，经筵讲学对帝王在思想理念、心性修养及政治运作中的影响。因而徐元杰以理学思想解读《论语》，必然促进了理宗对程朱理学的认同与理解。

　　程朱理学在南宋后期逐渐为统治阶层所认可，固然与其弟子及后学对理学思想的继承与发展以及借助书院讲学倡导密切相关。但通过经筵讲学的方式，以理学思想引导、教化帝王无疑更重要。在朱熹去世后，前有真德秀于端平元年（1234）为理宗进讲朱熹的《大学章句》，后有徐元杰淳祐四年（1244）为理宗解《论语》，这无疑加速了理宗对程朱理学的尊崇与认可。最终在理宗一朝，周敦颐、张载、程颢、程颐、朱熹取得了从祀孔庙的地位，朱熹的《四书章句集注》也成为官方认可的经典[3]。因此，徐元杰《论语》经筵讲义的进讲，无疑对理学的官学化与社会化起到了一定的推动作用。

1　脱脱等：《徐元杰传》，《宋史》卷 424，第 12660—12662 页；徐元杰：《进讲日记》，《楳埜集》卷 1、卷 2，文渊阁《四库全书》本。
2　徐元杰：《进讲日记》，《楳埜集》卷 1、卷 2，文渊阁四库全书本。
3　宝庆三年（1227），理宗诏曰："朕每观朱熹《论语》《中庸》《大学》《孟子》注解，发挥圣贤之蕴，羽翼斯文，有补治道。"见毕沅：《续资治通鉴》卷 164，第 4458 页。

第五部分

经筵讲义与学术、政治

第十七章　从章句之学到义理之学

随着宋代经筵制度的确立，经筵成为儒学切入政治的重要平台。如何利用经典诠释的权威性，以儒家经义影响帝王，成就君德帝业，逐渐成为社会政治生活中的重大课题。[1]由此，帝王之学应运而生，成为宋代儒学发展的新动向。[2]宋儒从书生之学与帝王之学的不同来界定帝学的特征。[3]如吕公著说："人君之学，当观自古圣贤之君，如尧、舜、禹、汤、文、武之所用心，以求治天下国家之要道，非若博士诸生治章句、解训诂而已。"[4]姚勉曰："臣闻帝王之学与经生、学士不同。训诂章句，经生、学士之学也；修齐治平，帝王之学也。"[5]二者比较而言，书生之学以"章句训诂"为特点，而帝王之学重在"修齐治平"的经世事业。

与此同时，宋代经学也开始了从"惟知章句训诂"到"复求圣人之意，

1　姜鹏：《宋经筵与宋学的兴起》，上海：上海古籍出版社，2013 年，第 147 页。

2　姜广辉、夏福英：《宋以后儒学发展的另一走向——试论"帝王之学"的形成与发展》，《哲学研究》，2014 年第 8 期。

3　宋代学者关于帝王之学与书生之学的不同的论述，夏福英在其博士学位论文的附录 B "帝王之学与书生之学异同之辨"中已有详细收集，不再赘言。具体可参看其学位论文《"帝王之学"视域下之〈大学衍义〉研究》，长沙：湖南大学岳麓书院，2015 年。

4　范祖禹撰、陈晔校释：《帝学校释》，第 74 页。

5　姚勉：《庚申轮对》，《雪坡集》卷 4，文渊阁四库全书本。

以明夫性命道德之归"的转变。[1] 那么，帝王之学的兴起与经学形态的这种转型之间是否存在某种联系呢？南宋大儒朱熹创作的《大学章句》与《经筵讲义》，因其教育对象分别是普通读书人与帝王，刚好为我们研究这个问题提供了可资对比的资料。虽然它们都是对《大学》的重新诠释，但在诠释目的、诠释体例、诠释方式、语言表述风格等方面存在差异，蕴藏着经学从"汉学"到"宋学"转型的重要讯息。

一、诠释目的："德"与"治"的选择

《大学章句》与《经筵讲义》因教育对象不同，其所体现的诠释目的就不一样。关于《大学》题旨，《大学章句》解曰：

> 大，旧音泰，今读如字。子程子曰："大学，孔氏之遗书，而初学入德之门也。"于今可见古人为学次第者，独赖此篇之存，而《论》《孟》次之。学者必由是而学焉，则庶乎其不差矣。[2]

在《大学章句》中，朱熹从引导学者立"德"的角度立论，强调《大学》是"孔氏之遗书"与"初学入德之门"，凡想学有所成、德有所立者，须从《大学》而入，掌握为学次第。其教育对象是"学者"，诠释目的在于引导天下读书人"学"以立"德"，成为圣人君子，有补于"国家化民成俗之意、学者修己治人之方"[3]，为国家的治理与社会的稳定，培养德才兼备的人才。

《经筵讲义》则是朱熹为宋宁宗经筵讲学而作，他将《大学》的题旨解为：

1　朱熹：《中庸集解序》，《晦庵先生朱文公文集》卷 75，《朱子全书》第 24 册，第 3640 页。

2　朱熹：《大学章句》，《四书章句集注》，第 4 页。

3　同上，第 3 页。

大学者，大人之学也。古之为教者，有小子之学，有大人之学。小子之学，洒扫应对进退之节，诗、书、礼、乐、射、御、书、数之文是也。大人之学，穷理、修身、齐家、治国、平天下之道是也。此篇所记皆大人之学，故以大学名之。[1]

这里的"大人"不仅是与"小人"相对的年龄层次的"大人"，更是指位居天下九五至尊之位的帝王。其进讲的目的是要让帝王掌握修身齐家治国平天下之道，成就尧舜圣王的德业事功。其关注的重点不仅是"学"与"德"的关系，更是"道"与"治"的运用。因此，为激发帝王学习《大学》的积极性，朱熹紧扣解题，又用"臣又尝窃谓"的按语另起一段，以天理论与人性论，就"学"与个体修身治国的关系展开了理论阐述，希望有补于治道。他从人皆有天赋仁义礼智之性出发，肯定了人人皆可为尧舜的可能性；同时又以人皆不可避免具有的气质之偏与物欲之弊，而导致本性迷失与社会秩序破坏，论证了"学"以复性尽伦的必要性。此外，他还通过历史经验教训的总结，指出后世"治日常少而乱日常多"的原因在于"此学不讲之故也"，凸显"学"与"治"的关系，阐发了凡"欲修己以治人而及于天下国家者"不可"舍是而他求"。所以朱熹以"此篇进讲"，"惟圣明之留意焉"[2]，力图达致"箴规之效"[3]，成圣德，益治道。

《大学章句》是针对书生而作，诠释目的在于引导学者"学"以立"德"，《经筵讲义》是为帝王而发，诠释目的是以儒家之道提升帝王心性修养与治国能力，成就尧舜之"治"。两者的差异，体现了书生之学与帝王之学两种不同的学问体系对经典诠释产生的影响。

1　朱熹：《经筵讲义》，《晦庵先生朱文公文集》卷15，《朱子全书》第20册，第691页。
2　同上，第691—692页。
3　脱脱等：《朱熹传》，《宋史》卷429，第12760页。

233

二、诠释体例：从"章句"到"讲义"

宋人认为，帝王之学有其特殊的重点，必须突破传统章句训诂之学的束缚："人主之学与经生学士异，执经入侍者，必有发明正理，开启上心，然后可以无愧所学。训诂云乎哉？抑诵说云乎哉？"[1] 为此，朱熹入侍经筵时并没有采用《大学章句》那种传统的"因字而生句，积句而成章，积章而成篇"[2] 的章句体，而是重新创作《经筵讲义》，采取了宋代兴起的以义理阐发为主的新经学体例——讲义体。

从篇章结构而言，二书均将《大学》分为"经一章"与"传十章"，并将经文分为上下节（章），每章有章旨，每句之下有字词训诂、句意串讲，两者诠释顺序大体相同。但与《大学章句》不同的是，《经筵讲义》在基本的字词训诂、句意章旨注疏之后，朱熹均用"臣窃谓""臣又尝窃谓""臣谨按""臣又谨按"等按语另起一段，出以己意，阐发义理，字数从一百多字到上千字不等，形式自由灵活。

以义理阐发字数最少的一句"物有本末，事有终始，知所先后，则近道矣"为例。两者对句义章节的注解完全一样："明德为本，新民为末。知止为始，能得为终。本始所先，末终所后。此结上文两节之意。"但是《经筵讲义》进一步展开了义理阐发：

> 臣窃谓明德、新民，两物而内外相对，故曰本末；知止、能得，一事而首尾相因，故曰终始。诚知先其本而后其末，先其始而后其终也，则其进为有序而至于道也不远矣。盖欲治人者不可不先于治己，欲体道者不可不先于知道。此则天下国家之达道通义，而为人君者尤不可以不审。是以臣愚窃愿陛下深留圣意，伏乞睿照。[3]

1　徐鹿卿：《辛酉进讲》，《清正存稿》卷4，文渊阁四库全书本。

2　刘勰著，祖保泉解说：《文心雕龙解说》卷7，合肥：安徽教育出版社，1993年，第661页。

3　朱熹：《经筵讲义》，《晦庵先生朱文公文集》卷15，《朱子全书》第20册，第696页。

《经筵讲义》深入阐发了为何明德、新民、知止、能得称之为本末、终始的原因，强调四者之间至于"道"的先后秩序，并联系实际，指出人君修身治国的重点，体现了朱熹力图通过经典诠释，引导帝王成君德出治道的意图。

在《经筵讲义》中，朱熹用"臣又尝窃谓"等按语另起一段，对《大学》题旨进行义理阐发有 535 字，对"大学之道，在明明德，在亲民，在止于至善"三纲领的阐发为 1005 字。据笔者统计与对比，以同样的方式，对其他经、传文，进行义理发挥，总体字数均多于《大学章句》的释义。这些以按语形式出以己意的义理阐发，既是《经筵讲义》最大的特点，也是其与《大学章句》在体例上最根本的区别。

《经筵讲义》是朱熹专为教育宋宁宗而作，属于帝王之学的范畴。为实现以学术影响帝王及政治的目的，朱熹突破了原本为普通读书人而作的《大学章句》体例形式，采用了当时流行的以讲说义理为主的讲义体与之相适应。这也是朱熹在入侍经筵之际，虽其《大学章句》的思想早已成熟并定型，却重新创作《经筵讲义》进呈的根本原因。

三、诠释方式：从"简约"到"透彻"

朱熹说："大抵解经固要简约。若告人主，须有反复开导推说处，使人主自警省。盖人主不比学者，可以令他去思量。"[1] 指出了教育帝王与学者应采取不同的诠释方式。学者崇尚独立思考，《大学章句》的方法适合他们："必先释字义，次释文义，然后推本而索言之。"[2] 经典诠释提纲挈领，点到即止，以引导学者"熟读详味，久当见之"[3]。对于日理万机的天子，则不可像普通书生那样"令他去思量"，而是要"反复开导推说"，阐明蕴含在经典中的修齐

1　黎靖德：《朱子语类》卷 101，第 2576 页。
2　朱熹：《答敬夫孟子说疑义》，《晦庵先生朱文公文集》卷 31，《朱子全书》第 21 册，第 1352 页。
3　朱熹：《大学章句》，《四书章句集注》，第 5 页。

治平之道，感格君心，达致实效。因而《经筵讲义》以充分的义理解说为主，讲清楚是什么、为什么、怎么办等问题，力求在最短时间内打动君主，启沃君心。

以"大学之道，在明明德，在亲民，在止于至善"的诠释为例，可对比《大学章句》与《经筵讲义》的区别所在。如《大学章句》曰：

> 程子曰："亲，当作新。"〇大学者，大人之学也。明，明之也。明德者，人之所得乎天，而虚灵不昧，以具众理而应万事者也。但为气禀所拘，人欲所蔽，则有时而昏；然其本体之明，则有未尝息者。故学者当因其所发而遂明之，以复其初也。新者，革其旧之谓也，言既自明其明德，又当推以及人，使之亦有以去其旧染之污也。止者，必至于是而不迁之意。至善，则事理当然之极也。言明明德、新民，皆当止于至善之地而不迁。盖必其有以尽夫天理之极，而无一毫人欲之私也。此三者，大学之纲领也。[1]

《经筵讲义》则诠释为：

> 臣熹曰：大学者，大人之学也。明，明之也。明德者，人之所得乎天，至明而不昧者也。但为气禀所拘、人欲所蔽，则有时而昏，故当有以明之而复其初也。亲，程氏以为字当作"新"，是也。其义则去其旧而新之云尔。言既能自明其明德，又当推以及人，使人亦有以去其旧染之污也。止者，必至于是而不迁之意。至善，则事理当然之极也。言明明德、新民皆当至于至善之地而不迁，盖必其有以尽夫天理之极，而无一毫人欲之私也。此三者，大学之纲领也。
>
> 臣窃谓天道流行，发育万物，而人物之生，莫不得其所以生者以为一身之主。但其所以为此身者，则又不能无所资乎阴阳五行之气。而气

1　朱熹：《大学章句》，《四书章句集注》，第4页。

之为物，有偏有正，有通有塞，有清有浊，有纯有驳。以生之类而言之，则得其正且通者为人，得其偏且塞者为物。……欲明德而新民者，诚能求必至是而不容其少有过不及之差焉，则其所以去人欲而复天理者，无毫发之遗恨矣。[1]

《大学章句》对"大学""明""明德""亲""止""至善"等字义词义进行了注解，并在解"明"与"明德"时，运用"理""气"等概念进行了义理阐发，既汲取了汉儒以章句训诂释经的方式，又结合时代需要，对其进行了哲学上的发挥，简明扼要地阐发了"大学之纲领"，具有提纲挈领、言简意赅、隽永深刻的特点，为历代学者所称道。

《经筵讲义》对其注释与概括和《大学章句》基本类似。但重点在"臣窃谓"之后的文句，紧扣"明德""明明德""新民""至善"，围绕着是什么、为什么、怎么办的思路，运用理学理论，深入地进行论证说理与义理阐发。

什么是"明德"呢？为何需明明德？朱熹首先从人物之生与人禽之别的角度出发进行论证，认为天地之间无非一理流行，所谓"明德"即是"人之所得乎天，至明而不昧"的天理之本然。[2]它既是人之所以为人的本质属性，又为人人学为尧舜参赞化育提供了可能性。同时，人又有气之偏、正、通、塞、清、浊、纯、驳不同，存在圣、贤、愚、不肖之分，容易在外物诱导与耳目声色之欲的影响下，明德"日益昏昧"，从而论证了圣人施教，使人"复得其本然之明"而"明明德"的必要性[3]。帝王也不例外，仍需依循天理、学以明德修身。

那么如何由"明明德"而新民并臻于至善呢？除了"自明"其明德外，还需"推吾之所自明者以及之，始于齐家，中于治国，而终及于平天下"[4]。

---

1 朱熹：《经筵讲义》，《晦庵先生朱文公文集》卷15，《朱子全书》第20册，第692—695页。

2 同上，第692页。

3 同上，第693—694页。

4 同上，第694页。

从明明德、新民到止于至善的过程，实质就是学为圣人并成为圣王的过程。朱熹通过理论论证，确立了"天理"的最高本体与价值地位，将包括帝王在内的所有人都纳入天理所规范的范围之中，为帝王学为尧舜及理想社会秩序的重构提供了形而上的理论依据。其义理阐发不为字词训诂所限，观点鲜明，说理透彻，论证充分，逻辑严密，作者的思想观点与价值理念在诠释中一览无余。

然而，朱熹对经典要旨的这种深入阐发与理论论证，并不是纯粹地出于学术的兴趣，其最终目的还是为了说服劝诫皇帝，按照理学的规范修身，成就君德帝业。为此，他总是在《经筵讲义》中，联系帝王立身处世、治国理政的实际，劝诫帝王"深加省察，实用功夫"[1]，"不可但崇空言，以应故事"等[2]。朱熹经筵进讲《大学》总计七次，而其引申经典大义的劝诫之言就达六次之多。可见其力图通过儒家经典义理诠释，引导帝王修身立德成就治道，塑造尧舜圣王之君的拳拳之心。

可见，《大学章句》虽也讲义理，但重在章句训诂，其义理阐发简明扼要，提纲挈领，需涵咏体会而后得之。《经筵讲义》虽不废训诂，但其重点在深入挖掘经典背后的义理奥蕴，其义理阐发透彻，观点鲜明，论证充分，具有说服力。两者各有优长，适应了不同教育对象之需要。

四、语言表述风格："典雅"与"通达"

《大学章句》与《经筵讲义》，一个是阅读文本，一个是"代口授耳"[⑥]的讲稿，因而其语言表述风格不同。综观之，两者字词训诂注释是完全一致的，经文中有"物有本末，事有终始，知所先后，则近道矣"；"自天子以至于庶人，壹是皆以修身为本"；"其本乱而末治者否矣，其所厚者薄，而其所薄者厚，未之有也"等文本；传文中有"'听讼，吾犹人也，必也使无讼乎！'无

1　朱熹：《经筵讲义》，《晦庵先生朱文公文集》卷15，《朱子全书》第20册，第712页。
2　同上，第710页。

情者不得尽其辞。大畏民志，此谓知本"等章节，其余经、传文之注疏则有细微不同。但正是在这种"小异"中，体现了章句与讲义在语言表述与风格上的差异。以传之首章为例：

《大学章句》 康诰曰："克明德。"康诰，周书。克，能也。大甲曰："顾諟天之明命。"大，读作泰。諟，古是字。○大甲，商书。顾，谓常目在之也。諟，犹此也，或曰审也。天之明命，即天之所以与我，而我之所以为德者也。常目在之，则无时不明矣。帝典曰："克明峻德。"峻，书作俊。○帝典，尧典，虞书。峻，大也。皆自明也。结所引书，皆言自明己德之意。[1]

《经筵讲义》 康诰曰："克明德。"臣熹曰：克，能也，又有胜义。言文王能明其明德也。太甲曰："顾諟天之明命。"臣熹曰：顾，目在之也。諟，古"是"字，通用。天之明命，即人之明德也，言先王之心常欲明其明德，如目在夫物，不敢忘也。帝典曰："克明峻德"。臣熹曰：峻，书作"俊"，大也。大德，即明德也，言尧能明其大德也。皆自明也。臣熹曰：结所引书以释"明明德"之意，皆谓自明己之明德也。[2]

通过对比，可以发现《大学章句》与《经筵讲义》的三处不同之处：

一是对经典引言的处理方式不同。《大学章句》对经典引言注明了典籍来源与出处，便于学者进行查找比对，可谓言必有出处，典雅规范；而《经筵讲义》则从言语讲说方便与行文流畅角度，予以略去，以便更好地启沃君心。

二是字词的诠释倾向有别。如对"顾諟天之明命"疏解，《大学章句》注为："天之明命，即天之所以与我，而我之所以为德者也。常目在之，则无时不明矣。"朱熹将天之明命所予对象释之为"我"，以此警醒作为读书人的

1　朱熹：《大学章句》，《四书章句集注》，第5—6页。

2　朱熹：《经筵讲义》，《晦庵先生朱文公文集》卷15，《朱子全书》第20册，第699—700页。

"我"所应承担的天赋使命，以及发扬本有之明德的主观能动性。而《经筵讲义》则将其解为："天之明命，即人之明德也，言先王之心常欲明其明德，如目在夫物，不敢忘也。"将"天之明命"界定为"人之明德"，并从引导帝王的角度出发，将个体之"我"改解成"先王"，用"先王"的典范激励后世帝王。另在对"克明峻德"的注释中，《大学章句》解"峻，书作俊"，又解"峻，大也"，之后再不下任何注解。而《经筵讲义》除此之外，更是将"峻德"通俗易懂地解释为"即明德也，言尧能明其大德也"。鼓励后世帝王以尧为法，通过明明德的努力，成就圣德帝业。虽然只是个别字词注释的改变，但其语言更为明白晓畅，针对性更强，形象也更为可感。

三是行文风格有异。在《大学章句》中的对字词采取或释音、或释义、或考辨，或几者兼而有之的方式。如在"大甲曰：'顾諟天之明命'"的注释中，朱熹依次对"大"的读音、"諟"为通假字、《大甲》的出处、"顾"字字义、"諟"字字义、"天之明命"句义等进行了疏解。而在《经筵讲义》中，仅对"顾"字的字义、"諟"通为"是"字进行了简单的注释后，便直接进入了对"顾諟天之明命"的义理阐发。相较而言，《大学章句》的字词解释相对详细，便于考究，语言典雅稳健，具有书面化的特点；《经筵讲义》则仅根据说理的需要，择其要而释之，语言流畅通达。此外，在《大学章句》中，对"諟"字的辨正与字义揭示分在了两处，分别解为"諟，古是字"，又曰："諟，犹此也，或曰审也。"语意不连贯，行文有拘谨之嫌。而在《经筵讲义》中则注为"諟，古'是'字，通用"，择要而解，以确保句意贯通，行文流畅，通俗易晓，具有口语化的特点。对其他章节的"亲""缗""菉""喧""諠"等字，朱熹《大学章句》与《经筵讲义》也采取了类似的处理方式。

《大学章句》是适合阅读的文本，语言典雅规范，强调言必有出处。而《经筵讲义》则为适合讲说的文本，语言通俗畅达。两者的不同风格，乃是作者依据为学对象与目的不同而慎思明辨的结果。

五、结语

经筵讲义是适应帝王为学求"治"需求而产生的一种以义理解经为特点的新经学体例。朱熹的《经筵讲义》即是这种时代风气与学术旨趣的产物。虽然其《大学章句》与《经筵讲义》均是对《大学》的经典诠释之作，但因教育对象不同，导致两者在诠释目的、诠释体例、诠释方式、语言表述风格等方面存在差异。《大学章句》虽言义理，但更重训诂，采取了传统章句体引导学者学以立德，义理阐发简明扼要，语言典雅规范；《经筵讲义》虽也讲训诂，但更重义理阐发，采用了新兴讲义体，以鲜明的观点、严密的论证，通达的语言感格君心。从一个侧面透露了帝王之学的兴起对经典诠释形态从章句之学向义理之学转变，由汉学而入宋学的重要影响。这种转变的推动力就在于宋代经筵制度的定型，为儒家士大夫利用经典诠释的优先权，影响帝王德性修养与政治实践提供了有效平台，[1] 从而促使宋学"一道德""佐治道"的特色得以确立。[2] 可以说，采取何种经学体例与形式，建构与诠释"帝王之学"，既是经筵讲学的关键所在，又是宋代经学演变的重要因素。

由于讲义体具有阐发义理、论点鲜明、形式灵活、语言通达等特点，很好地适应了帝王之学的目标与追求，因而从宋神宗元丰年间，陆佃在经筵"始进讲义"[3] 开始，吕公著、周必大、张栻、杨时、陈傅良等名臣硕儒纷纷创作经筵讲义，力图以学术影响政治，致君尧舜。同时，由于宋代经筵官"多为学界指标性人物，转任、落职或致仕后仍旧影响当时学术的发展"，[4] 因而讲义体广泛地流行于官学与书院等各类学校教育之中，成为宋代士大夫诠释经典义理，传播学术思想与儒学精神的重要载体，促进了理学兴盛与儒家价值理念的迅速普及，所以，土田健次郎将帝王之学的兴起视为"道学"在宋代

---

1 姜鹏：《宋经筵与宋学的兴起》，第 109 页。

2 同上，第 145 页。

3 王应麟：《经说》，《困学纪闻》卷 8，上海：上海古籍出版社，2015 年，第 201 页。

4 吴国武：《经术与性理——北宋儒学转型考论》，北京：学苑出版社，2009 年，第 72 页。

社会扎根的重要原因，[1] 指出了宋代学术转型的关键所在。

此外，朱熹通过对《经筵讲义》与《大学章句》的诠释，为后世树立了一种训诂与义理兼备、汉学与宋学兼采的经典诠释范例，既避免了"秦汉以来，圣学不传，儒者惟知章句训诂之为事，而不知复求圣人之义"的汉学之弊[2]，又避免了后世不问章句训诂，脱离经文原意而导致的空疏浅薄的宋学之弊。这也是朱熹著作能够经久不衰影响中国社会几百年的原因之所在。

1　土田健次郎：《道学之形成》，上海：上海古籍出版社，2010年，第11—12页。
2　朱熹：《中庸集解序》，《晦庵先生朱文公文集》卷75，《朱子全书》第24册，第3640页。

第十八章　经筵：学术与政治的互动平台

　　宋代建国后，出于"治道"需要而实施的以文治国策略，极大地促进了士大夫主体意识的崛起，逐渐形成帝王与士大夫共治天下的政治格局。关于这种共治格局的形成，世人多关注其与科举取士、学校教育以及人才选拔制度等之间的关系，却忽略了因帝王"典学"需要而产生的经筵制度的重要影响。[1]吕中《大事记讲义》曰："人君起居动息之地，曰内朝，曰外朝，曰经筵，三者而已。"[2]"经筵"原本作为帝王的经史教育之地，为什么会成为与内朝、外朝并列的重要政治空间？它与君臣共治理念的形成之间存在着什么样的关系？学术与政治之间如何贯通？宋代大儒真德秀与其弟子徐元杰曾作为"帝王师"入侍经筵，不仅留下了经筵讲学的讲稿《经筵讲义》，而且以经筵进读日记的形式记录了君臣在经筵的互动事迹，为我们研究宋代士大夫如何借助经筵讲学中的经义诠释与君臣互动问答，以及"经筵留身"后的时政探讨，以学术介入政治，影响帝王的德性修养与政治决策，留下了宝贵的资料。

1　《宋史·文苑一》："自古创业垂统之君，即其一时之好尚，而一代之规模，可以豫知矣。艺祖革命，首用文吏而夺武臣之权，宋之尚文，端本乎此。太宗、真宗其在藩邸，已有好学之名，及其即位，弥文日增。自时厥后，子孙相承，上之为人君者，无不典学；下之为人臣者，自宰相以至令录，无不擢科，海内文士彬彬辈出焉。"经筵制度正是顺应帝王"典学"及以文治国策略的产物。见脱脱等：《宋史》卷439，第12997页。

2　吕中：《宋大事记讲义》，见李心传：《建炎以来系年要录》卷156，第2529页。

一、经筵讲学：君臣学术与政治的互动

由于经筵讲学的对象是贵为一国之君的帝王，这就必然决定了经筵官在讲学时不能囿于"析章句，考异同，专记诵，备应对"等字词章句、训诂名物等知识传授，而是要引导帝王"学尧舜之道，务知其大指，必举而措之天下之民"[1]，通过对经典义理的发挥，以"道"引君，成就君德圣治，使天下重归于"治"。同时，通过经筵中的君臣问答，彼此切磋交流，为君臣在思想意识与治国理念上达成共识提供了契机。[2]

1. 士大夫经典义理诠释与君德圣治成就之旨归

宋初至仁宗前期，虽说受汉唐章句之学的影响，经筵讲经仍以章句训诂等方式为主，[3]但出于帝王"学以求治"的需要，即使是在经筵任职长达27年之久，被人讥为"一以注疏为主，无他发明"[4]的杨安国，也不乏以义理解经的举动。如仁宗时讲《易》"坤卦"之"上六，龙战于野"时，杨安国便联系时政，引申经义说："譬之权臣擅命，作威作福，蔽君耳目，不得聪明，可移人心，可覆国家，苟辨之不早，必有龙战之患也。"[5]劝诫仁宗明辨贤愚忠奸，确保国家政治稳定。类似的义理发挥之言在《帝学》中多处可见。[6]神宗时，随着王安石、陆佃、吕惠卿、曾布等"新学"人物入侍经筵，经筵讲学逐渐形成了"发挥经旨义理，感格君心；联系帝王实际，语含劝诫；讲说形式自由，语言通俗；建言朝廷时政，经世致用"等特点，[7]从君主身心修养与政治

1　范祖禹撰、陈晔校释：《帝学校释》，第 74 页。

2　王琦、朱汉民：《论宋代儒家新帝学的兴起》，《鹅湖月刊》，2019 年第 12 期。

3　姜鹏：《北宋经筵与宋学兴起》，第 129—134 页。

4　脱脱等：《杨安国传》，《宋史》卷 294，第 9828 页。

5　范祖禹撰、陈晔校释：《帝学校释》，第 114 页。

6　杨安国曾多次为仁宗讲解《诗经》《论语》《周易》《尚书》等经义，多有义理发挥之言。具体可看范祖禹撰、陈晔校释《帝学校释》，第 93—131 页。

7　王琦：《论宋代经筵讲义的兴起》，《中国哲学史》，2018 年第 2 期。

实践着手，进行经典诠释与义理发挥，以启迪君心，培养君德，影响政治。[1]

南宋大儒真德秀与徐元杰在经筵讲经，也恪守着"经筵非为分章析句"，重在"裨圣德，究治体"[2]的风尚，于君德与圣治成就处用力。如对《大学》传之首章的诠释，真德秀开篇即言《康诰》《帝典》两语切要处，在'克'之一字。明德，人所同有，其所以为圣愚之分者，但以克明与不能明之异尔。常人所以不能明者，一则以气禀昏弱之故，二则以物欲蔽塞之故"，揭示天理人性人人具备，明德之所以难以成就，就在于许多人"自暴自弃而不肯为耳"。进而指出帝王用工之要"专在屏去物欲"，以"克"字自勉，"而毋自谓不能，则尧帝文王可及矣"[3]。真德秀解经先阐释理学的一般原则与常人做功夫的用力点，再进而指明帝王修身立德之要，使得经典诠释贴切自然，生动可感。同样，在诠释"大学絜矩章"时，真德秀指出："盖天下之不平，自人心不恕始。"从人伦日用处着眼，具体指出为子、为父、为弟、为兄、为臣之不恕的表现，从而引申至帝王"絜矩之道"，并联系当时"比年以来，元元愁苦者众"的客观社会现实，希望理宗念及寒冬腊月戍边将士及百姓寒苦，以己度人，"以恻怛之心，施惠恤之政"，让黎民百姓免于饥寒。[4]进而指出造成这种"兵民胥怨"的根本原因就在于"权臣大开贿赂之门"，监司郡守及将帅"极意掊克以充苞苴"，提出"选良吏、择良将以任抚字之责"[5]的解决方案。可谓贴近帝王实际，具有可操作性。又如徐元杰在诠释《论语》时，通过经典导读与义理阐发，指出"求其放心"乃是"古帝王相传为学切要处"，并言其经筵讲学"发明求心之旨"的目的在于"以助圣学端本行仁之万一，庶几正心以正朝廷，使百官万民、四方远近莫不一于正。"[6]可谓有的放矢，目标明确。

1　王琦：《以道学建构帝学——朱熹诠释〈大学〉的另一种理路》，《社会科学》，2018 年第 4 期。

2　脱脱等：《周必大传》，《宋史》卷 391，第 11965 页。

3　真德秀：《进读大学卷子（十月十九日）》，《西山文集》卷 18，文渊阁四库全书本。

4　真德秀：《讲筵卷子（二十七日）》，《西山文集》卷 18，文渊阁四库全书本。

5　真德秀：《讲筵进读手记（二十七日）》，《西山文集》卷 18，文渊阁四库全书本。

6　徐元杰：《经筵讲义》，《楳埜集》卷 1，文渊阁四库全书本。

由此可见，君主之"德"的养成与国家之"治"的实现，是宋代士大夫最为关切的问题。这种从帝王的角度出发，联系其修身养性与政治生活实际阐发经义的方式，比较容易引起帝王的情感共鸣，增强其内心的认同，因而在真德秀《讲筵进读大学章句手记》与徐元杰《进讲日记》中，"仰瞻圣颜，大觉和悦""上深以为然，喜见玉色""上然之""上曰极是""上意喜甚，玉齿粲然""上首肯""上曰甚善甚善"等记载比比皆是，[1] 体现了帝王对士大夫所诠释的经旨要义的肯定与认同，从而有利于君臣在修己治人、治国理政等方面达成共识。

2. 君臣经筵学问与治道的切磋交流

经筵为君臣提供了一个互动交流的平台。在讲学中，经筵官对经典诠释有着绝对的主导权，但这并非意味着帝王只能被动地接受士大夫的讲授，而是可以通过君臣有问有答的互动方式，交换意见，交流思想。在讲学时如果帝王不主动提问，就会遭到经筵官的质疑。如英宗在经筵"未尝发言有所询问"，司马光即上言曰："今陛下若皆默而识之，不加询访，虽为臣等疏浅之幸，窃恐无以宣畅经旨，裨助圣性。望陛下自今讲筵，或有臣等讲解未尽之处，乞赐诘问。或虑一时记忆不能详备者，许令退归讨论，次日别具劄子敷奏。庶几可以辅稽古之志，成日新之益"[2]。可见，君臣间的互动问答与交流乃是经筵讲学中的重要环节。

徐元杰在《进讲日记》中详细地记载了他与理宗间的交流切磋。如在"四月初五"晚讲中，"读《论语》发明学问之道，求放心须自源头理会"。理宗心有所感曰："心为万事之源。"读《鲁论》时，徐元杰指出其"心字只有三"，上发问曰："三处如何？"徐元杰奏曰："第一处'夫子七十而从心所欲不踰矩'，此是圣人之心；第二处'回也，其心三月不违仁'，此是贤者之

1　真德秀：《讲筵进读大学章句手记》，《西山文集》卷 18，文渊阁四库全书本；徐元杰：《进讲日记》，《楳埜集》卷 1，文渊阁四库全书。

2　范祖禹撰、陈晔校释：《帝学校释》，第 139 页。

心；第三处'饱食终日，无所用心，难矣哉'，此是愚不肖之心。盖无所用心，则放僻邪侈无不为矣。心无所用，反不若博奕猥亵之事，圣人戒之深矣。"上曰："正是，心不可无所用。"[1]表示赞同。这是君臣对学问之要在"求放心"等经义上达成的共识，为徐元杰通过经典诠释，以儒家之"道"正君心做好了义理铺垫。

此外，在经筵讲学中君臣还会就时政等问题进行交流与探讨，除经筵官经常会借阐发经义之机影射或言及时政问题外，帝王也会主动就其关心的问题向经筵官提问或咨询。如一次晚讲中，理宗连续向徐元杰发问："一向雨少，连日得雨霈足否？""外道诸郡多得雨，闻淮间亦得雨，敌人亦渐退，果否？""比来米价与外方如何？""此间楮价与外方如何？""近来监司郡守得人否？""史岩之奏减和买济事否？"[2]内容涉及天时、军事、经济、人事等国计民生、军事战备、人事任免等问题。理宗希望通过向经筵官的访问咨询，一是畅通信息渠道，多方位了解朝政之得失，黎民之生计，监司郡守是否得人；二是听取经筵官对时政的建议与看法，从而为其政治决策及国家政令制定提供参考意见。[3]徐元杰依次作答后，理宗也回应道："须严备御""只要民便""是"等，体现了经筵官对帝王政治选择与决策的影响。所以真德秀常与理宗言："臣愿自今经筵讲读之际，有切于身心，关于政治者，时发玉音质问所疑，俾臣等得悉心以对。如有未谕，即乞再三诘难，必圣心洞然无疑而后已。"[4]经筵君臣讨论交流，必以"圣心洞然无疑"为旨归，为经筵官较充分地表达意见提供了条件。

可见，在经筵讲学中，经筵官通过对经典义理的诠释与君臣间的互动交流，为士大夫以学术切入政治，通过对经典中所蕴含的儒家之"道"教化帝王，影响其德性修养、思想观念、治国理念及政治实践提供了可能性。

1　徐元杰：《进讲日记（四月初五日进讲）》，《楳埜集》卷1，文渊阁四库全书。

2　徐元杰：《进讲日记（十一日进讲）》，《楳埜集》卷1，文渊阁四库全书。

3　邓小南：《信息渠道的通塞：从宋代"言路"看制度文化》，《中国社会科学》，2019年第1期。

4　真德秀：《讲筵卷子（十一月八日）》，《西山文集》卷18，文渊阁四库全书本。

二、经筵留身：经筵政治功能的拓展

随着仁宗朝经筵制度的逐渐完善，经筵官的选择与任命、讲读时间与地点、进讲篇目与内容、经筵仪式仪规等均已基本完备。[1] 尤其是宋神宗时，因变法需要，于经筵讲学之后，"群臣退，帝留安石坐"，常与其"从容议论"国事，[2] 从而进一步拓展了经筵的政治功能。"经筵留身"为帝王与经筵官讨论时政、咨询访问提供了更为私密与从容的空间。[3] 元丰年间，"侍读官于所读书内或有所见，许读毕具札子奏陈"[4]。又从制度上为经筵官详细奏陈意见提供了保障。

在真德秀与徐元杰的手记或日记中，记载了其经筵留身后，理宗所咨询问题之广泛，涉及雨、雪、雷、电等天时问题；蚕桑、农麦等农事问题；楮币、会价、盐价、米价、经界、赋税、和买等财政经济问题；史嵩之起复等人才任用等问题；边备、北使朝见、核军籍等军事外交问题，还有朝廷事体、士人议论，等等，[5] 真德秀与徐元杰在回应这些问题时，均从儒家士大夫的立场出发，力图将儒家的价值理念运用到帝王修身立德、治国理政的实际中。

以理宗与徐元杰多次讨论的"天时"问题为例。在四月十二日的进讲中，理宗问："此数日又阙雨，农事不知如何？"徐元杰马上用儒家修德以应天的思想劝诫理宗道："恐惧修省以为格天之本"，以至"心与天一"，感动上天而降时雨。[6] 又如在"十月内进讲"中，理宗为"连日雷声甚厉"以及"边事既

---

1 邹贺、陈峰：《中国古代经筵制度沿革考论》，《求索》，2009 年第 9 期。

2 陈邦瞻：《王安石变法》，《宋史纪事本末》卷 37，北京：中华书局，2015 年，第 325−326 页。

3 平田茂树认为经筵官的职务是给皇帝教授学问，有时讲经结束之后，经筵官会被留下来与皇帝交谈政治问题，即所谓"经筵留身"。参见平田茂树：《宋代的政治空间：皇帝与臣僚交流方式的变化》，《历史研究》，2008 年第 3 期。

4 刘琳、刁忠民、舒大刚等校点：《宋会要辑稿·职官六·侍读侍讲》，第 3193 页。

5 真德秀：《讲筵进读大学章句手记》，《西山文集》卷 18，文渊阁四库全书本；徐元杰：《进讲日记》，《楳埜集》卷 1，文渊阁四库全书。

6 徐元杰：《进讲日记（四月十二日进讲）》，《楳埜集》卷 1，文渊阁四库全书。

急"而忧心，问徐元杰当如何消除"天变"、解除外患？徐元杰"因以时事而参之《易》"，以"《乾》健九五之君，不可无《坤》顺六二大臣之助"为喻，[1]认为之所以出现天变，是因为理宗前不久起复丞相史嵩之命不合礼制，[2]导致士人议论纷纷，国家纲常不立，因此"天以非时之雷警告陛下"，"欲吾国之君臣上下，痛自刻厉，交修人事"，"上下讲求克己复礼之复"，远小人，进君子，"号召天下之贤俊，培养萃聚于本朝，以为内治强盛尊安之道"，"以悦人心而解天意"，立纲纪以"致泰"，应天变而消外患。[3]未几，理宗"夜降御笔黜四不才台谏，起复之命遂寝"[4]。体现了经筵官借助"天"的权威约束、劝诫帝王，将儒家重德行、修人事、任贤才、立纲纪的价值信仰与治国理念运用到朝政中的努力，并通过君臣间的深入切磋交流，对现实政治决策与运行产生了积极的影响。

又如北使朝见与边备是理宗端平元年极为关注的问题。真德秀在《讲筵进读大学章句手记》中多次记载了理宗关于这类问题的询问。如十月十四日进讲后，理宗问"北使来议和"之事如何应对？真德秀指出对待来使"犹当礼接"，但边备仍需不懈；[5]十二月十三日，理宗问真德秀是否见到丞相郑清之关于"北使朝见事"的劄子，德秀告知理宗自己虽未见劄子，但已于昨天与同僚"诣相府见丞相，言见将鞑使朝见礼节，委左司郑寅斟酌"，"其区处似已稳当"。而问及使者朝见用"临轩"之礼是否合适时，真德秀言"极当"。至于"徐侨以为不当引见（北使）"的问题，真德秀指出"大抵朝廷行事，最

1 徐元杰：《进讲日记（十月内进讲）》，《楳埜集》卷1，文渊阁四库全书。

2 据《宋史》卷424《徐元杰传》记载：理宗时"丞相史嵩之丁父忧，有诏起复"，导致"学校叩阍力争"，士论纷纷。因而在端平元年甲辰九月十六日进讲后，理宗问徐元杰对史嵩之起复的意见，徐元杰认为"端忧居家，礼之常也；徇国赴急，礼之变也；礼须要度宜，只缘陛下出命太早，所以启人之疑，惟在陛下优容之"，劝诫理宗作为帝王出命不可不慎，当"爱惜民彝，为大臣爱惜名节"。详见脱脱等：《宋史》卷424，第12661—12662页；徐元杰：《进讲日记（甲辰九月十六日进讲）》，《楳埜集》卷1，文渊阁四库全书。

3 徐元杰：《进讲日记（十月内进讲）》，《楳埜集》卷1，文渊阁四库全书。

4 脱脱等：《徐元杰传》，《宋史》卷424，第12661—12662页。

5 真德秀：《讲筵进读大学章句手记（十四日）》，《西山文集》卷18，文渊阁四库全书本。

不可恶人异论"，劝诫理宗作为一国之君，应当允许臣下发表不同意见，否则"后来有事，无人敢言，遂成缄默之风，利害非细"。而"见与不见，皆未甚利害，但和议决不可恃"，建议理宗"亲御宸翰，谕三边制帅"[1]。在礼接北使的同时加强边备，做好一文一武两手准备。其间刚好"有御封文字下本所"。面对不同的意见，真德秀请国史院与众官商量，于是理宗召诸官集议。[2]通过真德秀与理宗对话的记载，我们发现，经筵是帝王进行政治咨询决策、辨析朝廷信息真伪、了解臣僚意见、知晓朝政得失的重要渠道，其间所碰撞出来的思想火花与朝政共识会影响到帝王的政治决策与政策制定。

经筵留身时，除了帝王主动向士大夫询问政事外，士大夫也会主动向帝王奏事，以表达自己对朝廷政事等看法。如孝宗时周必大有《讲筵留身劄子三首》，内容涉及《论久任边帅》《论安定郡王袭封人》《乞考初元之政》等。[3]朱熹在宁宗时曾上《经筵留身面陈四事劄子》，涉及"修葺旧日东宫"之计、"寿康定省"之礼、"朝廷纲纪"之议，孝宗"山陵之卜"等，直指帝王之家事与国事。[4]端平元年十月十九日，真德秀进读《大学章句》后，"又奏边事，已见《端平庙议申圣语状》"[5]。十一月十六日进讲，因言及财用窘匮，奏曰："今日当此空匮之极，别无方法，只有撙节一事可行。臣方欲具奏，偶吏部郎中兼左司郑寅轮对已及，凡其言甚当，愿陛下谕大臣速如所请施行"等。[6]徐元杰十二月十八日进讲有注曰："十一月有一讲口奏，上始决于言，下且喜而称郑清之、赵与权。又问相臣才德之辩。至二十八日又问才德，始为之极力奏陈，圣意觉愈坚。"[7]可见，经筵拓展了士大夫参政议政、发表政见的渠道。

如果说经筵讲学主要是以"学"为主，重在经义阐释与发挥，并兼及政

1 真德秀：《讲筵进读手记（十二月十三日）》，《西山文集》卷 18，文渊阁四库全书本。

2 同上。

3 周必大：《文忠集》卷 137、142、143，文渊阁四库全书本。

4 朱熹：《经筵留身面陈四事劄子》，《晦庵先生朱文公文集》卷 40，《朱子全书》第 20 册，第 678—683 页。

5 真德秀：《讲筵进读手记（十九日）》，《西山文集》卷 18，文渊阁四库全书本。

6 真德秀：《讲筵进读手记（十六日）》，《西山文集》卷 18，文渊阁四库全书本。

7 徐元杰：《进讲日记（十二月十八日进讲）》，《楳埜集》卷 1，文渊阁四库全书。

治问题，那么经筵留身探讨的问题则主要以"治"为主，君臣间交流时政的广度与深度进一步增强，从而使得"经筵"不仅只是帝王经史教育之地，而且成为帝王向士大夫咨询顾问、探讨时政、收集信息的重要政治空间。所以宋人说："朝廷自宰相以及群司，率以职事进对，所言皆目前常务，而又迫于景晷，不得详尽其理。唯迩英阁者，陛下燕闲之所也。侍于侧者，皆献纳论思之臣；陈于前者，非圣人之经则历代之史也。御燕闲则可以留漏刻之永；对侍臣则可以极咨访之博；论经史则可以穷仁义之道、祸败之原。鉴而行之，则上可以为尧、舜、三代之君，下犹不失为汉高、光武、唐太宗也。"[1] 经筵在正常的行政奏对之外，为帝王与士大夫提供了相对从容探讨与交流的空间。

三、结语

经筵作为兼具文化教育与政治探讨功能的空间，一方面为士大夫借助经筵经义诠释与问答互动，经筵留身时君臣的议论交流，以学术切入政治，引导帝王"学"以成"德"出"治"提供了有效途径，拓展了士大夫参政议政的渠道；另一方面经筵活动的开展，既彰显帝王以文治国、崇儒重道形象，又为其咨询时政、收集信息、政治决策拓展了空间，进而为帝王与士大夫在价值理念与治国策略上达成共识提供了契机，奠定了君臣共治天下的思想基础。

从宋代政治实际考察可知，经筵往往也是朝中各派掌控朝局的必争之地。如神宗熙宁时，围绕着法之"变"与"不变"，司马光与吕惠卿在经筵展开了激烈的辩论。[2] 王安石为确保变法的顺利推行，大力引介其姻亲与学生吕惠卿、沈季长、王雱、陆佃、曾布等入经筵，防范不同政见对新法有可能造成的冲击，坚定神宗变法的决心与政治决策。所以《续资治通鉴长编》说王安石：

1　韩维：《上英宗乞御迩英询问讲读臣僚》，见赵汝愚：《宋朝诸臣奏议》卷50，第542页。
2　范祖禹撰、陈晔校释：《帝学校释》，第149—152页。

"常欲置其党一二人于经筵，以防察奏对者。吕惠卿既遭父丧，安石未知腹心所托，布巧黠善迎合，安石悦之，故以布代惠卿入侍经筵。"[1] 南宋时秦桧专权的重要举措之一，就是控制"经筵"。据《宋大事记讲义》记载："独经筵之地，乃人主亲近儒生之时，桧虑其有所浸润，于是以熺兼侍讲，又以巫伋为说书，除言路者必预经筵，以察人主之动息，讲官之进说，而臣无复天子之臣矣。"[2] 秦桧的这种通过操纵参预经筵人选来控制言论，以把握帝王的动向的方法，也为南宋后期的许多权相所模仿。[3] 这体现了经筵在政治中的重大影响。

此外，成为"帝王师"的经筵官大多是"天下第一流"的人物，因而在宋朝曾经以翰林侍读、侍讲学士、崇政殿说书等身份入侍经筵的士大夫，最终位至宰执的大有人在，如章得象、贾昌朝、曾公亮、晏殊、王安石、司马光、吕公著、范纯仁、刘挚、苏颂、周必大、真德秀等。当有机会得君行道时，他们尧舜其君，积极参政议政，力图有所作为，实现道济天下的理想；当贬官闲居时，他们便著书立说，授徒讲学，尧舜其民，教化世道人心，从而促进了儒学的官学化、社会化，形成了宋代鲜明的士大夫政治文化。因而研究宋代君臣共治天下格局的形成，经筵是其不可忽视与回避的重要环节。

1　李焘：《续资治通鉴长编》卷 215，第 5236 页。

2　吕中：《宋大事记讲义》，见李心传：《建炎以来系年要录》卷 156，第 2529—2530 页。

3　董文静：《南宋台谏"必预经筵"政治模式的形成——以董德元为线索的考察》，《浙江学刊》，2012 年第 5 期。

第十九章 经筵讲义与宋代理学发展

经筵讲义作为宋代兴起的一种新经学体例，是儒家士大夫诠释经旨义理并对君主进行教育的讲稿，它不仅促进了宋代学术从传统章句之学向义理之学的转型，而且还是理学思想向最高层传播的重要载体。[1] 宋代主要学派的领袖人物大多曾入侍经筵，尤其是程朱一系学者在经筵进讲《大学》《中庸》《论语》《孟子》经筵讲义，极大地促进了"四书"学新经典体系的形成与理学思潮的兴盛。虽然"四书"学兴起与理学发展离不开士大夫的著书立说、授徒讲学与社会传播，但如果没有获得最高层的认同与支持，是难以成为官方主流意识形态与全社会共同遵守的价值规范的。经筵讲义与理学发展密切相关，然学界对此少有涉及。以经筵讲义为切入点，无疑可以为理学研究提供新的视域。

一、经筵讲义与宋代学术转型

为重振世道人心，重建"治道"，宋代实施了崇文尊儒的治国方略，不仅"劝宰臣以读书，戒武臣以知学"[2]，重用读书人，而且要求为人君者"无不

1　王琦：《论宋代经筵讲义的兴起》，《中国哲学史》，2018 年第 2 期。
2　吕中：《宋大事记讲义》卷 8，文渊阁四库全书本。

典学"[1]，身为典范，带头读书。据《帝学》记载：从"太宗始命吕文仲侍读，真宗置侍讲、侍读学士，仁宗开迩英、延义二阁，日以讲读为常"[2]，在御前讲读经史的经筵制度逐渐成熟与完善。由于经筵讲学对象的特殊性，其讲学的目的、重点与诠释方式必然与普通的士大夫之学不同，所以范祖禹说："人君读书，学尧舜之道，务知其大指，必可举而措之天下之民，此之谓学也。非若人臣，析章句，考异同，专记诵，备应对而已。"[3]《建炎以来系年要录》里也记载了宋高宗关于两者为学重点不同的言论："有帝王之学，有士大夫之学。朕在宫中无一日废学，然但究前古治道有宜于今者，要施行耳，不必指摘章句以为文也。"[4] 宋人普遍认为与以章句记诵备应对求利禄的士大夫之学不同，在经筵讲学应采取"义理"诠释的方式，以阐发经典中的尧舜圣王之道而成天下之治为重点，"发明正理，开启上心"[5]，这就必然要求经筵官在经义阐发中突破传统章句注疏的束缚。如果说仁宗初年，经筵讲学依然没有摆脱汉唐章句之学的遗绪，那么至庆历年间，随着胡瑗、欧阳修、刘敞、王安石等一批批疑经惑传、鄙薄注疏、推崇"义理"的士大夫入侍经筵，学风整体为之一变。王应麟的《困学纪闻》记录了宋代学术的这一转型过程："自汉儒至于庆历间，谈经者守训故而不凿。《七经小传》出而稍尚新奇矣，至三经义行，视汉儒之学若土梗。古之讲经者，执卷而口说，未尝有讲义也。元丰间，陆农师（陆佃）在经筵始进讲义。自时厥后，上而经筵，下而学校，皆为支离曼衍之词。"[6] 经筵讲义应运而生，以"义理"解经的方式自此风行天下，成为一种学术风尚，从而推动了宋代学术由章句之学向义理之学的转变。

1　脱脱等：《文苑一》，《宋史》卷 439，第 12997 页。

2　范祖禹撰、陈晔校释：《帝学校释》，第 80 页。

3　范祖禹撰、陈晔校释：《帝学校释》，第 74 页。

4　李心传：《建炎以来系年要录》卷 143，第 2297 页。

5　徐鹿卿：《辛酉进讲》，《清正存稿》卷 4，文渊阁四库全书本。

6　王应麟：《经说》，《困学纪闻》卷 8，第 201 页。

二、"四书"在经筵的传播与理学新经典体系的形成

宋代"四书"超越"五经"成为儒学的核心经典，是理学与儒学发展史上的重大事件。由于"五经"偏重于政典与"治术"，文字大多晦涩难懂，为学入门不易；"四书"则相对简易，不仅为世人修己治人、内圣外王提供了系统的为学次第与成德功夫，而且有着丰富的心性思想资源，可以同时满足成就君德圣治、教化世道人心与应对佛道冲击、复兴儒学等多重需要，因而宋儒力图回到先秦儒学，重新挖掘《论语》《孟子》《大学》《中庸》等资源，开启了一场新的经典诠释运动，并借助经筵讲学，将其向最高层传播，力图建构明体达用、内圣外王、道德性命之学，为君德圣治成就、社会秩序重建提供理论依据与经验借鉴，在进讲前后撰写经筵讲义进呈。如吕公著、杨时、王十朋、徐元杰、刘克庄、袁甫、方逢辰撰有《论语》经筵讲义；程俱有《论语》《孟子》经筵讲义；陈傅良有《孟子》经筵讲义；朱熹、真德秀有《大学》经筵讲义；邢昺为真宗讲述《中庸》"为天下国家有九经"之义[1]，真德秀为理宗讲《中庸》等。此外，冯元、孙奭、马龟符、杨安国、程颐、范纯仁、孙觉、司马康、赵彦若、吴安诗、范百禄、黄履、傅尧俞、孙近、唐怿、尹焞、魏杞等亦曾在经筵讲过《论语》或《孟子》等。

随着"四书"在经筵的进讲，《论语》《孟子》的地位不断提升，《大学》《中庸》得以独立成篇，理学思潮蓬勃发展，其间均离不开最高层对其思想价值的认可与推崇。如天圣五年，仁宗以《中庸篇》赐新及第进士；天圣八年，"赐新及第进士《大学》一篇。自后与《中庸》间赐，著为例"[2]。这是宋代《大学》与《中庸》从《礼记》中独立出来的最早记录，极大地提升了其地位和影响力。仁宗为什么会如此重视《大学》《中庸》？据《玉海》《续资治通鉴长编》等记载：从天圣三年至五年，孙奭等讲官曾为仁宗通讲了全部《礼记》，《中庸》《大学》也在其中。如没有对其思想价值的深切认同，则很难解

1　范祖禹撰、陈晔校释：《帝学校释》，第82页。
2　刘琳、刁忠民、舒大刚等校点：《宋会要辑稿·选举二·贡举二》，第5268页。

释仁宗从《礼记》中抽取《大学》《中庸》的行为。又如高宗倡导以"孔孟为师"，借助皇权对"非孟"的晁说之、郑厚进行打击，并御书《论语》《孟子》等经典，将其"刻石于国子监，仍颁墨本赐诸路州学"[1]，便和他在经筵长期研读《论语》《孟子》密切相关。理宗时，在徐侨、徐介、真德秀、徐元杰、刘克庄等努力下，尤其是真德秀在经筵讲读朱熹的《大学章句》与自撰的《大学衍义》，对周敦颐、二程、朱熹等先儒尊崇备至，从而促使朱熹的《四书章句集注》获得了官方认可，程朱一系大儒得以从祀孔庙，进而推动了理学新经典体系的形成及官学化、社会化，成为儒学发展的新形态。

三、经筵讲学与宋代学派发展

在理学发展与学派兴起的过程中，有一个十分重要的现象鲜为学界所关注，那就是宋代讲义理之学的主要学派：新学、朔学、洛学、蜀学、闽学、湖湘学、永嘉学等领袖人物王安石、司马光、程颐、苏轼、朱熹、胡安国、张栻、陈傅良等均曾入侍经筵。那么，经筵讲学对学派发展及其学术传播有何价值与意义呢？

吕中在《宋大事记讲义》中说："自古经筵之官，非天下第一流，不在兹选。盖精神气貌之感发威仪，文词之著见于讲磨丽习之间，有薰染浸灌之益，此岂谫闻单见之士所能辩？"[2] 从选任标准而言，经筵官多为品德高尚、博古通今、才华出众之人，在学界或政界均有较大的影响力。而入侍经筵，则被视为儒者一生的荣耀，历来为世人所瞩目。程颐说："儒者得以经术进说于人主之前，言信则志行。自昔报道之士，孰不愿之？"[3] 每次讲学经筵官都会精心准备，借助经典的义理阐发与论证说理，或以古喻今，或联系时政，敷陈开析，

1　李心传:《建炎以来系年要录》卷 150，第 2416 页。
2　吕中:《宋大事记讲义》卷 8，文渊阁四库全书本。
3　程颐:《辞免崇政殿说书表》，见程颢、程颐:《二程集》，第 540 页。

"务积诚意以感动上心"。[1] 他们在经筵的所言所讲所感，往往是其一生学术思想与政治理念精髓的浓缩。像司马光在经筵所讲的《资治通鉴》、朱熹的《大学》经筵讲义、真德秀的《大学衍义》等，都凝聚了他们十多年，甚至一辈子的心血。如朱熹从绍兴三十二年首次以《大学》格物致知、诚意正心之学上封事，到淳熙九年将以《大学章句》为首的《四书章句集注》合刊于婺州，再到绍熙五年为宁宗讲《大学》，至临终前对《大学》"诚意"章的修改，可谓平生精力尽在《大学》。朱熹之所以如此重视《大学》，就在于这部经典承载了他以理学思想"尧舜其君""尧舜其民"，道济天下的理想。

同时，宋代士大夫普遍具有以天下为己任的政治主体意识，对于"愿得一面天颜，馨陈所学"的千载之遇[2]，他们都十分重视，将之视为得君行道的最好机会，经常会对经筵讲学的内容、方法、策略等，向同道征求意见，彼此讨论，互相支持。因此，经筵讲义的经义诠释，不仅是其个人思想与观点的呈现，甚至凝聚了士林的群体意识。如张栻在担任侍讲或被召对时，与朱熹、吕祖谦之间就有不少书信往来，讨论如何"讲道至理，以开广圣心"[3]。朱熹除焕章阁待制兼侍讲之际，诸儒对其到来翘首以盼，充满期待。据《续编两朝纲目备要》记载，当朱熹行至六和塔时，永嘉诸贤毕至，"各陈所欲施行之策"[4]。其罢经筵，楼钥、刘光祖、陈傅良、孙逢吉、吴猎等纷纷上书言事，掀起了一场挽留朱熹的行动。而朱熹离开经筵后，仍然不忘写信给刘光祖等，嘱咐他和陈傅良、彭龟年、章颖、黄度等诸君"勿忘致君行道之本怀，缉熙

1　佚名：《续编两朝纲目备要》卷3，北京：中华书局，1995年，第46页。

2　程颐：《上仁宗皇帝书》，见程颢、程颐《二程集》，第514页。

3　乾道六年，张栻曾兼侍讲，被孝宗召对五六次之多，其间与朱熹常有书信往来，讨论如何感悟君心，得君行道。见张栻《答朱元晦》第三书至第十书，《南轩集》卷22，文渊阁四库全书本；朱熹《答张敬夫书》四首，《晦庵先生朱文公文集》卷25，《朱子全书》第21册，上海：上海古籍出版社；合肥：安徽教育出版社，2010年，第1107—1116页。另在此期间，吕祖谦也在临安任职，与朱熹书信来往很多，对朱熹与张栻的书信也大多过目，参与讨论，其资料多收集在《东莱别集》卷7、卷8中，可参看。

4　佚名：《续编两朝纲目备要》卷3，北京：中华书局，1995年，第40页。

光明，以扶庙社"[1]，期望他们继续通过集体力量与相互支援，以"经术"经"世务"，为重建治道而努力。

各学派领袖人物入侍经筵，不仅使其所进读的经典与撰写的讲义成为社会关注与学习的对象，而且促进了学派学术宗旨、思想观点与价值理念的传播，扩大了学派的社会影响力与吸引力；而士大夫之间的交流切磋，则又加速了学派之间的学术交融与思想碰撞，共同推动了宋代学术的蓬勃发展与思想争鸣。因而研究宋代理学与学派的发展，经筵讲义是不可或缺的一个新视域。

1　朱熹：《刘德脩》（五），《晦庵先生朱文公别集》卷1，《朱子全书》第25册，第4847页。

参考文献

一、典籍

毕沅：《续资治通鉴》，北京：中华书局，1957年。

陈邦瞻：《宋史纪事本末》，北京：中华书局，2015年。

程颢、程颐：《二程集》，北京：中华书局，1981年。

陈傅良：《陈傅良先生文集》，杭州：浙江大学出版社，1999年。

范祖禹撰、陈晔校释：《帝学校释》，上海：华东师范大学出版社，2015年。

黄以周：《续资治通鉴长编拾补》，北京：中华书局，2004年。

黄宗羲著，全祖望补修：《宋元学案》，北京：中华书局，2013年。

黎靖德：《朱子语类》，北京：中华书局，1986年。

李焘：《续资治通鉴长编》，北京：中华书局，2004年。

李心传：《建炎以来系年要录》，北京：中华书局，1988年。

林庆彰：《中国历代经书帝王学丛书（宋代编）》，台北：新文丰出版，2012年。

刘琳、刁忠民、舒大刚等校点：《宋会要辑稿》，上海：上海古籍出版社，2014年。

刘时举：《续宋中兴编年资治通鉴》，北京：中华书局，2014 年。

罗大经：《鹤林玉露》，上海：上海古籍出版社，2012 年

邱浚：《大学衍义补》，北京：京华出版社，1999 年。

司马光：《资治通鉴》，北京：中华书局，1980 年。

司马光：《涑水记闻》，北京：中华书局，1989 年。

束景南：《朱熹年谱长编》（增订本），上海：华东师范大学出版社，2014 年。

四库全书研究所整理：《钦定四库全书总目》，北京：中华书局，1997 年。

脱脱等：《宋史》，北京：中华书局，1985 年。

王应麟：《困学纪闻》，上海：上海古籍出版社，2015 年。

薛季宣：《薛季宣集》，上海：上海社会科学院出版社，2003 年。

佚名：《续编两朝纲目备要》，北京：中华书局，1995 年。

赵汝愚：《宋朝诸臣奏议》，北京大学中国中古史研究中心校点整理，上海：上海古籍出版社，1999 年。

张栻：《张栻全集》，长春：长春出版社，1999 年。

曾枣庄，刘琳主编：《全宋文》，上海：上海辞书出版社；合肥：安徽教育出版社，2006 年。

真德秀：《大学衍义》，朱人求校点，上海：华东师范大学出版社，2010 年。

周敦颐：《周敦颐集》，北京：中华书局，2009 年版。

朱杰人、严佐之、刘永翔主编：《朱子全书》，上海：上海古籍出版社；合肥：安徽教育出版社，2010 年。

陈傅良：《止斋集》，文渊阁四库全书本。

陈襄：《古灵集》，文渊阁四库全书本。

陈长方：《唯室集》，文渊阁四库全书本。

程俱：《北山小集》，文渊阁四库全书本。

程俱：《麟台故事》，文渊阁四库全书本。

真德秀：《西山文集》，文渊阁四库全书本。

范祖禹：《范太史集》，文渊阁四库全书本。

方逢辰：《蛟峰文集》，文渊阁四库全书本。

黄幹：《勉斋集》，文渊阁四库全书本。

刘克庄：《后村集》，文渊阁四库全书本。

吕中：《宋大事记讲义》，文渊阁四库全书本。

吕陶：《净德集》，文渊阁四库全书本。

汪应辰：《文定集》，文渊阁四库全书本。

王安石：《临川文集》文渊阁四库全书本。

王十鹏：《梅溪后集》，文渊阁四库全书本。

王应麟：《玉海》，文渊阁四库全书本。

徐鹿卿：《清正存稿》，文渊阁四库全书本。

杨时：《龟山集》，文渊阁四库全书本。

尹焞：《和靖集》，文渊阁四库全书本。

袁甫：《蒙斋集》，文渊阁四库全书本。

袁说友：《东塘集》，文渊阁四库全书本。

张九成：《孟子传》，文渊阁四库全书本。

朱彝尊：《经义考》，文渊阁四库全书本。

徐元杰：《楳埜集》，文渊阁四库全书本。

二、研究著作

包弼德：《历史上的理学》，杭州：浙江大学出版社，2012 年。

本田成之：《中国经学史》，桂林：漓江出版社，2013 年。

蔡方鹿：《朱熹经学与中国经学》，北京：人民出版社，2004 年。

蔡仁厚：《宋明理学》，台北：学生书局，1983 年。

蔡根祥：《两宋以来大学改本研究》，台北：学生书局，1988 年。

陈来：《宋明理学》，北京：生活·读书·新知三联出版社，2011 年。

陈来：《早期道学话语的形成》，合肥：安徽教育出版社，2007 年。

陈来：《朱子哲学研究》，上海：华东师范大学出版社，2000年。

陈荣捷：《朱熹》，北京：生活·读书·新知三联书店，2012年。

陈植锷：《北宋文化史述论》，北京：中国社会科学出版社，1992年。

陈钟凡：《两宋思想述评》，北京：东方出版社，1996年。

陈逢源：《朱子与四书章句集注》，台北：里仁书局，2006年。

邓小南：《祖宗之法：北宋前期政治述略》，北京：生活·读书·新知三联书店，2014年。

杜维明：《道学政：儒家知识分子》，上海：上海人民出版社，2000年。

方诚峰：《北宋晚期的政治体制与政治文化》，北京：北京大学出版社，2015年。

费正清：《中国的思想与制度》，北京：世界知识出版社，2008年。

冯天瑜等：《中国学术流变》，上海：华东师范大学出版社，2003年。

冯友兰：《中国哲学史新编》，北京：人民出版社，1988年。

冯浩菲：《中国古籍整理体式研究》，北京：高等教育出版社，2003年。

龚延明：《宋代官制辞典》，北京：中华书局，2017年。

顾宏义：《宋代〈四书〉文献论考》，上海：上海古籍出版社，2014年。

汉斯-格奥尔格·伽达默尔：《真理与方法》，北京：商务印书馆，2010年。

侯外庐、邱汉生、张岂之：《宋明理学史》，北京：人民出版社，1984年。

侯外庐等：《宋明理学史》，北京：人民出版社，1997年。

高荻华：《从郑玄到朱熹：朱子〈四书〉诠释的转向》，台北：大安出版社，2015年。

黄俊杰：《东亚儒者的〈四书〉诠释》，上海：华东师范大学出版社，2008年。

姜鹏：《北宋经筵与宋学的兴起》，上海：上海古籍出版社，2013年。

姜广辉主编：《中国经学思想史》，北京：中国社会科学出版社，2003年、2010年。

李学勤等：《四库大辞典》，长春：吉林大学出版社，1996年。

梁启超：《中国近三百年学术史》，北京：商务印书馆，2011 年。

刘复生：《北宋中期儒学复兴运动》，台北：台湾文津出版社，1991 年。

刘笑敢：《诠释与定向：中国哲学研究方法之探究》，北京：商务印书馆，2009 年。

刘子健：《中国转向内在：两宋之际的文化内向》，南京：江苏人民出版社，2002 年。

刘复生：《北宋中期儒学复兴运动》，台北：台湾文津出版社，1991 年。

卢国龙：《宋儒微言》，北京：华夏出版社，2001 年。

马宗霍：《中国经学史》，北京：商务印书馆，1937 年。

蒙培元：《理学的演变》，福州：福建人民出版社，1984 年。

牟宗三：《心体与性体》，长春：吉林出版集团有限责任公司，2013 年。

牟宗三：《政道与治道》，台北：学生书局，2010 年。

彭国祥：《儒家传统的诠释与思辨》，武汉：武汉大学出版社，2012 年。

钱穆：《中国近三百年学术史》，北京：九州出版社，2011 年。

漆侠：《宋学的发展和演变》，石家庄：河北人民出版社，2002 年。

钱穆：《朱子学提纲》，北京：生活·读书·新知三联出版社，2002 年。

束景南：《朱熹研究》，北京：人民出版社，2008 年。

寺地遵：《南宋初期政治史研究》，上海：复旦大学出版社，2016 年。

田浩：《朱熹的思维世界》，南京：江苏人民出版社，2009 年。

土田健次郎：《道学之形成》，上海：上海古籍出版社，2010 年。

王懋竑：《朱熹年谱》，北京：中华书局，1998 年。

吴国武：《经术与性理——北宋儒学转型考论》，北京：学苑出版社，2009 年。

吴海林、李延沛：《中国历史人物生卒年表》，哈尔滨：黑龙江人民出版社，1981 年。

王琦：《朱熹帝学思想研究》，新北：花木兰文化事业有限公司，2020 年。

王心竹，吴亚楠：《宋代经学哲学研究》，上海：上海科学技术出版社，2015 年。

萧公权：《中国政治思想史》，北京：商务印刷馆，2011 年。

谢善元：《李觏之生平及思想》，北京：中华书局，1988 年。

谢巍：《中国历代人物年谱考录》，北京：中华书局，1992 年。

徐复观：《中国经学史的基础》，北京：学生书局，1992 年。

徐洪兴：《思想的转型：理学发生过程研究》，上海：上海人民出版社，1996 年。

阎步克：《士大夫演生史稿》，北京：北京大学出版社，1997 年。

杨新勋：《宋代疑经思潮》，北京：中华书局，2007 年。

余英时：《朱熹的历史世界》，北京：生活.读书.新知三联书店，2011 年。

赵峰：《朱熹的终极关怀》，上海：华东师范大学出版社，2004 年。

张立文：《宋明理学逻辑结构的演化》，台北：万卷楼图书有限公司，1993 年。

张其凡等：《宋代历史文化研究》，北京：人民出版社，2000 年。

朱汉民、肖永明：《宋代〈四书〉学与理学》，北京：中华书局，2009 年。

朱瑞熙：《中国政治制度通史·宋代卷》，北京：人民出版社，1996 年。

三、期刊论文

陈东：《中国古代经筵概论》，《齐鲁学刊》，2008 年第 1 期。

陈峰、邹贺：《中国古代经筵制度沿革考论》，《求索》，2009 年第 9 期等。

陈峰：《政治选择与宋代文官士大夫的政治角色——以宋朝治国方略及处理文武关系方面探究为中心》，《河南大学学报》，2007 年第 1 期。

陈璧生：《理教与经教之间——朱子政治哲学中的帝王、士大夫与庶民》，《现代哲学》，2014 年第 6 期。

陈劲：《孝宗中兴与庆元党禁视域下的南宋儒学走向——以朱熹与陈傅良交游为中心的考察》，《孔子研究》，2020 第 4 期。

陈小亮：《袁燮〈毛诗经筵讲义〉心学思想浅析》，《西安电子科技大学学报》(哲学社会科学版)，2013 年第 6 期。

陈重：《简论陈襄〈中庸讲义〉的思想内涵》，《浙江学刊》，2013 年第 2 期。

陈恒嵩：《魏校及其〈尚书〉经筵讲义析论》，《东吴中文学报》，2011 年第 5 期。

陈恒嵩：《徐鹿卿及其〈尚书〉经筵讲义研究》，《嘉大中文学报》，2009 年第 2 期。

陈居渊：《清代的经筵讲论与学术的多变》，《中国哲学史》，2014 年第 3 期。

陈良中：《史浩〈尚书讲义〉思想研究》，《历史文献研究》总第 33 辑，上海：华东师范大学出版社，2014 年。

董文静：《南宋台谏"必预经筵"政治模式的形成——以董德元为线索的考察》，《浙江学刊》，2012 年第 5 期。

范立舟：《论两宋理学家的政治理想》，《政治学研究》，2005 年第 1 期。

葛兆光：《道统、系谱与历史——关于中国思想史脉络的来源与确立》，《文史哲》，2006 年第 3 期。

顾永新：《龚原、耿南仲〈周易新讲义〉名实考略》，《殷都学刊》，2014 年第 2 期。

龚延明：《宋代经筵制度探析》，《中原文化研究》，2020 年第 2 期。

郭超：《袁甫〈蒙斋中庸讲义〉研究》，湖南大学硕士学位论文，2016 年。

郭畑：《唐宋孟子诠释之演进与孟子升格运动》，2016 年第 5 期。

郝桂敏：《袁燮〈絜斋毛诗经筵讲义〉的特点及成因》《辽宁教育行政学院学报》，2007 年第 7 期。

黄俊杰：《论经典诠释与哲学建构之关系——以朱子对〈四书〉的解释为中心》，《南京大学学报》，2007 年第 2 期。

姜广辉，夏福英：《宋以后儒学发展的另一走向——试论"帝王之学"的形成与发展》，《哲学研究》，2014 年第 8 期。

姜鹏：《经筵讲学对北宋经学的影响》，《史林》，2013 年第 5 期。

姜鹏：《经筵进读与史学义理化》，《复旦学报》，2009 年第 3 期。

蒋秋华：《刘克庄〈商书讲义〉析论》，《台大中文学报》，2009 年第 2 期。

孔妮妮：《南宋理学视域中的政治建构与义理诠释》，《求索》，2014 年第 7 期。

李思远：《论朱熹的〈大学〉研究》，西北大学硕士学位论文，2013 年。

李存山：《程朱的"格君心之非"思想》，《中国社会科学院研究生院学报》，2006 年第 1 期。

廖峰：《顾鼎臣〈中庸〉首章经筵解读》，《唐山师范学院学报》，2010 年第 3 期。

娄璐琦：《论袁燮〈絜斋毛诗经筵讲义〉的阐释特点》，《中共宁波市委党校学报》，2012 年第 4 期。

刘成国：《论宋代政治文化的演进与荆公新学之命运》，《社会科学研究》，2005 年第 6 期。

刘悦笛：《"政统"、"道统"与"学统"——中国社会转型中"士人"向"知识分子"的身份转变》，《中国政法大学学报》，2008 年第 4 期。

刘欣韦：《治道合一的危机：吕留良〈四书讲义〉对清初儒学的冲击》，国立政治大学硕士学位论文，2013 年。

马元元、任克宁：《南宋经筵讲读方式概述》，《兰台世界》，2015 第 12 期。

平田茂树：《宋代的政治空间：皇帝与臣僚交流方式的变化》，《历史研究》，2008 年第 3 期。

束景南、王晓华：《四书升格运动与宋代四书学的兴起》，《历史研究》，2007 年第 5 期。

苏费翔：《宋人道统论——以朱熹为中心》，《厦门大学学报》，2015 年第 1 期。

宋冬梅：《儒家道统中的孟子升格与孔孟之道》，《中国文化论衡》，2017 年第 2 期。

王瑞来：《"君德成就责经筵"——〈玉牒初草〉所见君臣互动考察》，《社会科学战线》，2020 年第 6 期。

王晓薇：《关于〈中庸〉在宋代的发展》，河北大学博士学位论文，2005 年。

王晓朴：《南宋理学视阈下的〈中庸〉思想研究》，河北大学博士学位论文，2015 年等。

王琦、朱汉民：《论朱熹〈经筵讲义〉中的帝学主体意识》，《原道》第 34 辑，湖南大学出版社，2018 年。

王琦：《朱熹帝学思想的形成与发展——以〈大学〉为中心的考察》，《朱子学刊》第 30 辑，黄山书社，2018 年。

王琦：《经筵讲义研究综述》，《历史文献研究》总第 40 辑，上海：华东师范大学出版社，2018 年。

王琦、朱汉民：《从章句之学到义理之学——以朱熹〈大学章句〉与〈经筵讲义〉为例》，《西南民族大学学报》，2018 年第 5 期。

王琦、朱汉民：《以道学建构帝学：朱熹诠释〈大学〉的另一理路》，《社会科学》，2018 年第 4 期。

王琦：《朱熹理学化的帝学思想——以〈经筵讲义〉为中心的考察》，《湖南大学学报》，2018 年第 1 期。

王琦：《论宋代经筵讲义的兴起》，《中国哲学史》，2018 年第 2 期。

王琦、朱汉民：《论宋代儒家新帝学的兴起》，《鹅湖》，2019 年第 12 期。

王琦：《宋代〈大学〉的诠释转向》，《光明日报》，2019 年 1 月 26 日。

王琦：《从正诚之学到尧舜之治：朱熹帝学思想探析》，《原道》第 37 辑，长沙：湖南大学出版社，2019 年。

王琦：《理学经世：从〈大学〉经筵讲义管窥真德秀对朱熹思想的发展》，《船山学刊》，2020 年第 2 期。

王琦：《徐元杰〈论语〉经筵讲义探析》，《朱子学研究》第 34 辑，江西教育出版社，2020 年。

王琦：《性理与事功的贯通——陈傅良〈经筵孟子讲义〉刍议》，《长沙理工大学学报》，2020 年第 5 期。

王琦：《经义、君德与治道：宋代〈论语〉经筵讲义研究》，《孔子研究》，

2020 年第 6 期。

王琦：《经筵进讲与孟子升格运动》，《中国哲学史》，2021 年第 1 期。

王琦：《朱熹对〈大学〉的创造性诠释》，《儒学天地》，2020 年第 2 期。

王琦：《学术与政治的互动——以真德秀与徐元杰经筵讲读为例》，《湖南大学学报》，2021 年第 1 期。

王琦：《以道致君：程俱〈经筵讲义〉研究》，《原道》第 40 辑，长沙：湖南大学出版社，2021 年。

王琦：《经筵讲义：宋代理学研究的新视域》，《中国社会科学报》"国家社科基金专刊"，2021 年 12 月 21 日第 2313 期。

王琦、刘美芳：《宋代〈中庸〉经筵进讲与帝王修己治人》，《中原文化研究》，2022 年第 4 期。

魏彦红：《北宋皇帝重教研究综述》，《河北大学学报》，2012 年第 5 期。

吴晓荣：《两宋经筵与学术》，南京大学硕士学位论文，2013 年。

武勇：《宋型文化背景下的宋代孟子升格运动》，《现代哲学》，2016 年第 2 期。

袁庆新：《中国古代的经筵》，《自贡师专学报》，1989 年第 2 期。

杨玉芬、程仁桃：《程端礼与〈江东书院讲义〉》，《殷都学刊》，2003 年第 3 期。

徐洪兴：《唐宋间的孟子升格运动》，《中国社会科学》，1993 年第 5 期。

张帆：《中国古代经筵初探》，《中国史研究》，1991 年第 3 期。

张实龙：《论袁燮〈絜斋毛诗经筵讲义〉的受众意识》，《浙江万里学院学报》，2015 年第 2 期。

张连伟：《程朱道统论与儒家经典认同》，《南昌大学学报》，2014 年第 4 期。

张伟：《朱熹"四书学"思想研究》，河北大学博士学位论文，2013 年。

赵宇：《儒家"亚圣"名号变迁考：关于宋元政治与理学道统论之互动研究》，《历史研究》，2017 年第 4 期。

郑熊：《宋儒对〈中庸〉的研究》，西北大学博士学位论文，2007 年；

郑晓江：《道统、学统与政统——以朱子〈白鹿洞书院揭示〉和陆子〈白鹿洞书院论语讲义〉为中心》，《教育文化论坛》，2010 年第 1 期。

周淑萍：《宋代孟子升格运动中的四种关键力量》，《史学理论研究》，2006 年第 4 期。

朱汉民、洪银香：《宋儒的义理解经与书院讲义》，《中国哲学史》，2014 年第 4 期。

朱汉民：《朱熹〈四书〉学诠释的二重进路》，《求索》，2004 年第 1 期。

朱汉民，胡长海：《儒、法互补与传统中国的治理结构》，《武汉大学学报》，2017 年第 2 期。

邹贺：《宋代经筵制度补阙》，《贵州文史丛刊》，2012 年第 2 期。

钟信昌：《宋代〈论语〉经筵讲义研究》，台北市立大学博士论文，2014 年。

Wang Qi：《On the Emergence of Jingyan jiangyi in Song Dynasty》，《History of Chinese Philosophy》，2018（02）： 28-33，60；中国知网双语数据库（JTP）收录。

后 记

我对经筵讲义的研究与关注，源自我在湖南大学岳麓书院攻读博士学位期间。届时我的导师朱汉民教授也正在关注"讲义"问题，他撰写的《宋儒的义理解经与书院讲义》（《中国哲学史》2014 年第 4 期），将讲义分为经筵讲义、官学讲义与书院讲义三种类型，并与宋代经学形态转型与学术思潮联系了起来，对我启发很大。我用了大约一年的时间，对历代讲义文献资料进行了收集、整理与编目。通过对文本的仔细研读，以及对学界研究动态的前沿追踪，我发现经筵讲义作为宋代兴起的一种以"以义理解经"为特点的新经学体例，与宋代学术转型、社会政治秩序重构、理学思潮的兴盛以及帝王之学的发展密切相关，而学界却鲜有学者研究，具有巨大的可拓展空间。从此，我便确立了自己的学术研究方向。

2016 年，我尝试以《宋代"四书"经筵讲义研究》为题，申报了国家社科基金课题。承蒙各位评审专家不弃，让初次申报的我侥幸获得了课题立项，这给予了从行政岗位上重入学界的我以莫大的鼓励。课题虽然中了，但是研究起来却非易事。其原因有三：一是学界对经筵讲义的研究尚刚刚起步，海内外只有为数不多的人写过几篇文章，可资借鉴的成果不多。因而要对整个宋代经筵讲义与儒家新帝学兴起、发展的过程进行勾勒，不仅需要做扎实的文献功夫，而且需要创造性地进行理论建构，并对其学术价值进行恰当的定位，这些都具有很大的挑战性。二是经筵讲义隐没在各家文集中，学界至今没有完整而系统的文献整理资料，需要一一重新梳理。而且，在宋代经筵讲学的过程中，往往是几人同讲一经，每次进讲均有严格的时间与次数规定，从而导致宋儒对经典的讲解，往往不是一部经典从头讲到尾，而是根据帝王为学求治的需要，抽取其中与成就君德圣治等最为相关的部分进行创造性诠释，从而导致经筵讲义的篇幅长短不一，缺乏一般学术著作的系统性与完整性。如吕公著的《论语》经筵讲义仅存有《学而》首章与"子之所慎斋战疾"章的诠释。还有一些经筵官因为职务变动或在政治斗争中失利而罢经筵。如朱熹在经筵为宁宗讲《大学》仅七次，便被韩侂胄施计赶出了经筵，导致其《大学》经筵讲义到"诚意章"便戛然而止。因而要从零散的资料中揭示出"四书"经筵讲义与理学、帝学之间的内在关系，展示学术与政治之间的互动，具有一定的难度。同时，由于经筵讲义往往是经筵官们一生学术思想的精髓体现，所以要对其经筵讲义有比较准确的解读，就必须回到其所处的时代背景、生平经历及其他学术著作，挖掘其学术旨趣、思想观点、政治理想与价值追求等。这些都需要花费大量的时间。三是，从宋太宗任命第一位翰林侍读吕文仲开始，到宋真宗正式设置翰林侍讲、侍读学士，再到仁宗时经筵制度的成熟与完备，宋代诸帝一直尊奉着躬亲读书、"无不典学"的祖宗家法，使得当时经筵官的规模、进讲次数、经典进读的深度与广度都大大超越了前代。为了勾勒《大学》《中庸》《论语》《孟子》等经典在经筵进讲的全貌，我全面翻阅了《续资治通鉴长编》《续资治通鉴长编拾补》《续资治通鉴》《宋会要辑稿》《宋史纪事本末》《续编两朝纲目备要》《建炎以来系年要录》等史料，以及《宋史》《朱熹年谱》《朱熹年谱长编》等相关儒者的传记或年谱资料，从浩瀚的史料中拾取"珍珠"。经过五年的艰辛努力，这个项目最终以"良好"结题。尤其幸运的是，课题结项后，我获得了《中国社会科学报》的约稿，撰写了《经筵讲义：宋代理学研究的新视域》一文，被"国家社科基金专栏"重点推荐，其主要内容收录在本书第十九章《经筵讲义与宋代理学发展》中。

《宋代"四书"经筵讲义研究》得以顺利完成，要衷心感谢恩师朱汉民教授的大力支持与指导。书中的一些观点来自我们的互相讨论与交流，其中

《宋代儒家新帝学的兴起》《朱熹以道学建构帝学》《朱熹〈经筵讲义〉中的帝学主体意识》《从章句之学到义理之学》为我们两人合作撰写。书稿修改完成后，朱老师又慨然将其纳入"岳麓书院国学文库"出版计划，从而让本书能够及时付梓。颜渊曾说："仰之弥高，钻之弥坚。瞻之在前，忽焉在后。夫子循循然善诱人，博我以文，约我以礼，欲罢不能。既竭吾才，如有所立卓尔。虽欲从之，末由也已。"老师的学识涵养、德行操守令人景仰，老师的教诲、提携之恩永铭于心。

同时，承蒙《光明日报》《中国哲学史》《社会科学》《孔子研究》《湖南大学学报》《西南民族大学学报》《历史文献研究》《鹅湖》《原道》《朱子学研究》《中原文化研究》《朱子学刊》《船山学刊》《长沙理工大学学报》等杂志与报纸不弃，使得本书的主要思想与内容得以刊发（共发表相关论文20篇，其中 CSSCI 期刊论文11篇，《光明日报》1篇，《中国社会科学报》国家社科基金专栏1篇）。此外，还要感谢中国知网国际出版中心，将我于2018年第2期在《中国哲学史》上发表的论文《论宋代经筵讲义的兴起》全文翻译成英文，以《On the Emergence of Jingyan jiangyi in Song Dynasty》为题，收录于中国知网双语数据库（JTP），面向海内外传播。

在学术发展的道路上，我不仅得到了岳麓书院师友们的诸多教诲与帮助，也得到了学界一些前辈的提携与厚爱。尤其是郭齐勇教授、吴光教授在百忙中慷慨为拙作写序，让我感受到前辈学者对后学的勉励与期望。这些都将激励我再接再厉，学问思辨，不断前行！而本书的顺利出版，也离不开新星出版社编辑老师的辛勤付出与细致工作。

当然，还要特别感谢我的先生刘祚祥与女儿刘文心，一直以他们的实际行动，让我毫无后顾之忧地安心写作和工作。虽然刘先生作为长沙理工大学经济与管理学院金融系教授，本身亦有着教书育人、著书立说等诸多压力，但他依然主动为我承担了许多家务劳动，并创造条件让我做自己喜欢的事情！女儿文心温柔体贴，善解人意，是个十足的"贴心小棉袄"，即使在长沙读大学期间，也是一天一个电话，向父母问好，随时与我们交流她的所思所想，让人安心放心，给予了我们最大的精神慰藉。

本书是我在经筵讲义领域研究的初步尝试，因个人能力、才情、眼界等方面的限制，难免存在一些不足之处，敬请学界同仁多多批评指正！

王 琦

2022 年 10 月于长沙